Bauer

Du lebst nicht, um zu leiden

Du lebst nicht, um zu leiden

Angst und Unsicherheit überwinden und den Weg zu Selbstliebe und Glück finden

Blake D. Bauer

Aus dem Englischen von Christoph Trunk

TRIAS

Bibliografische Information der Deutschen Nationalbibliothek

Die Deutsche Nationalbibliothek verzeichnet diese Publikation in der Deutschen Nationalbibliografie; detaillierte bibliografische Daten sind im Internet über http://dnb.d-nb.de abrufbar.

Die englische Originalausgabe erschien 2017 unter dem Titel »You Were Not Born to Suffer. How to Overcome Fear, Insecurity and Depression and Love Yourself Back to Happiness, Confidence and Peace«.

Rüdigerstr. 14
70469 Stuttgart
Deutschland

www.trias-verlag.de

Printed in Germany

Programmplanung: Celestina Filbrandt
Redaktion: Bettina Moll (www.texttiger.de)
Übersetzung: Christoph Trunk
Bildredaktion: Christoph Frick, Nadja Giesbrecht
Umschlaggestaltung:
CYCLUS Visuelle Kommunikation, Stuttgart
Satz: Ziegler + Müller, Kirchentellinsfurt
gesetzt in APP/3B2 V. 9
Druck: Westermann Druck GmbH, Zwickau

ISBN 978-3-432-10684-7 1 2 3 4 5 6

Auch erhältlich als E-Book:
eISBN (epub) 978-3-432-10685-4

Wichtiger Hinweis: Wie jede Wissenschaft ist die Medizin ständigen Entwicklungen unterworfen. Forschung und klinische Erfahrung erweitern unsere Erkenntnisse. Ganz besonders gilt das für die Behandlung und die medikamentöse Therapie. Bei allen in diesem Werk erwähnten Dosierungen oder Applikationen, bei Rezepten und Übungsanleitungen, bei Empfehlungen und Tipps dürfen Sie darauf vertrauen: Autoren, Herausgeber und Verlag haben große Sorgfalt darauf verwandt, dass diese Angaben dem Wissensstand bei Fertigstellung des Werkes entsprechen. Rezepte werden gekocht und ausprobiert. Übungen und Übungsreihen haben sich in der Praxis erfolgreich bewährt.

Eine Garantie kann jedoch nicht übernommen werden. Eine Haftung des Autors, des Verlags oder seiner Beauftragten für Personen-, Sach- oder Vermögensschäden ist ausgeschlossen.

Liebe Leserin, lieber Leser,
hat Ihnen dieses Buch weitergeholfen? Für Anregungen, Kritik, aber auch für Lob sind wir offen. So können wir in Zukunft noch besser auf Ihre Wünsche eingehen. Schreiben Sie uns, denn Ihre Meinung zählt!

Ihr TRIAS Verlag

E-Mail Leserservice: kundenservice@trias-verlag.de

Adresse:
Lektorat TRIAS Verlag, Postfach 30 05 04,
70445 Stuttgart
Fax: 0711-8931-748

Besuchen Sie uns auf facebook!
www.facebook.com/trias.tut.mir.gut

Lassen Sie sich inspirieren!
www.printerest.com/triasverlag

Es gibt zwei grundlegende Antriebskräfte: Angst und Liebe. Wenn wir Angst haben, ziehen wir uns vom Leben zurück. Wenn wir von Liebe erfüllt sind, öffnen wir uns mit Leidenschaft, Begeisterung und Wohlwollen all dem, was das Leben zu bieten hat. Wir müssen zuerst lernen, uns selbst in unserer ganzen Pracht und mit all unseren Fehlern zu lieben. Wenn wir uns selbst nicht lieben können, können wir uns unserer Fähigkeit, andere zu lieben, und unserem schöpferischen Potenzial nicht wirklich öffnen. Alle Hoffnungen auf eine Fortentwicklung und eine bessere Welt ruhen auf der Furchtlosigkeit und dem offenherzigen Weitblick von Menschen, die sich dem Leben öffnen.

John Lennon

Jenseits der Glaubenssätze gleich welcher Religion
gibt es die Wahrheit der menschlichen Seele.
Jenseits der Macht der Nationen
gibt es die Macht des menschlichen Herzens.
Jenseits des gewöhnlichen Verstands
gibt es die Macht der Weisheit, Liebe und heilenden
Energie, die im Universum am Werke ist.
Wenn wir Frieden in unserem Herzen
finden können, nehmen wir Kontakt
zu diesen universellen Mächten auf.
Das ist unsere einzige Hoffnung.

Tarthang Tulku

An Sie, liebe Leserinnen und Leser,

möge Friede in Ihrem Herzen sein,
mögen Sie gesund, glücklich und frei sein.
Unsere Welt schreit nach Liebe, Güte und Mitgefühl.
Mögen wir alle lernen, uns selbst, einander
und alles Leben bedingungsfrei zu lieben.

Der Autor

Blake D. Bauer ist ein international gefragter Redner, Lehrer und Berater mit einer breit gefächerten Ausbildung in Psychologie, Alternativmedizin, Ernährungslehre, traditionellen Heilverfahren und Achtsamkeitsmeditation. Viele schätzen ihn als einen Meditations- und Qigong-Meister für die heutige Zeit. Sein wegweisender Ansatz gründet sowohl in eigenen Erfahrungen der Überwindung von schwierigen und leidvollen Lebenssituationen und von Suchtverhalten als auch in der erfolgreichen Beratungsarbeit mit Tausenden von Menschen in vielen Ländern der Welt. Er führt Vorgehensweisen und Methoden zusammen, die sich nach seiner Erfahrung am besten dazu eignen, die geistige, psychische und körperliche Gesundheit zu fördern. Mehr zu Blake D. Bauer finden Sie auf der englischsprachigen Website:
www.unconditional-selflove.com

Inhalt

Vorwort 14
Einführung 16

1 Der Schmetterling **38**

2 Der Sinn von Leid, Depression und Krankheit **45**

Erkundungsfragen 57
Schlüsselsätze 58
Übung 59

3 Die Suche nach Liebe **63**

4 Gesunde Selbstliebe **69**

5 Frei werden von Scham, Schuldgefühl und Verunsicherung **77**

6 Sich selbst wertschätzen **84**

7 Zu sich selbst finden **92**

8 Mit Klarheit und Güte sein wahres Wesen zum Ausdruck bringen **97**

9 Sich hingeben und loslassen **104**

10 Selbstachtung **113**

11 Das innere Kind lieben und heilen **122**

12 Das Ego ist nicht unser Feind **129**

13 Sich über seine Lebensbestimmung klar werden **137**

14 In sich selbst zu Hause sein 146

15 Das Leben atmen, tief und langsam 153

16 Bedingungsfreie Selbstliebe 165

17 Selbstverurteilung und Selbstablehnung überwinden 173

18 Sich im Hier und Jetzt selbst vergeben 180

19 Schmerz, Wut und Hass verwandeln 185

20 Dem Herzen folgen 190

21 Sich von der Angst lösen 201

22 Selbstwertschätzung, Selbstbewusstsein und Vertrauen ins Leben 206

23 Liebe deinen Körper, aber sei dir bewusst, dass du viel mehr bist 213

24 Hinweise für eine gesunde Ernährung und Lebensführung 224

25 Selbstliebe in einer Paarbeziehung 229

26 Eine gesunde Beziehung zu sich selbst und zu anderen pflegen 242

27 Alle Liebe wurzelt in Selbstliebe 247

28 Der verborgene Schlüssel zur Dankbarkeit 253

29 Den Fokus darauf richten, sich wohl- und lebendig zu fühlen 261

30 Innerer Reichtum und finanzielle Freiheit 266

31 Den Pfad der Verletzlichkeit wählen **278**

32 Die letzte große Frage **283**

33 Aus der Fülle heraus leben, ehe wir sterben **286**

Dank 293

Literaturangaben 295

Vorwort

Dieses Buch erschien 2012 zunächst im Selbstverlag, nachdem ein Vertrag mit einem der größten Verlage für Bücher zum Thema Persönlichkeitsentfaltung geplatzt war. Nach dieser unerwarteten Enttäuschung wurde die erste Ausgabe von *You Were Not Born to Suffer* in Australien, wo ich gut sechs Jahre lang lebte, zu einem Bestseller und belegte mehrmals Platz eins der meistverkauften Bücher über Spiritualität. In der nun vorliegenden aktualisierten Fassung werden Sie sehr lebensnahe Erkenntnisse finden, die mittlerweile Tausenden von Menschen auf der ganzen Welt geholfen haben, in ihrem privaten wie auch beruflichen Leben positive Veränderungen herbeizuführen. Ich bin kein Arzt und daher nicht befugt, verbindliche Ratschläge zur Gesundheit zu geben. Doch ich darf behaupten, dass die in diesem Buch vorgestellten Gedanken und Übungen vielen Menschen genutzt haben, die durch Schulmedizin, Psychotherapie oder Religion bislang zu keinen nachhaltigen Lösungen finden konnten.

Wenn Sie sich nicht von Kritik oder Angst davon abhalten lassen, sich selbst treu zu sein, indem Sie das tun, was Ihnen am Herzen liegt, und so Ihrer Lebensbestimmung zu folgen, dann werden Sie zu innerem Frieden, Freude und Selbstachtung finden. Nach meiner Erfahrung stellt sich, wenn wir den Mut haben, die Stimme unseres Herzens ernst zu nehmen und ihr – ganz gleich, was geschehen mag – zu folgen, wie von selbst die Unterstützung ein, die wir brauchen, um ein von Wahrheit, Güte und Sinn erfülltes Leben führen zu können. Unser Streben nach Beifall und Anerkennung von anderen ist ganz einfach ein unbewusster Appell an uns selbst, den eigenen Wert schätzen zu lernen und damit aufzuhören, unser wahres Selbst abzulehnen.

Glücklicherweise bin ich heute in der Lage, einen tieferen Sinn in den Kämpfen, die ich mit mir selbst ausgefochten habe, zu erkennen. Ein ganz wesentlicher Aspekt ist hierbei für mich, mit Ihnen den Kern dessen zu teilen, was ich aus meinen eigenen Schwierigkeiten und Nöten gelernt habe. Auf diese Weise will ich dazu beitragen, dass Sie –

genauso, wie ich das auch selbst vorhabe – in Ihrem Leben, ehe Sie sterben, so viel Freude wie nur irgend möglich erfahren. Wir sind zwar zerbrechliche Wesen, aber andererseits auch viel stärker, als uns das vorkommen mag. Es geschieht nur allzu leicht, dass wir das Leben, das so rasch an uns vorüberzieht, als selbstverständlich gegeben hinnehmen. Deshalb sollten Sie sich klarmachen, dass nur Sie allein sich die Erlaubnis geben können, sich wohl in Ihrer Haut zu fühlen und glücklich zu sein. Ihr Partner oder Ihre Partnerin, Ihre Eltern, Ihre Kinder, Ihr Arbeitgeber, Ihr Arzt oder ein Guru können Ihnen diese Erlaubnis nicht erteilen. Sie selbst müssen sich Tag für Tag dafür entscheiden, Angst, negative Einstellungen und Schuldgefühle hinter sich zu lassen.

Mein Buch wird Ihnen bei dieser Entscheidung helfen.

Glaube nichts, ganz gleich, wo du es gelesen hast oder wer es gesagt hat – es sei denn, es stimmt mit deiner eigenen Vernunft, deinem Verstand überein.

Buddhistische Weisheit

Einführung

Dieses Buch verdankt sich meiner Suche nach zwei Dingen. Erstens sehnte ich mich danach, frei von geistigem, emotionalem und körperlichem Leid zu werden. Zweitens verspürte ich ein unstillbares Verlangen nach Wahrheit – nach der Wahrheit über das Leben, der Wahrheit über mich selbst und vor allem: der Wahrheit über meine Bestimmung.

Wer bin ich? Warum bin ich hier? Was ist der Sinn des Lebens und welchen Sinn hat mein eigenes Leben? Wie kann ich mich selbst heilen und geistig, seelisch und körperlich ins Gleichgewicht kommen? Wo finde ich wahre Gesundheit, wahres Glück und wahre Liebe? Wie kann ich das Leben jeden Tag auskosten, anstatt nur darum zu kämpfen, nicht unterzugehen? Wie kann ich mein Leben so gestalten, dass ich es als erfüllend empfinde und mich selbst respektieren kann, ohne meine Seele dafür verkaufen oder mich mit weniger zufriedengeben zu müssen, als möglich wäre?

Ich habe die Antworten gefunden, nach denen ich verzweifelt gesucht habe, und Tausenden von Menschen auf der ganzen Welt geholfen, sie für sich selbst zu finden. Was Sie im Folgenden lesen werden, gründet auf den befreienden Einsichten, zu denen ich gelangt bin.

Meine Jugend war, ohne dass mir das damals bewusst gewesen wäre, von tiefem Leid geprägt – vor allem von geistigem und seelischem, manchmal aber auch von körperlichem. Wie bei vielen Menschen, so waren auch bei mir schon die ersten Lebensjahre von schmerzlichen Erfahrungen überschattet gewesen. Erst viel später konnte ich in Worte fassen, dass ich mit einem Gefühl tiefer Verunsicherung aufwuchs und mich als nicht liebenswert empfand. Oft war ich verwirrt und angsterfüllt und schämte mich für das, was ich fühlte.

In meinem Bemühen, mich meinen inneren Konflikten und den Krisen um mich herum zu entziehen, beschwor ich, ohne dass mir das bewusst gewesen wäre, großes Leid für mich selbst herauf. Mir machten die turbulent verlaufende Scheidung meiner Eltern, die Abwesenheit meines biologischen Vaters, die Suchtprobleme mehrerer Familienmitglieder und das extrem dysfunktionale psychische Umfeld, in dem ich aufwuchs, schwer zu schaffen. Hinzu kam, dass ich verschiedene ungute Angewohnheiten entwickelte, mit denen ich mir selbst großen Schaden zufügte. Als ich achtzehn Jahre alt war, hatte ich eine Entwicklung in Gang gesetzt, die gleich einem Dominoeffekt meine bereits brüchige Welt in sich zusammenstürzen ließ. Ich war schon dreimal von der Highschool suspendiert worden, verkaufte Drogen und war wegen Drogenbesitzes mehrmals festgenommen worden. Im letzten Schuljahr wurde ich nach den drei ersten Spielen unseres Footballteams aufgefordert, als Kapitän zurückzutreten, denn ich war wegen Autofahrens unter Einfluss von Alkohol und mehreren illegalen Drogen verhaftet worden; nach einer ausschweifenden Partynacht war ich am frühen Morgen vor dem Stoppschild an einem Bahnübergang eingeschlafen. In dieser Zeit trieb ich auch meine Freundin von mir weg, während ich unter starkem Einfluss von Medikamenten stand, die ich gar nicht einzunehmen brauchte und die mir auch niemand verschrieben hatte. Obwohl ich meine Freundin wirklich liebte und mir sehr viel an ihr lag, verletzte ich sie tief, ohne das eigentlich zu wollen, und richtete mit meinem selbstzerstörerischen Verhalten die Beziehung zugrunde.

Nach außen hin war klar erkennbar, dass ich ein Jugendlicher war, der sich nicht im Griff hatte. Mir war nicht bewusst, dass ich Drogen, Alkohol und auch Essen als Ersatz für das zu mir nahm, wonach mein gebrochenes und verstörtes Herz eigentlich verlangte. Ich hatte ein übergroßes und ungesundes Ego entwickelt, um weiterexistieren und das Gefühl beiseiteschieben zu können, dass ich unzulänglich und nicht liebenswert war. Ich gierte danach, von den anderen akzeptiert und respektiert zu werden sowie dazuzugehören, denn ich konnte mich selbst nicht leiden und fühlte mich zu Hause nicht ernst genommen. Das Ergebnis war, dass ich nicht nur mir selbst, sondern auch allen, die mir nahestanden, erhebliches Leid zufügte. Mir war damals nicht klar, dass ich vor mir selbst, meinem Leben und meiner Vergangenheit davonlief und jahrelang unterdrückte Gedanken und Gefühle, über die zu sprechen ich mich nie getraut und die zu verstehen mir niemand geholfen hatte, weiterhin auszublenden versuchte.

Kurz vor meinem Highschoolabschluss hatte ich mir also selbst tiefe Wunden zugefügt und verlor die zwei wichtigsten Dinge in meinem Leben: das Mädchen, das ich liebte, sowie das Footballspiel und das Team, das mir am Herzen lag. Diese beiden Aspekte in meinem Leben hatten bis zu jenem Punkt meiner Persönlichkeitsentwicklung den Großteil meiner Identität oder meines Ego ausgemacht und innerhalb kürzester Zeit hatte ich beide, ohne dass das meine Absicht gewesen wäre, aus meinem Leben verbannt. Im Rückblick erkannte ich, dass ich damit mein Identitätsempfinden durchkreuzt hatte und nicht mehr sagen konnte, wer ich war. Mir war damals nicht bewusst, dass ich das durchlebte, was in der Psychologie und im spirituellen Denken als »Tod des Selbst« bezeichnet wird. Hierbei werden alle Vorstellungen und Überzeugungen, auf denen unser Selbstbild aufbaut, von Grund auf erschüttert. In meinem großen Hochmut war ich mir bis dahin unbesiegbar vorgekommen und hatte nun mit einem Mal den Boden unter den Füßen verloren, war völlig verunsichert und quälte mich mit Grübeleien. In Wirklichkeit war das aber hinter der Fassade, die ich mir unbewusst aufgebaut hatte, um nicht unterzugehen, schon immer so gewesen. In einem größeren Zusammenhang betrachtet hatte das alles sicherlich durchaus seinen Sinn, doch zunächst einmal hatte ich das zertrümmert, was mir am meisten bedeutete und mir ermöglicht hatte, die Augen vor der Dysfunktionalität zu verschließen, die in meinem Leben normal war. Ich fühlte mich völlig allein, schämte mich und hatte keine Ahnung, wie ich um die Hilfe bitten konnte, von der ich nicht einmal recht wusste, dass ich sie brauchte.

Wenn ich heute zurückblicke, bin ich sehr dankbar für das, was ich erlebt habe, denn jene Zeit war zwar hart für mich, doch mit ihr begannen auch die Geburt meines wahren Selbst und die Entdeckung meiner Bestimmung. Sie lehrte mich, wie ich in mir selbst die Stärke, die Zuversicht und das Mitgefühl finden konnte, die sich später als meine einzige Zuflucht und Rettung erweisen sollten. Ohne den Schmerz, den ich als Kind in der Familie erfuhr und dann als Teenager selbst heraufbeschwor, wäre ich heute nicht in der Situation, auf diesen Teil meines Lebens zurückschauen und wirklich verstehen zu können, welchen Zweck er für die Entfaltung meiner Bestimmung hatte. *Heute weiß ich, dass ich mich vollständig verlieren musste, damit ich mich selbst heilen und mich wirklich finden konnte.* Die Person, zu der ich geworden war, um zu überleben, musste sterben, damit mein wahres Wesen aufblühen und mich zu einem Leben hinführen konnte, in dem ich mich wahrhaft erkennen, lieben und achten kann.

Als ich nach der Highschool wegzog und aufs College ging, schleppte ich meine weitgehend unbewussten psychischen und emotionalen Qualen weiter mit mir herum. Aufs College ging ich, weil das den Erwartungen meiner Familie und meines übrigen Umfelds entsprach. Dasselbe machten ja auch die meisten anderen, nachdem sie mit der Schule fertig waren. Ich hatte zu diesem Zeitpunkt keine rechte Vorstellung davon, wer ich war oder was ich mit meinem Leben anfangen wollte. Ich schwamm einfach nur im Strom mit.

Ich belegte Kurse in Betriebswirtschaft, Finanzwesen und Marketing. Mein Gedanke dabei war, dass ich viel Geld verdienen wollte, denn Geld schien ein äußerst wichtiger, wenn nicht der wichtigste Aspekt im Leben zu sein. In meiner Familie und der Umgebung, in der ich aufwuchs, waren Geld und materieller Wohlstand von zentraler Bedeutung. Zudem hatte ich miterlebt, wie meine Eltern und viele Verwandte mit finanziellen Durststrecken oder extremen Schwankungen ihrer wirtschaftlichen Lage zurechtkommen mussten. Meine Mutter hatte nach der Scheidung von meinem biologischen Vater als Alleinerziehende schwer zu kämpfen. All dies trug dazu bei, dass ich einen überstarken Drang nach finanzieller Unabhängigkeit entwickelte. Unbewusst war ich, wie so viele Menschen, der Überzeugung, Geld sei gleichzusetzen mit Erfolg, einem starken Selbstwertgefühl und Lebensglück. Es dauerte aber nicht allzu lange, bis mir klar wurde, dass das Streben nach Geld, soweit es nicht der unmittelbaren Sicherung der körperlichen Existenz diente, letztlich bedeutungsleer war und dass ich unter der Oberfläche meiner scheinbar »normalen« Lebensumstände und -ziele vollkommen orientierungslos war und sehr unter meiner Situation litt. Mir schwante bereits, dass meine Fixierung auf Wohlstand in mir den Mangel an emotionaler Verbundenheit und an

Selbstwertgefühl überdeckte, den ich schon als Heranwachsender verspürt hatte. Weil ich es aber damals nicht besser wusste, glaubte ich, Geldverdienen könne die Leere füllen und den Schmerz in mir stillen.

Jeden Morgen nach dem Erwachen plagten mich Angstgedanken. Im zweiten Studienjahr fasste ich mir dann endlich ein Herz und verließ das College, um den Schritt ins Ungewisse zu wagen und dem zu folgen, was zu einem unstillbaren Verlangen wurde, mich selbst auf allen Ebenen meines Seins zu heilen. Meine Intuition sagte mir, dass das Leben nicht dazu bestimmt ist, so leer, einsam und qualvoll zu sein, wie ich es zu jener Zeit empfand. Ich hatte einfach keinerlei Zweifel daran, dass es aus meinem Leid und meinem Durcheinander einen Ausweg geben musste, der in einen Seinszustand voller Klarheit und Freude führte. Zugleich war mir tief in meinem Inneren bewusst, dass mein Leben eine Bestimmung hatte und dass ich sie, wenn ich nicht von meiner Suche abließ, auch finden würde. Aus irgendeinem Grund war ich mir sicher, dass ich mir ein Leben gestalten kann, das mich erfüllt und begeistert, in dem ich wahrhaft gelassen, gesund und glücklich sein und einer Arbeit nachgehen kann, die meinem Wesen entspricht und mir persönlich sinnvoll erscheint.

Meine Suche nach Wahrheit, Heilung und Klarheit über meine Bestimmung führte mich an fünf Universitäten und zu einer Reihe von alternativen Lehrinstitutionen. Außerdem setzte ich meine Studien auch auf privater Basis bei verschiedenen spirituellen Lehrern, bei Psychotherapeuten, Kräuterkundlern und traditionellen Heilern fort. Ich absolvierte eine Ausbildung an zwei Schulen für Akupunktur und östliche Medizin und arbeitete parallel dazu für eine Gruppe chinesischer Ärzte. Ich begab mich auch bei einer Reihe von Heilern und alternativen Therapeuten in Behandlung, die mir halfen, Veränderungen in mir selbst zu erreichen, doch auf mich selbst gestellt, fiel es mir schwer, sie beizubehalten. Ich besuchte verschiedene Schulungen, Vorträge, Workshops und Retreats, bei denen es um ganzheitliche Heilmethoden und spirituelle Übungsverfahren ging. Ferner erlernte ich eine Reihe von Meditationsformen – Qigong, Yoga und Tai-Chi – und praktizierte sie mehrere Jahre lang täglich und intensiv.

So wie viele von Ihnen, die dieses Buch lesen, entwickelte ich einen starken Drang, mich selbst und mein Leben besser zu verstehen. Ich las ein Buch nach dem anderen über Gesundheit, Spiritualität, Religion, Gott, Philosophie, Psychologie, Biologie, Physik, Erleuchtung, Evolution des Bewusstseins, Ernährung und verschiedene Formen der Alternativmedizin. Meine großen Ziele dabei waren, mich von meinem geistigen, seelischen und körperlichen Leid zu befreien und Klarheit darüber zu gewinnen, was meine Bestimmung im Leben ist.

Nachdem ich mich gegen einen »konventionellen« Berufs- und Lebensweg entschieden hatte, schottete ich mich für einige Jahre mehr und mehr von der Außenwelt ab und drang immer weiter in die Tiefen meines eigenen Seins vor. Wie ein verwundetes Tier, das dringend nach Heilung sucht, zog ich mich von Freunden und Angehörigen zurück. Ich war intensiv darum bemüht, dauerhaft Linderung von meinem Leid zu finden, und mein Instinkt sagte mir, dass ich mich nicht ablenken oder meinen Geist betäuben durfte. Abgesehen davon, dass ich zur Arbeit ging, lebte ich wie ein Mönch und konzentrierte mich jeden Tag mehrere Stunden auf die verschiedenen Übungen in Selbstgewahrsein und Selbstheilung, die ich erlernt hatte. Ich widmete der Suche nach Wahrheit, Freiheit und Klarheit so viel Zeit und Energie, wie ich nur aufbringen konnte.

Nachdem ich mich etwa sechs Jahre lang ganz auf diese Suche konzentriert hatte, hatte ich dankenswerterweise ein beträchtliches Maß an Klarheit und innerem Frieden erreicht. Ich hatte mich eingehend mit Naturheilkunde, Psychologie, alternativen Heilverfahren und spirituellen Übungen befasst und auf diese Weise viel darüber gelernt, wie ich mich selbst heilen und ein gesundes und glückliches Leben im Einklang mit mir selbst führen kann. Schließlich wurde mir auch klar, dass sich alles, was ich bei meiner eigenen Suche nach Wohlbefinden, meinem Lebenszweck und nach Freiheit gelernt hatte, unmittelbar und ganz konkret auf andere übertragen ließ, sodass ich gut dafür gerüstet war, ihnen zu helfen. Während ich in mir selbst neue Stufen von innerem Frieden, Wohlbefinden und Lebensfreude erreichte, stellte ich fest, dass sich in mir der Impuls regte, andere dabei zu unterstützen, dasselbe für sich zu entdecken und zu bewirken. Ich spürte, dass mich nichts stärker berührte als die Begegnung mit einem anderen Menschen, zu dem ich offenen Herzens und mit dem aufrichtigen Wunsch, ihm zu helfen, Kontakt aufnahm.

Nach einer Weile wurde es für mich zu einer sehr erfüllenden Aufgabe, andere dabei zu unterstützen, positive Veränderungen in ihrem Leben in Gang zu bringen. Ich hatte das Gefühl, damit zu großen Teilen meine Berufung gefunden zu haben. Allerdings war ich in meinem tiefsten Inneren noch nicht jeden Tag so klar oder zielgerichtet, wie ich es mir gewünscht hätte. Ich spürte, dass meine Bestimmung mehr umfasste, als ich bisher erkennen konnte. Auf meinem Weg des Leidens und Erwachens stellte sich an einem bestimmten Punkt die Gewissheit in mir ein, dass ich eines Tages den wahren Grund entdecken würde, warum ich geboren wurde und auf diesem Planeten bin. Ich wusste, dass ich darüber noch keine wirkliche Klarheit hatte, war mir aber absolut sicher, dass ich die eine Aufgabe finden würde, für die jeden Morgen aufzuwachen ich geboren wurde und der ich mein ganzes Leben widmen würde, ohne jemals zu zweifeln und ohne auf irgendwelche von außen kommenden Anweisungen angewiesen zu sein.

Ich bin sehr dankbar, sagen zu können, dass dieses Buch das enthält, was ich so lange gesucht und schließlich gefunden habe.

Ende 2008 lebte ich in den USA, in Boulder, Colorado, wo ich eine Vollzeitpraxis für Beratung, Coaching und Alternativmedizin eröffnet hatte. In dieser Zeit ergab es sich durch eine Reihe von Synchronizitäten, dass ich den unvermittelten Entschluss fasste, ein Weiterbildungsseminar in Australien zu besuchen, bei dem es um eine besondere Form von Alternativmedizin und Kinesiologie ging. Nach Australien zu reisen, hatte mich bis dahin noch nie gereizt, doch nun verspürte ich plötzlich wie aus dem Nichts einen starken Drang, um die halbe Welt zu fliegen. Mich interessierten die Techniken, um die es dort gehen sollte, und natürlich der Lehrer, der sie vermittelte, doch ich hatte das eigenartige Gefühl, dass das Seminar nicht der Hauptgrund war, weswegen es mich dorthin zog.

Die spontan angetretene weite Reise sollte mein Leben in vielerlei Hinsicht verändern. Die bedeutsamste Erfahrung aber, die ich dort machte, wurde zu einem wesentlichen Impuls dafür, dieses Buch zu schreiben. Ich lernte bei dem Seminar eine wunderbare Frau kennen, die meine beste Freundin wurde und mit der ich einige Jahre lang zusammen in einer Partnerschaft lebte. Ich erzähle das, weil diese Beziehung mein Herz in einer Weise für die Liebe öffnete, die sich mit Worten niemals in angemessener Weise beschreiben ließe. In der Vergangenheit hatte ich, nachdem ich in der Kindheit schmerzliche Formen der Liebe miterlebt hatte, sowohl mir selbst als auch einem Menschen, den ich sehr liebte, tiefe Wunden zugefügt und insgeheim große Angst davor gehabt, noch einmal zu lieben. Mir war nicht bewusst, wie sehr ich mich gegenüber den Aspekten der Verletzlichkeit, die mit wahrer Intimität einhergehen, verschlossen hatte. Diese neue Liebesbeziehung half mir nicht nur, dies zu erkennen, sondern auch, mein Herz in einer Weise zu öffnen, wie es mir auf mich allein gestellt nicht hätte gelingen können, und brachte mir Klarheit über meinen Lebenszweck, die ich gesucht hatte. In der unmittelbaren Tiefe, Reinheit und Kraft der Liebe zwischen uns spiegelte sich die in mir liegende unerschöpfliche Quelle bedingungsfreier Liebe, die, wie mir nach und nach aufging, der Urgrund meines Wesens ist. Es wurde offenbar, dass diese Quelle verschüttet gewesen war, durch jahrelang aufgestauten psychischen Schmerz und durch die einengenden Denkmuster, die ich mir zugelegt hatte, um mich zu schützen und nicht unterzugehen. Ursache für all dies war, dass ich mein wahres Selbst abgelehnt hatte.

In den ersten Tagen der neuen Liebesbeziehung tauchten wie aus dem Nichts die folgenden Worte in meinem Kopf auf und gingen mir immer wieder durch den Sinn, so als spräche da die Stimme Gottes zu mir: *Wenn ich mich selbst bedingungsfrei zu lieben vermag, wird die Liebe zu anderen zu einem Akt der Selbstliebe.* Ich hatte zwar keinen Schimmer, wohin dieser Satz mich führen würde, doch ich nahm einen Stift und schrieb ihn auf, weil die Kraft und Bedeutungstiefe, die er ausstrahlte, großen Eindruck auf mich machten. Einige Tage später, auf dem Rückflug von Australien in die USA, nahm ich das Notizbuch zur Hand, in dem ich den Satz festgehalten hatte, und machte mich daran, das niederzuschreiben, was dann zur Keimzelle des vorliegenden Buchs wurde. Mir war zu dem Zeitpunkt noch nicht aufgegangen, dass mein Lebenszweck zu einem großen Teil darin bestand, ein Buch zu schreiben, das schlüssig darlegt, dass wir am besten zu geistiger, emotionaler und körperlicher Gesundheit finden können, wenn wir uns selbst bedingungsfrei lieben und uns selbst treu sind, und diese befreiende Botschaft, die ich gerade in Worte zu fassen begann, in die Welt zu tragen.

Zurück in Boulder, Colorado, wurde mir klar, dass meine ganze bisherige Reise – das Studieren und Üben, das innere Heilen und die spirituellen Erfahrungen – einfach ein Lernprozess gewesen war, der mich begreifen ließ, wie ich mich selbst lieben kann. Ich erkannte, dass all mein Leiden daher rührte, dass ich nie gelernt hatte, mir selbst jederzeit mit Güte, Akzeptanz, Respekt und Aufrichtigkeit zu begegnen. Auch als ich an fünf renommierten Universitäten studierte, mich von hoch angesehenen Lehrern unterweisen ließ und jahrelang jeden Tag Stunden in tiefer meditativer Versenkung verbrachte, war ich einfach auf der Suche nach Liebe gewesen und hatte noch nicht begriffen, dass ich selbst die Liebe war, nach der ich suchte. Nun aber ging mir auf, dass ich ein Buch darüber schreiben musste, wie wir lernen können, uns selbst mit umfassender Akzeptanz, Güte und Barmherzigkeit zu begegnen, um so auf direktem Wege Heilung, Glück und Frieden zu finden. Ich hatte tief gelitten und verzweifelt nach dieser Erkenntnis gesucht und nach der Klarheit und Freiheit, die sie mit sich bringen würde und von deren Möglichkeit ich zutiefst überzeugt war. Als die Erkenntnis sich schließlich in mir einstellte, wusste ich ohne jeden Zweifel, dass ich dazu geboren war, dieses Buch zu schreiben und anderen diese Botschaft zu bringen.

Die Einsicht, dass die bedingungsfreie Liebe zu uns selbst der Schlüssel ist, um Leid, Depression und Krankheit in etwas Neues zu verwandeln, schien der letzte Teil des Puzzles zu sein, das ich seit Jahren zusammenzusetzen versuchte. Ich konnte erkennen, dass es bei meiner rastlosen Suche nach Wahrheit, Heilung und Klarheit über meine Bestimmung einzig und allein darum gegangen war, zu lernen, wie ich mich selbst akzeptieren, anerkennen und wertschätzen, mir verzeihen, an mich glauben, für mich sorgen und mir treu bleiben kann. Es begann sich mit überwältigender Klarheit abzuzeichnen, dass das Schreiben dieses Buches der beste Weg war, um möglichst vielen Menschen die Chance zu eröffnen, sich selbst zu helfen, sich zu lieben und zu heilen.

Bis dahin hatte ich oft das Gefühl gehabt, durch ein großes, verwirrendes Labyrinth zu irren, dem ich vergeblich zu entkommen versuchte. Ich wusste, es musste einen Weg aus der Frustration und dem Wirrwarr geben, die das Leben in diesem Labyrinth beherrschten, doch nie schien eine vollständige und dauerhafte Freiheit in Reichweite, ganz gleich, wohin ich ging oder was ich tat. Als ich schließlich die Antwort fand, die ich gesucht hatte, war für mich offenkundig, dass sie schon die ganze Zeit in mir gewesen war. Wie die meisten Menschen hatte ich geglaubt, sie liege irgendwo da draußen in der Welt, während die Antwort und meine wahre Bestimmung doch die ganze Zeit in mir selbst gewesen waren und nur darauf gewartet hatten, dass ich sie entdeckte und ihnen in meinem Leben den Platz gab, der ihnen zustand.

Glücklicherweise begriff ich schließlich, dass in diesem Labyrinth, das wir das Leben nennen, der einzig richtige Weg der war, *noch tiefer in mich selbst hineinzugehen.* Davon hatte ich zuvor zwar schon gehört, doch erst an diesem Punkt wurde mir wirklich bewusst, dass *der einzige Weg hinaus der Weg nach innen ist.* Wie wenn ein Schlüssel einrastet und sich im Schloss dreht, sodass die Schleusentore sich öffnen können, fühlte ich mich mit einem Mal tief mit allem Leben verbunden, so als würde das gesamte Universum durch mich hindurchströmen und den Pfad erleuchten, der mich für immer ins Freie führt. Wie ein Vogel, der ständig gegen eine Glasscheibe fliegt und sich an ihr verletzt, weil er sie nicht sieht, hatte ich mir selbst ungeheuer viel Leid und Enttäuschung bereitet, weil ich außerhalb von mir selbst nach etwas Ausschau hielt, das nur in den Tiefen meines Herzens und meiner Seele zu finden war. Erfreulicherweise ging mir schließlich auf, dass Friede, Glück, Erfüllung und Selbstachtung auf Dauer niemals in anderen Menschen oder an anderen Orten zu finden sind – auch nicht in den »weltlichen Dingen«.

Wie die meisten von uns hatte ich mein ganzes Leben wie ein kleiner Hundewelpe gelebt, der sich immerzu im Kreis dreht und dem eigenen Schwanz hinterherjagt. *Ich war ständig auf der Suche nach Liebe gewesen, wo ich doch selbst Liebe war.* Als ich außerhalb von mir nicht zu finden vermochte, was ich suchte, und immer wieder auf mich selbst zurückgeworfen wurde, erkannte ich schließlich, wie ich für mich selbst zu dem wurde, was ich suchte. Mir enthüllte sich die grundlegende Wahrheit, dass der Pfad, auf dem wir zur Quelle der Liebe in uns selbst gelangen und auf dem wir auch die Liebe, die wir sind, nach außen tragen können, von uns verlangt, dass wir den entscheidenden Entwicklungsschritt hin zu einer bedingungsfreien Selbstliebe meistern. Denn dies ist der einzige Weg zu wahrer Nächstenliebe, zu Frieden und Wohlbefinden und die einzige Möglichkeit, unseren Teil dazu beizutragen, die Welt besser zu machen.

Von dieser Einsicht erfüllt setzte ich mich hin, um meine Vorstellungen davon niederzuschreiben, *wie Selbstliebe in unserem Leben ganz konkret aussehen kann.* Die Anleitungen und Theorien dazu hatte ich ausgiebig studiert, doch vor allem war ich den Pfad selbst gegangen, der von Schmerzen und Qualen hin zu wahrer Befreiung und innerem Frieden führt. Nun wollte ich eine möglichst genaue und universell verwendbare Wegbeschreibung für alle, die wahrhaft gesund, glücklich und frei sein wollen, erstellen. Ich weiß, wie schwer es uns fallen kann, tiefe Empfindungen in Worte zu fassen, und wie sehr wir uns oft danach sehnen, verstanden, geschätzt und geliebt zu werden. Und weil ich aus eigener Erfahrung weiß, wie einsam und verzweifelt wir uns auf diesem Weg fühlen können, möchte ich Ihnen sagen, dass Sie nicht allein sind und dass es einen Ausweg aus Ihrer Bedrängnis gibt.

In diesem Buch lege ich all das offen, was ich aus meinem eigenen Leid und meinem Weg der Heilung sowie aus meinen erfolgreichen Bemühungen, Tausenden von Menschen auf der ganzen Welt zu helfen, gelernt habe. Die Sichtweise, die ich Ihnen hier anbiete, hat sich für viele Menschen als hilfreich erwiesen, die durch Schulmedizin, Psychotherapie oder Religion keine alltagstauglichen und langfristig tragfähigen Lösungen finden konnten. Professionelle Helfer können Ihnen letztlich nicht abnehmen, was Sie für sich selbst tun müssen – nämlich Frieden mit Ihrem bisherigen Leben und mit Ihrer Vergangenheit schließen. Jemand kann Sie begleiten, Ihnen Hilfestellung geben und für Sie da sein, während Sie sich mit Ihrem Schmerz und Ihren Ängsten auseinandersetzen, doch letzten Endes wird kein Medikament und kein Experte Sie »kurieren« können. *Nur Sie selbst können sich heilen und mit der Zeit lernen, gut für sich zu sorgen.*

Das herzzentrierte Konzept des Buchs wird Sie dazu anspornen, gegen Ihre Ängste anzugehen und sich schließlich von ihnen zu lösen, damit Sie sich an Ihrem Leben freuen können. Wenn Sie bereit sind, die volle Verantwortung für Ihr Leben zu übernehmen und die Schuld nicht mehr anderen oder den Umständen zuzuschieben, gibt es nichts, was Sie nicht verwandeln, heilen oder erreichen können. Dieses Buch ist getragen von der Vorstellung, dass wir aus dem Vollen schöpfen sollen, ehe wir diesen Körper und dieses Leben verlassen, und deshalb werde ich nicht um den heißen Brei herumreden. Es soll Sie durch einen inneren Prozess führen, der in Ihrem Leben eine tief greifende Wende zum Besseren einleitet. Die einzelnen Kapitel und die dazwischen eingestreuten Übungen sind darauf zugeschnitten, dass sich in Ihrem Geist und in Ihrem Körper neue, gesunde Neuronenverschaltungen und Energiebahnen bilden und Sie damit beginnen können, Ihr Denken, Sprechen und Handeln so zu verändern, dass Sie sich in jedem Augenblick und in jeder Situation selbst wertschätzen. Wie Ihr Leben in einem Monat, in einem Jahr oder in zehn Jahren aussehen und sich anfühlen wird, hängt ganz davon ab, inwieweit Sie sich selbst aus tiefstem Herzen die Erlaubnis erteilen, glücklich zu sein und sich wohlzufühlen. Mir gefällt das alte Sprichwort: »Gib einem Menschen einen Fisch und du ernährst ihn einen Tag, lehre ihn das Fischen und du ernährst ihn ein Leben lang.« In diesem Sinne soll *Du lebst nicht, um zu leiden* eine Anleitung dafür sein, wie Sie selbst auf Fischfang gehen und das finden können, was Sie wollen und brauchen.

Daraus ergeben sich folgende Fragen, die Sie sich am besten so vorstellen, dass sie in einer Haltung liebevoller Strenge an Sie gerichtet werden: Was wird Sie dazu bringen können, zu sagen, dass Sie genug gelitten haben? Wann sind Sie so weit, dass Sie sagen: »Es ist mir lange genug schlecht gegangen, ich war lange genug krank, ich habe mich lange genug mit allem abgefunden – Schluss jetzt«? Muss es erst so weit kommen, dass Sie mit einer lebensbedrohenden Krankheit oder dem möglichen Ende Ihrer Partnerbeziehung konfrontiert sind? Falls Sie sich mit Alkohol, Antidepressiva, Drogen, Essen, Arbeit oder Konsum betäuben: Ist das wirklich alles, was Sie vom Leben erwarten? Falls Sie Kinder haben oder sich Kinder wünschen: Können Sie ihnen auf diese Weise das Vorbild sein, das sie brauchen? Wann wird für Sie der Zeitpunkt gekommen sein, für sich zu beschließen, dass Sie sich selbst ernst nehmen und aufhören müssen, sich zu belügen? Wann werden Sie aufhören, es allen recht machen zu wollen, sich für Ihre Empfindungen schuldig zu fühlen, sich selbst Vorwürfe zu machen, ständig alle um Entschuldigung zu bitten oder sich den Wunsch zu versagen, im Einklang mit sich selbst und glücklich zu sein? Wann kommen Sie an diesen Punkt? Wann, wenn nicht jetzt?

Nach meiner Überzeugung kommen wir mit dem Wissen auf die Welt, *dass wir nicht geboren sind, um zu leiden.* Wir vergessen das zwar sehr bald, doch in unserem Herzen wissen wir: Wir alle dürfen ein Leben erwarten, das mit Sinn, Bewusstheit, Respekt, Güte und tiefer Verbundenheit mit anderen erfüllt ist. Das Leben wird uns immer wieder herausfordern, ja – aber es kommt darauf an, wie wir mit diesen Schwierigkeiten umgehen. Dadurch stellen wir letztlich die Weichen für unser ganzes Leben, für unsere Gesundheit, unser Arbeitsleben und unsere Beziehungen. Unser Blick auf die geistigen, emotionalen und körperlichen Herausforderungen, mit denen wir zu ringen haben, entscheidet darüber, ob wir zu Freiheit, Glück und Frieden finden oder ob wir tiefer in Depression, Angst, Einsamkeit, Verunsicherung und Selbstmitleid versinken.

Glücklicherweise haben wir die Wahl, an jedem Tag, in jedem Augenblick.

Sind wir uns bewusst, dass wir unser Leben so gestalten können, dass es unserem wahren Selbst entspricht? Sind wir uns bewusst, dass wir es wert sind, von uns selbst und auch von anderen mit Güte und Respekt behandelt zu werden? Oder geben wir uns mit einem nur halb gelebten Leben zufrieden? Schließen wir faule Kompromisse, die uns unserer eigentlichen Bestimmung entfremden? Missachten wir unsere wahren Empfindungen und lassen immer wieder zu, dass andere uns nicht ernst nehmen, uns geringschätzig behandeln und ausnutzen?

Wenn wir diese Entscheidungssituation unvoreingenommen betrachten, sehen wir, dass es eigentlich nicht viel zu überlegen gibt. Ich würde alles darauf wetten, dass jeder Mensch, der den vorherigen Absatz liest, die erste Option wählen und an ihr festhalten würde, wenn er wüsste, dass sie auf Dauer auch funktioniert. Leider halten die meisten von uns von sich selbst zu wenig, als dass sie sich einen Anspruch auf das Lebensglück zugestehen würden, das eigentlich auf jeden Menschen wartet. Wir haben kein Vertrauen in uns selbst, in das Leben oder das Universum entwickelt, das so stark ist, dass wir rückhaltlos wir selbst sein und uns dem widmen können, was wir lieben und ersehnen. Deshalb geben sich die meisten Menschen mit weniger als dem zufrieden, was ihnen angemessen ist und wozu sie fähig sind, und leiden darunter, dass ihnen so vieles entgeht. So muss das Leben aber nicht sein.

Du kannst im ganzen Universum nach jemandem suchen, der deiner Liebe und Zuneigung würdiger ist, als du selbst es bist, aber diese Person wird sich nirgends finden. Du selbst verdienst, genauso sehr wie jeder andere, deine Liebe und Zuneigung.

Buddhistische Weisheit

Eine pragmatische Definition von psychischer Gesundheit

Eigentlich sind wir alle ein bisschen verrückt. Denn wenn wir ehrlich mit uns selbst sind, können wir nicht abstreiten, dass es in unserem Kopf viele Stimmen und die verschiedensten Gedanken gibt, die einander oft widersprechen. Ich betrachte geistige und psychische Gesundheit mittlerweile ganz pragmatisch. Mit anderen Worten: *Ist ein Mensch in der Lage, Verantwortung für sein Leben zu übernehmen, sodass er sich selbst, anderen Menschen und der Erde keinen Schaden zufügt, und tut er Tag für Tag sein Bestes, damit es ihm selbst und anderen gut geht?*

Nach meiner Erfahrung, die sich von der Ihren sicherlich nicht wesentlich unterscheidet, gibt es so etwas wie »Normalität« eigentlich gar nicht. Uns gehen zwar oft Gedanken durch den Kopf wie »Bei ihm scheint ja alles normal zu sein – anders als bei mir«, »Die kommen mir wie eine ganz normale Familie vor« oder »Warum kann bei mir nicht alles normal laufen?«, doch in unserem Innersten wissen wir eigentlich sehr gut, dass das wahre Leben schräger ist, als wir uns das vorstellen können. Wenn wir selbst immer von der »Normalität« abzuweichen scheinen, liegt das vielleicht daran, dass sie gar nicht existiert. Es ist, als ob wir auf einer Karte eine Stadt suchen. Doch die Stadt hat es nie gegeben und die Person, die uns von der Stadt erzählt hat, wusste nicht, wovon sie redet. Die Idee von Normalität hat vor allem damit zu tun, dass wir von anderen akzeptiert oder, anders ausgedrückt, nicht von ihnen verurteilt werden wollen. Natürlich mag es niemand, auf Ablehnung zu stoßen, doch an irgendeinem Punkt müssen wir uns entscheiden, ob wir *uns selbst ablehnen*, um uns die Anerkennung der anderen nicht zu verscherzen, oder ob wir offen zu zeigen wagen, was wir denken und fühlen, ganz gleich, welche Folgen das für uns haben könnte.

Irgendwann wird uns klar werden, dass wir, wenn wir uns selbst ablehnen, weit mehr leiden, als wenn andere uns ablehnen oder verurteilen. Wenn wir, um normal zu wirken und nicht aufzufallen, nicht das sagen und tun, was wir wirklich denken und fühlen, werden wir für immer unglücklich sein. Wir müssen uns also folgenden Fragen stellen: *Wollen wir glücklich sein – oder nur kein Missfallen erregen? Wollen wir Frieden und Erfüllung finden – oder einfach nur dazugehören? Wollen wir uns an unserem Leben, unserer Arbeit, an unserem Körper, wie er ist, und an unseren Beziehungen freuen – oder von den Einschätzungen, Meinungen und Urteilen anderer abhängig sein?*

Auf meiner Suche nach Glück und in meinem Streben danach, einfach ich selbst zu sein, ohne mich daran zu orientieren, inwieweit andere mich akzeptieren, anerkennen und lieben, war die Einsicht von ungeheurem Nutzen, dass mein Innenleben nicht nur aus meinen Gedanken oder den Stimmen in meinem Kopf besteht. Durch Meditation, Selbstreflexion und Aufarbeitung unterdrückter Emotionen begann ich zu verstehen und zu spüren, dass ich weit mehr bin als mein Verstand und die Gespräche, die ich in einem fort mit mir selbst führe. Außerdem erkannte ich, dass das Wirrwarr und die Widersprüchlichkeit meiner Gedanken größtenteils einfach daher rührten, dass verdrängte Emotionen in Form von Gedanken an die Oberfläche stiegen. Die Gedanken bekamen dadurch etwas Suchtartiges und wurden zudem zu einer Strategie, Gefühlen auszuweichen.

Als mir zum ersten Mal klar wurde, dass ich weit davon entfernt war, ein glücklicher Mensch zu sein, setzte ich mein Selbst noch ganz und gar mit meinen Gedanken gleich, die vor allem von Empfindungen der Angst, Sorge und Verunsicherung bestimmt waren. Mein »Ich« oder meine Identität, so glaubte ich, bestand aus diesen Gedanken und Selbstgesprächen in meinem Kopf, denn niemand hatte mich gelehrt, dass mein wahres Wesen vielmehr in dem Gewahrsein, der Bewusstheit, der Intelligenz und der Energie zu finden ist, die den Hintergrund meiner Gedanken bilden und sie aufsteigen lassen, um mir inneres Wachstum, Heilung und Freude am Leben zu ermöglichen. Weil ich das alles noch nicht begriffen hatte, gab es in meinem Geist oder in meinem Herzen nicht den nötigen Freiraum, denn in meinem Körper hatten sich allzu viele unterdrückte Gefühlsregungen aus der Vergangenheit und einengende Vorstellungen angesammelt, die ich von meinen Eltern und meinem übrigen gesellschaftlichen Umfeld übernommen hatte. Heute weiß ich, dass Glück ohne einen solchen

Freiraum nicht möglich ist. Natürlich war ich unglücklich, denn ich war ja ganz auf meine Gedanken fixiert. Ebenso wie Sie hatte ich gelernt, meine Energie, mein Glück und mein Identitätserleben nur unter dem Blickwinkel meines Denkens zu sehen, und ließ auf diese Weise zu, dass ich den Wortwechseln in meinem Kopf ausgeliefert war, die meistens chaotisch, belastend und äußerst negativ waren. Glücklicherweise gibt es einen Weg, der da herausführt: eine geistig-seelische Gesundheit, die sich pragmatisch einfach dadurch definieren lässt, dass wir unsere Gedanken in einer angemessenen Weise wahrnehmen und akzeptieren.

Liebe zu sich selbst und Frieden auf der Welt

Die meisten Menschen haben nie gelernt, sich selbst mit Akzeptanz, Güte und Mitgefühl zu begegnen. Sie wissen nicht einmal, dass es möglich ist, sich selbst in einer gesunden und reflektierten Weise zu lieben – geschweige denn, was das in unserem täglichen Leben bewirken würde. Dass sie sich selbst lieben sollten, ist einer immer größeren Zahl von Menschen klar, doch viele wissen einfach nicht, *wie sie das konkret umsetzen sollen.* In der Kindheit hatten nur sehr wenige von uns Menschen um sich, die ihnen vorlebten, was es heißt, aus einer Haltung bedingungsfreier Liebe heraus zu handeln. Wir haben uns so sehr an die negativen Stimmen in unserem Kopf gewöhnt, dass wir missbilligende, verurteilende und abwertende Gedanken über uns selbst als völlig selbstverständlich betrachten. Man hat uns nie beigebracht, wie viel Freiheit und innerer Friede möglich werden, wenn wir diese einengende und ungesunde Art zu leben hinter uns lassen.

Sich selbst zu lieben wird seit vielen Generationen und überall auf der Welt als Selbstsucht oder Egozentrik gebrandmarkt, denn nur sehr wenigen Menschen ist klar, was echte Selbstliebe eigentlich bedeutet und warum sie so wichtig ist. Wir können niemandem die Schuld dafür geben, dass die Selbstliebe einen so schlechten Ruf hat, weil die meisten Menschen es nun einmal nicht besser wissen. Denn sonst wäre es für sie erstens etwas Selbstverständliches, sich selbst vorbehaltlos zu lieben, und zweitens würden sie andere stets dazu ermuntern, dasselbe zu tun. Der eigentliche Grund dafür, dass wir uns dagegen sträuben, wirklich gut für uns selbst zu sorgen, ist letztlich einfach der, dass wir uns vor seelischem Schmerz zu schützen versuchen. Wir scheuen, um es genauer zu sagen, unbewusst vor dem in uns selbst, in unserem Leben und unserer Vergangenheit zurück, was wir nicht lieben. Denn wir haben Angst, den Schmerz zu spüren, den wir dadurch verursacht oder zugelassen haben, dass wir unser ganzes Leben lang derart selbstzerstörerisch mit uns selbst umgegangen sind. Diese ungesunde Beziehung zu sich selbst, die die meisten von uns haben und die sich in Denken, Fühlen und Verhalten zeigt, ist die Haupttriebfeder des inneren Kriegszustands. Dieser führt dazu, dass wir uns in einem fort unbehaglich, verletzt, ohnmächtig, angespannt, schuldig oder überlastet fühlen, uns schämen oder gekränkt, wütend und unzufrieden sind. Tief in unserem Inneren wissen wir, dass wir uns selbst nicht das Verständnis, die Aufrichtigkeit und den Respekt entgegenbringen, die wir ersehnen und die uns eigentlich zustehen, doch der Gedanke, daran etwas ändern zu sollen, überfordert uns derart, dass wir ihn einfach wegschieben oder eine Maske aufsetzen und so tun, als wäre alles in Ordnung.

Wenn wir es nicht schaffen, eine Beziehung zu uns selbst aufzubauen, die auf Verständnis, Akzeptanz und Güte gründet, verbauen wir uns nicht nur die Möglichkeit, uns wohl in unserer Haut zu fühlen und uns am Leben zu freuen, sondern sind auch außerstande, gesunde Beziehungen dieser Art zu anderen Menschen aufzubauen. Deshalb ist es von so entscheidender Bedeutung, sich klarzumachen, dass es letztlich von unserem Verhältnis zu uns selbst abhängt, wie wir zu allen und allem in der Welt um uns herum in Beziehung treten. Einfach gesagt: Wenn wir an uns selbst herumnörgeln, uns verurteilen und uns ablehnen, werden wir mit anderen in ähnlich verletzender Weise umgehen. Wenn unsere Beziehung zu uns selbst destruktiv bleibt, werden auch unsere Beziehungen zu anderen weiterhin destruktiv sein.

Es gibt eine befreiende Wahrheit, die alle Menschen miteinander verbindet: Wir alle ringen darum, uns selbst uneingeschränkt und bedingungsfrei lieben zu lernen – ganz gleich, wie groß unser Ego ist, wie arrogant wir anderen gegenüber auftreten, wie viele Erfolge wir aufzuweisen haben oder wie selbstbewusst wir nach außen hin wirken mögen. Dies ist die entscheidende Lebensaufgabe, an der wir uns alle abmühen. Ich, Sie, die Menschen um Sie herum – Ihre Freunde, Ihre Nachbarn, Ihre Kollegen, Ihr Chef, Ihre Angestellten, Ihre Kinder, Ihre Eltern, Ihre Großeltern –, sie alle kämpfen darum, sich selbst mit Liebe, Güte und Wohlwollen zu begegnen. So ist das seit vielen Generationen. Doch wir leben in einer Zeit, in der immer mehr Menschen aufwachen und merken, dass sie sich nach einer neuen Art zu leben sehnen. Sie sind offen für neue Formen der Beziehung zu sich selbst, zueinander und zu unserer Welt, die nicht auf Aggression gegründet sind, sondern auf Liebe, Güte und Mitgefühl. In einer kalten Welt ohne innere Verbundenheit zu leben, macht viele Menschen krank und unglücklich, sie resignieren und fühlen sich ausgelaugt.

Uns selbst lieben zu lernen, ist glücklicherweise nicht nur möglich, sondern auch ein sich natürlich ergebender, unvermeidlicher Schritt in der Evolution der Menschheit und in der des menschlichen Bewusstseins. Das bedeutet, dass die Natur und das gesamte Universum in uns am Werk sind und uns zu keinem geringeren Ziel hinführen als zu der am häufigsten übersehenen und doch wichtigsten Lektion, die uns das Leben zu lehren vermag.

Wir können nicht zu wahrem Frieden finden, wenn wir nicht lieben und achten lernen, wer wir jetzt sind, indem wir zum einen unsere Vergangenheit mit Nachsicht und Wohlwollen betrachten und uns zum anderen darüber klar werden, wie wir uns selbst in jeder Situation mit Wertschätzung begegnen können. Erst wenn wir uns dafür entscheiden, uns selbst jeden Tag mit Güte, Aufrichtigkeit und Respekt zu behandeln, kann sich in uns der dauerhafte innere Frieden einstellen, den wir ersehnen. Was unser gemeinsames Schicksal als Menschheitsfamilie angeht, die nach Frieden auf diesem Planeten strebt, so ist klar, dass wir in unserem eigenen Leben nicht zu Gleichgewicht und Harmonie finden können, wenn das Verhältnis zu uns selbst von Angst, Aggression und Missbilligung beherrscht ist. Wenn wir uns selbst nicht in einer Haltung der Wahrhaftigkeit und des Mitgefühls begegnen, werden wir mit unserem Handeln auch weiterhin uns selbst wie auch der Welt um uns herum Schaden zufügen. Frieden auf der Welt kann schließlich nur von Menschen ausgehen, für die innerer Friede, mitfühlendes Verstehen, gegenseitiger Respekt und liebende Güte an oberster Stelle stehen. Wenn wir hingegen versuchen, die Welt oder andere Menschen mit Gewalt zu verändern, ohne uns offen und ehrlich mit unserer eigenen Wut auseinanderzusetzen, mit unseren Verletzungen und Vorurteilen und mit der Angewohnheit, Dinge nicht wahrhaben zu wollen, dann werden alle Anstrengungen ins Leere laufen, die nachhaltigen Veränderungen anzustoßen, die unsere Welt braucht.

Es gibt keine Schwierigkeit, die sich nicht mit genügend Liebe bewältigen ließe. Es gibt keine Krankheit, die sich nicht mit genügend Liebe heilen ließe. Keine Tür, die sich nicht durch genügend Liebe öffnen ließe. Keinen Abgrund, den genügend Liebe nicht überbrücken könnte. Keine Mauer, die genügend Liebe nicht niederreißen könnte. Und keine Sünde, die nicht durch genügend Liebe wiedergutgemacht werden könnte. Es spielt keine Rolle, wie tief das Problem sitzen mag. Wie hoffnungslos der äußere Anschein sein mag. Wie groß die Verwirrung. Wie schwerwiegend der Fehler. Durch eine genügende Verwirklichung der Liebe läßt sich das alles auflösen. Wenn Sie genügend lieben, werden Sie der glücklichste und mächtigste Mensch der Welt sein.[1]

Emmet Fox

Zum Gebrauch des Wortes »Gott«

Das Wort »Gott« zu verwenden, kann mitunter eine recht heikle Angelegenheit sein. Es ist ein Wort, das einerseits trennend wirken und in Krieg münden, andererseits aber auch den Weg zu Einigkeit und Frieden ebnen kann. Deshalb halte ich es für wichtig, hier darzulegen, wie ich das Wort verwenden werde. Ich habe mich dafür entschieden, es an einigen Stellen zu benutzen, weil es manchmal unsere Vorstellungen vom Leben, von der Wahrheit und von der Liebe sehr gut auf den Punkt bringt.

Seien Sie versichert, dass ich jede religiöse Tradition und jeden spirituellen Pfad mit großem Respekt betrachte. Ich habe die Erfahrung gemacht, dass (1) jede eingehende Beschäftigung mit Religion und Spiritualität zu Liebe und Güte hinführt und dass (2) die einzigen Barrieren, die Menschen voneinander trennen, die nicht verheilten emotionalen Wunden in unseren Herzen und die einengenden Überzeugungen in unseren Köpfen sind. Auf diesen beiden Einsichten fußt mein Buch zu weiten Teilen.

Das Wort »Gott« soll hier alles und alle im Universum einschließlich des Raumes bezeichnen, in dem keine materiellen Lebensformen und keine materiellen Objekte existieren. Gott ist demnach die Intelligenz, das Bewusstsein, die Liebe und die elementare Energie, der alles Leben und alle materiellen Dinge im Universum entspringen. So gesehen ist Gott in allen Menschen, allen Dingen und im gesamten Weltall – demnach sind die Menschen, die Dinge und der Raum selbst göttlich. Was hier unter Gott verstanden wird, umfasst auch den unermesslichen Ozean von grenzenlosen Potenzialen, Möglichkeiten und Energien, in den alles Leben und alle Formen der Materie schließlich zurückkehren.

Ich bin der tiefen Überzeugung, dass es nichts und kein Wesen gibt, das nicht Gott ist. Jedes Ereignis, jede Gegebenheit, jede Träne, jedes Entzücken, jede Form von Leben und jede schmerzliche Erfahrung – all das ist Gott. Im täglichen Leben aber zeigt sich Gott nach meiner Erfahrung dort am deutlichsten, wo wir uns selbst und anderen mit bedingungsfreier Liebe, Güte, Wohlwollen, Respekt, Verständnis und Nachsicht begegnen. Paradoxerweise ist Gott auch immer in unserem Schmerz zu finden, in Kummer, Traurigkeit, Krankheit, Einsamkeit und Zwietracht, wo er aber schwerer zu erkennen ist. Worte sind bloß Worte und reichen nie an die Wahrheit dessen heran, worauf sie verweisen. Mit dem Wort »Gott« ist in diesem Buch letztlich die Liebe gemeint, die aus unserer Bedrängnis und Not spricht und die darum ringt, in unserem Körper und Geist, in unserem täglichen Leben und in der ganzen Welt immer klarer Gestalt anzunehmen.

Ich habe etwas Paradoxes erkannt:
Wenn man liebt, bis es weh tut,
kann es keinen Schmerz mehr geben,
nur mehr Liebe.[2]

Mutter Teresa

1 Der Schmetterling

Das griechische Wort für »Schmetterling« ist »Psyche«, und dasselbe Wort bezeichnet auch die Seele. Nichts veranschaulicht die Unsterblichkeit der Seele so eindrucksvoll und trefflich wie der Schmetterling, der aus dem Grab, in dem er nach einem stumpfen Dasein als kriechende Raupe gelegen hat, auf glitzernden Schwingen hervorbricht, um im gleißenden Licht des Tages umherzuflattern und sich an den wohlriechendsten und köstlichsten Dingen des Frühlings zu laben. Psyche ist mithin die menschliche Seele, die durch Leiden und Ungemach geläutert und somit bereit dafür ist, wahres und reines Glück zu genießen.[3]

Thomas Bulfinch

Der Lebenszyklus des Schmetterlings ist ein Bild der Natur, in dem sich für uns auf vollkommene Weise spiegelt, was es bedeutet, sich von den Begrenzungen und Ängsten zu lösen, die uns davon abhalten, ein ganz unserem wahren Wesen entsprechendes, befreites und freudvolles Leben zu führen. Die Metamorphose der Raupe in den Schmetterling versinnbildlicht die natürlichen Prozesse innerer und äußerer Verwandlung, die wir alle durchlaufen. Die äußere Gestalt des Schmetterlings symbolisiert für uns die Freiheit und die Leichtigkeit, die für uns alle erreichbar sind. Deshalb lässt uns der Anblick eines Schmetterlings den wundersamen Zauber spüren, der dem Leben innewohnt. Seine Anmut und Verletzlichkeit sind mit dem Verstand allein nicht zu erfassen und lassen uns in das Geheimnis des eigenen Daseins eintauchen.

Der Schmetterling tritt seine Reise als Raupe an, die ahnt oder auch nicht ahnt, was zu werden sie bestimmt ist. Sie folgt treu den inneren Impulsen, die in ihr aufsteigen. Sie *erfühlt* ihren Weg durchs Leben und folgt auf ganz natürliche Art und Weise der inneren Ausrichtung, mit der sie geboren wurde. Die Raupe scheint von einem inneren Plan geleitet zu sein, der von außen betrachtet den Weg von der Raupe zum Kokon und vom Kokon zum Schmetterling vorgibt. Der Sog, ins Ungewisse zu gehen, muss für die Raupe klar und stark zu spüren sein, denn wenn die Zeit kommt, sich einen Kokon zu spinnen, widmet sie sich dieser Aufgabe mit unbeirrbarer Konzentration.

Die Raupe scheint zu wissen, dass ihr keine Wahl bleibt, als sich, ganz gleich, was auf ihrer Reise auch geschieht, den Kräften der Natur und des Universums zu fügen, die sie vorwärtstreiben und ihr den Weg weisen. Sobald die Verwandlung vollzogen ist, bemüht sich der Schmetterling mit allen seinen Kräften, aus dem Kokon herauszukommen. Schließlich lässt er die schützende Hülle hinter sich, die ihren Zweck erfüllt hat. Die neue Existenzform des Schmetterlings ähnelt der vorherigen nur entfernt. Er kennt sich selbst nicht mehr. Seine Vergangenheit liegt hinter ihm und er erlebt sich nun als etwas anderes und Neues. Er ist wiedergeboren worden. Und nun ist er frei.

Wir Menschenwesen sind auf einer ganz ähnlichen Reise durch das Leben. Wie die Raupe sich in den Kokon einspinnt und der Schmetterling dann darum kämpft, ihm zu entkommen, so kämpfen wir Menschen auf unserer eigenen Reise darum, zu einem von Freiheit, Freude und Anmut erfüllten Leben zu finden, das ganz dem entspricht, wer wir wirklich sind. Wir alle ringen darum, uns von unserem Leiden und somit aus unserem schützenden Kokon zu lösen, damit wir zur höchstmöglichen Entwicklungsstufe gelangen und unser Potenzial zur vollen Entfaltung bringen können. In uns allen ist eine Ahnung von einem inneren Plan lebendig, der uns fortwährend dazu animiert, in das Geheimnis des eigenen Daseins vorzustoßen. Tief in unserer Seele spüren wir einen inneren Impuls, der uns leitet und antreibt, vertrauensvoll vorwärtszugehen. Wie der Schmetterling, der sich müht, aus der Enge seines Kokons auszubrechen, hegen auch wir irgendwo tief in unserem Inneren die Zuversicht, dass unser Kampf uns am Ende in ein von Staunen, Schönheit, Freude und Freiheit erfülltes Leben führt.

Zu umfassender persönlicher Freiheit können wir letztlich nur finden, indem wir lernen, uns selbst in jedem Augenblick und jeder Situation mit liebender Güte, Ehrlichkeit und Respekt zu begegnen. Dazu ist es notwendig, im Hier und Jetzt unsere unterdrückten psychischen und emotionalen Qualen aufzuarbeiten. Wir stehen also vor der Aufgabe, dem schützenden Kokon zu entrinnen, den wir uns im Lauf der Zeit zugelegt haben – die psychische Hülle, die uns so lange Schutz bietet, bis wir bereit zu einem Leben sind, in dem unser wahres Selbst unverstellt und offen zum Ausdruck kommen kann.

Die Bildung eines psychischen Kokons ist eine natürliche Vorbedingung dafür, dass unsere Seele zur Entfaltung kommen kann. Unser Kokon ist uns von Nutzen, solange unsere Verletzungen abheilen und wir die inneren Verwandlungsschritte durchlaufen, die notwendig sind, um uns selbst akzeptieren und ganz wir selbst sein zu können. An irgendeinem Punkt aber beginnt der Kokon uns zwangsläufig einzuengen und zu behindern. Nachdem wir in der Geborgenheit dieser schützenden Hülle die Anfangsphasen unserer Reifung durchlaufen haben, stehen wir vor der Aufgabe, uns aus dieser begrenzten Form des Seins zu befreien, die uns nicht mehr weiterbringt. Der Zeitpunkt dafür ist bei jedem Menschen anders, so wie auch die Knospen an einem Zweig sich in unterschiedlichen Momenten öffnen. Wenn es so weit ist, haben wir eine zentrale Lebensentscheidung zu treffen. Entweder wir überlassen uns den Kräften der Natur und des Universums, die da in uns wirken, oder wir sperren uns gegen ihre evolutionäre Dynamik, verschließen die Augen davor und handeln uns damit noch mehr Kummer und Leid ein.

Eine bewegende Geschichte, die ich einmal las, macht das alles wunderbar anschaulich. Sie handelt von einer Frau, die zwei Schmetterlingskokons mit nach Hause nahm. Sie wollte zuschauen, wie die Schmetterlinge sich aus ihren Kokons befreiten. Geduldig wartete sie einige Tage lang, bis es so weit war und sie sehen konnte, wie der eine Schmetterling von innen ein kleines Loch in den Kokon bohrte. Ihr Eindruck war, dass er sich schrecklich quälte, als er sich langsam durch die Öffnung arbeitete. Als er draußen war, lag er auf dem Tisch, erschöpft und außerstande, noch irgendetwas zu tun. Nach einer kleinen Weile rappelte er sich aber hoch und flog mit seinen starken und wunderschönen Flügeln durch ein Fenster ins Freie.

Nachdem die Frau beobachtet hatte, wie sich der erste Schmetterling hatte abmühen müssen, wollte sie dem zweiten helfen, sich aus seinem Kokon zu befreien, damit er es nicht so schwer hätte wie der erste. Sie meinte es gut mit ihm. Mit einer Rasierklinge schnitt sie den Kokon vorsichtig in der Mitte auf. Als der zweite Schmetterling es nach draußen geschafft hatte, lag er genauso da wie der erste. Doch nach kurzer Zeit verendete er still, anstatt sich zu erheben und davonzufliegen. Die Frau verstand nicht, was geschehen war, und wandte sich an eine Freundin, die Biologin war, um sie zu fragen, warum der zweite Schmetterling denn gestorben sei. Die Freundin erklärte ihr, dass durch die Anstrengung, die das Entkommen aus dem Kokon dem Schmetterling abverlangt, Säfte aus dem Körperinneren aufsteigen und in die winzigen Kapillaren in den Flügeln gepresst werden. Wenn er die Flügel von innen gegen die Wand des Kokons drückt, werden sie dadurch fest und sind stark genug für sein neues Leben in der Luft. Ohne die Mühen beim Ausbrechen aus dem Kokon kann es für den Schmetterling keine Kraft in den Flügeln, keinen Flug und letztlich kein Leben geben.

Wie die Schmetterlinge in dieser Geschichte sind Sie und ich dazu bestimmt, uns aus unserem schützenden Kokon freizukämpfen. Unser Ego, unsere Ängste und die einengenden Überzeugungen, die uns im Stillstand verharren lassen, sind ganz einfach ein Schutz gegen das Unbehagen, den Schmerz und die Wahrheit, denen wir lieber ausweichen. Doch genauso wie die Raupe tragen wir in uns alles, was wir brauchen, um frei zu werden. Wenn wir innehalten, um über die tiefere Bedeutung der Geschichte nachzusinnen, erschließt sich uns eine der schönsten und befreiendsten Einsichten, die das Leben zu bieten hat: *Wir haben in uns bereits alles, was wir brauchen, um unserer inne-*

ren Bestimmung zu folgen und unser Potenzial auszuschöpfen. Uns fehlt es dazu an nichts. Die Intelligenz des Universums, auch »Gott« genannt, gab dem Leben, das sie erschuf, alles mit, was es braucht, um das zu werden, wozu es bestimmt ist.

Leider bleibt diese Einsicht allzu vielen von uns das ganze Leben lang verschlossen. Wir bekommen nicht beigebracht, auf uns selbst zu vertrauen, sondern lernen vielmehr, auf andere zu hören und an unserer inneren Weisheit zu zweifeln, und so ziehen wir die Vertrautheit und Geborgenheit unseres Kokons dem wahren Leben vor. Ohne es zu wollen, begnügen wir uns mit einem Leben in trister Enge und machen uns auf die eine oder andere Weise etwas vor, ohne die Fülle und Größe dessen, wer wir wahrhaft sind, je zu erkennen und zur Entfaltung bringen zu können. Die meisten von uns finden sich mit dieser unbefriedigenden Situation zwar nicht einfach ab, suchen aber fortwährend außerhalb von sich selbst nach Dingen oder Menschen, von denen sie errettet werden könnten. Vielleicht gibt es ja jemanden, der uns heilen oder erlösen wird? Vielleicht wird jemand uns so sehr lieben, dass wir uns nicht mehr plagen müssen und alles in Ordnung kommt?

Ebenso wie Sie habe ich auf schmerzliche Weise lernen müssen, dass das eine große Illusion ist.

Wir alle werden sozusagen als Raupe geboren und spinnen uns, während wir heranwachsen, in einen Kokon ein. Die Menschen unterscheiden sich aber darin voneinander, dass manche bereit sind, den Fingerzeigen des Herzens und der Seele zu folgen, um zu den befreiten und zielbewussten Wesen voller Lebensfreude zu werden, die zu sein ihre Bestimmung ist, während andere sich darauf einfach nicht einlassen wollen. Es scheint in unserem Leben nur diese zwei Optionen zu geben. Entweder wir entwickeln uns, wie das unsere Bestimmung ist, zum Schmetterling, oder wir bleiben in einem früheren Stadium stecken. Entweder wir lernen, uns selbst bedingungsfrei zu lieben, und lassen auf diese Weise den Kokon hinter uns, oder wir kommen gar nicht erst so weit.

Die erste Option verlangt uns zweifellos viel ab, und mitunter werden wir schwer zu kämpfen haben. Doch die Anstrengung wird stets mit der Schönheit, dem Frieden und dem Zauber eines von Freiheit und Freude erfüllten Lebens verbunden sein. Wir werden für unsere Mühen und Leiden entlohnt, denn wenn wir durch unseren Mut und unsere Stärke zu einem Leben finden, das unserem Wesen entspricht, wächst unsere Selbstachtung. Wir finden Zugang zu der Macht der liebenden Wahrheit und der natürlichen Intelligenz, die Teil unseres innersten Wesens sind. Die Seele, so könnten wir sagen, gelangt ins Freie und erhebt sich in die Lüfte.

Die zweite Option zu wählen bedeutet, dass wir uns entweder in der von Angst beherrschten Bequemlichkeit unseres Kokons einrichten oder darauf warten, dass jemand oder etwas kommen wird, um uns zu retten. Wir warten dann womöglich das ganze Leben auf jemanden, der unseren Kokon für uns öffnet, und sind blind dafür, dass in uns bereits alles vorhanden ist, was wir brauchen, um uns selbst zu befreien und beruflich wie privat ein sinnerfülltes, im Einklang mit unserem wahren Wesen stehendes Leben zu führen. Wenn wir die zweite Option wählen, werden wir in tiefer Frustration und Unzufriedenheit verharren und nichts und niemand wird uns je genügen, denn wir sehen uns für das, was nur wir selbst tun können und tun müssen, nicht in der Verantwortung. Am Ende hört dann unser Körper zu funktionieren auf, ohne dass wir uns selbst jemals die Erlaubnis gegeben haben, wahrhaft glücklich zu sein. Wir verlassen diese Welt und dieses Leben voller Bedauern und haben den Zauber, das Staunen und die Schönheit versäumt, die für uns alle doch zum Greifen nahe sind.

Nach meinem Empfinden wäre mein Leben am Ende nicht lebenswert gewesen, wenn ich darin nicht gelernt hätte, mich selbst bedingungsfrei zu lieben. Tatsächlich bin ich nicht sicher, ob ich noch am Leben wäre, wenn ich nicht zu dem tiefen Verständnis und dem Mitgefühl gefunden hätte, die notwendig sind, um mich wirklich wertschätzen zu können und ich selbst zu sein. Wenn Sie beim Lesen dieser Zeilen ehrlich mit sich sind, werden Sie mir sicher zustimmen, dass das Leid und die Verwirrung, die einer missbilligenden, unsicheren, auf Angst gegründeten oder selbstzerstörerischen Beziehung zu sich selbst entspringen, einem das Leben verleiden können und es manchmal als kaum noch lebenswert erscheinen lassen. Es ist kein gutes Leben, wenn wir uns missverstanden, allein und isoliert fühlen. Doch damit sich daran etwas ändern kann und wir uns in unserem Körper einfach wohlfühlen, müssen wir zunächst einmal lernen, uns selbst wichtig zu nehmen – unsere Gedanken, unsere Gefühle und unseren Körper.

2 Der Sinn von Leid, Depression und Krankheit

Die Welt zerbricht jeden, und nachher sind viele an den zerbrochenen Stellen stark.[4]

Ernest Hemingway

Loslassen und sich selbst spüren

Bitte atmen Sie, wo immer Sie gerade sind, ein paarmal langsam und tief in Ihren Bauch, ein und aus. Spüren Sie Ihren ganzen Körper, von den Füßen bis ganz hinauf zum Scheitel und dann wieder hinunter bis in die Fingerspitzen. Bitte lassen Sie alle Anspannung los, die Sie spüren, und lassen Sie sich selbst so sein, wie Sie sind. Nutzen Sie jedes Einatmen, um den Körper zu öffnen und einen inneren Raum entstehen zu lassen, und jedes Ausatmen, um noch entspannter zu werden. Heißen Sie alles willkommen, was Sie hier und jetzt denken, fühlen und erleben. Nehmen Sie dabei Ihren Körper und Ihren Atem aufmerksam wahr.

Alles hat seinen Grund. Dies gilt insbesondere für gesundheitliche Probleme, für psychische wie körperliche. Es mag für Sie schwer zu akzeptieren sein, doch nach meiner Erfahrung lassen viele Menschen unwillentlich zu, dass sie depressiv werden oder körperliche Leiden entwickeln, weil sie nie gelernt haben, ihre Gefühle so zu äußern oder sich so um sich selbst zu kümmern, wie das notwendig ist, um das ganze Leben hindurch gesund und zufrieden zu bleiben. Wir lernen schon früh, anderen zu gefallen, um überleben zu können, um die an

Bedingungen geknüpfte Liebe der Eltern oder anderer Bezugspersonen zu erlangen, doch der Preis dafür ist oft, dass wir uns selbst nicht treu bleiben und schwersten Schaden nehmen. Wenn wir uns nicht von dieser ungesunden inneren Dynamik verabschieden, mündet sie schließlich in Depression, Krankheit, Beziehungsprobleme und viele andere Formen des Leidens. Dies sind alles Signale unserer Seele, die uns nach Hause zu uns selbst zurückrufen will, zur inneren Quelle von Frieden und Stärke, und uns letztlich dazu anzuhalten versucht, dass wir uns selbst in jedem Augenblick lieben und wertschätzen – und zwar ab sofort.

Am Beginn unseres Lebens lernen wir, Angst, Schuld und Scham zu empfinden, wenn wir unsere Gefühle, Bedürfnisse und Wünsche äußern. Dies zu tun, kommt uns dann zu selbstsüchtig vor oder so, als würden wir den anderen damit zu viel zumuten. Tatsächlich sind wir alle egoistisch, auch wenn wir es meist nicht wahrhaben wollen, und so haben wir uns daran gewöhnt, in Angst zu leben. Nachdem wir also jahrelang versucht haben, es anderen recht zu machen und von uns selbst abzusehen, sind wir am Ende unglücklich, fühlen uns nicht wohl in unserer Haut oder sind voller Bitterkeit, Wut und Zerknirschung.

Verwirrt fragen wir uns dann: *Wie ist es nur so weit mit uns gekommen?*

Niemand ist ein schlechter Mensch, weil er nach einem erfüllten Leben im Einklang mit sich selbst strebt und sich wünscht, gesund und glücklich zu sein, von anderen verstanden zu werden oder sich in einer Liebesbeziehung ganz aufgehoben zu fühlen. Dennoch schämen wir uns für diese Wünsche. Wir haben uns in einem Netz verfangen, das wir selbst gesponnen haben: Uns ist nicht bewusst, dass es für uns erst dann vorangehen kann, wenn wir uns aus ganzem Herzen für das eigene Wohlergehen entscheiden, und dass unser Leid ganz einfach ein Appell an uns selbst ist, in jeder Situation so zu reden und zu handeln, wie das unseren wahren Empfindungen entspricht.

Ich kann nicht umhin, darauf hinzuweisen, dass die moderne Schulmedizin keine Heilverfahren entdeckt hat, die bei Leiden wie Krebs,

Autoimmunerkrankungen oder einer schweren Depression wirklich helfen. Liegt das daran, dass tatsächlich keine Heilung möglich ist? Oder vielmehr daran, dass wir Symptome und Krankheiten unter einem zu engen Blickwinkel betrachten, sodass uns völlig entgeht, worin ihr Sinn liegt? Könnte es sein, dass die eigentlichen Ursachen nicht da zu finden sind, wo wir sie suchen?

Genau davon bin ich überzeugt.

Aus den Erfahrungen, die ich in der intensiven Arbeit mit Tausenden ganz realer Menschen gesammelt habe, ergibt sich für mich, dass unsere geistige und psychische Verfassung sowohl die Ursache der meisten Formen von persönlichem Leid ist als auch die Lösung dafür beinhaltet. Der Grad unseres gesamten Wohlbefindens hängt direkt davon ab, inwieweit wir in der Lage sind, unsere Gefühle in angemessener Weise zu äußern, negatives Denken zu überwinden und im Einklang mit unseren wahren Empfindungen, Bedürfnissen und Wünschen zu handeln. Wenn wir etwas nicht sehen können, heißt das nicht, dass es nicht da ist. Wenn wir also den destruktiven Prozess, in dem nichtkörperliche Toxizität in körperliche übergeht, nicht direkt beobachten können, bedeutet das nicht, dass es diesen Prozess nicht gibt. Was würden Sie denken, wenn ich behaupte, dass Ihre Liebe zu Ihrem Partner oder Ihrer Partnerin, zu Ihren Kindern, Ihren Eltern oder zu einem Haustier nicht existiert? Daran dürfte deutlich werden, was ich meine.

Ich habe festgestellt, dass tiefe Unzufriedenheit und chronische Krankheit auf die selbstzerstörerische, missbilligende, verurteilende und angstgetriebene Beziehung mit sich selbst zurückgehen, die viele von uns in der Kindheit entwickelt haben und die zur Schwächung des Immunsystems, zu erhöhter Anfälligkeit für Viren, Bakterien und Umweltgifte und letztlich zu einer mangelhaften Selbstfürsorge führt. Weil wir dazu neigen, uns völlig in dieser schädlichen Art des Denkens und Handelns zu verlieren, weil wir es ja nicht anders kennen, passiert es ganz leicht, dass wir der uns vielleicht naiv erscheinenden Vorstellung, die Arbeit an unserem geistigen und emotionalen Nichtwohlsein könne uns tatsächlich die nachhaltige Erleichterung und den Frieden bringen, die wir ersehnen, keine Beachtung schenken.

Das Leben scheint uns letztlich alle Dinge und alle Menschen zu nehmen, die wir als gegeben voraussetzen. Auch das Leben selbst und die Gesundheit gehören dazu. Ich habe viele Male miterlebt, wie Menschen die geistige und emotionale Ebene ihres Lebens geringschätzen und ignorieren, einfach weil sie nicht wissen, wie sie diese würdigen oder darüber reden sollen. Stattdessen haben wir gelernt, sie auszublenden, um überleben zu können. Die natürliche Folge dieser Haltung ist, dass wir uns ganz und gar bedeutungslos fühlen – als komme es auf unsere Empfindungen, Bedürfnisse und Wünsche nicht an. Oft kommt es uns vor, als sei unser Selbst im Kern nichts wert oder werde von den anderen nicht geschätzt. Dies hat den Nebeneffekt, dass auch der Körper nicht wichtig oder der Aufmerksamkeit würdig zu sein scheint. Wir können sagen, dass aus unserem Innenleben, wenn wir es nicht respektieren und uns nicht gut darum kümmern, ein Körper hervorgeht, in dem zu wohnen sich nicht gut anfühlt. Daraus kann sich ein höchst schädlicher Teufelskreis entwickeln, an den wir uns so gewöhnen, dass er unser Leben ruiniert.

Um es ganz offen zu sagen: Wozu am Leben sein, wenn unsere Seele sich in die Enge getrieben, unverstanden und wertlos fühlt? Wieso sollte ein fühlendes Wesen ein Leben weiterführen wollen, in dem es schlimmste geistige Qualen leidet, von Ängsten geplagt wird und unerträglichem Stress ausgesetzt ist? Und doch glauben wir Menschen, wir seien es nicht wert, unser Privat- und Berufsleben und unsere Beziehungen so gestalten zu dürfen, dass es uns gut geht, wir uns lebendig und wohl in unserer Haut fühlen und zufrieden sind. Das Streben nach einem gesunden und glücklichen Leben scheint ja eigentlich etwas ganz Natürliches zu sein, doch wir lassen uns fortwährend von Schuldgefühlen, Angst, Scham und alten Kränkungen bremsen. Wir haben das Gefühl, dass das Leben an uns vorbeizieht, und es ist, als würde sich dieses Gift der Geringschätzung wie ätzende Säure in uns ausbreiten oder als würden uns Parasiten langsam bei lebendigem Leib aufzehren. Sucht und Suizid lassen sich besser verstehen, wenn wir uns in Erinnerung rufen, wie es ist, wenn wir uns unwichtig fühlen und im Stillen leiden, ohne eine Vorstellung davon zu haben, wo wir Liebe, Verständnis, Entlastung und Heilung finden können.

Des Körpers Leiden ist eine Maske,
die vom Geist emporgehalten wird,
um das zu verbergen, was wirklich leidet.[5]

Ein Kurs in Wundern

Als Gesellschaft und als Einzelne müssen wir, wenn wir wollen, dass unser Körper und die Welt um uns herum im Einklang mit einem gesunden Innenleben stehen, darauf hinarbeiten, dass das Pendel der Aufmerksamkeit in Richtung einer Transformation unseres dysfunktionalen Denkens und Fühlens ausschwingt. Bevor wir diese Schritte aber in Angriff nehmen können, müssen wir die Demut finden, eine umfassendere Perspektive einzunehmen, vor allem wenn wir mit unserem derzeitigen Vorgehen nicht zu den Ergebnissen gelangen, die wir uns wünschen. Wir müssen uns eingestehen, dass wir es bislang einfach nicht besser wussten, und einräumen, dass unsere Sichtweise uns möglicherweise vieles verbaut hat und nicht sehr hilfreich für uns war. Es geht nicht darum, uns Vorwürfe zu machen und uns vorzuhalten, dass mit uns etwas nicht stimmen kann. Vielmehr geht es um die Einsicht, dass wir von Menschen, die zu ihrer Zeit und mit ihrem damaligen Wissen ihr Bestes taten, einige sehr selbstschädigende Gewohnheiten und Vorstellungen übernommen haben. Heute aber richten unser Körper und unser ganzes Leben einen flammenden Appell an uns, dass es an der Zeit ist, die Wunden unseres Herzens und unseres Geistes zu heilen.

Nach meiner Auffassung bietet die traditionelle chinesische Medizin einen der praxistauglichsten und schlüssigsten Erklärungsansätze dafür, wie unsere Gedanken und Emotionen entweder Gesundheit und Glück fördern oder in Depression und Krankheit münden können. Laut diesem Modell hängen die Ursachen körperlicher und psychischer Krankheiten direkt mit dem Fließen von Energie und Blut im Körper zusammen. Wenn Energie und Blut, um es vereinfacht zu sagen, stets frei fließen können, beschert uns dies Gesundheit, Zufriedenheit und Freiheit von Schmerzen. Wenn es aber zur Stagnation kommt, stellen sich früher oder später Ermüdung, Depression, Schmerzen und Immunschwäche ein, und es sammeln sich schädliche Stoffe an, die ernste Krankheiten auslösen.

Nach dieser Vorstellung folgt das Blut im Körper dem Fluss der Lebensenergie. Das beste Beispiel dafür ist der Pulsschlag des Herzens, der das Blut durch die Adern pumpt und Immunzellen, Hormone, Vitamine, Mineralien und andere Nährstoffe in alle Winkel des Körpers trägt. In der westlichen Schulmedizin wird oft übersehen, dass unterdrückte Gedanken und Emotionen, die mit Angst und der aus ihr resultierenden Untätigkeit einhergehen, zunächst den gesunden Fluss von Energie und Blut hemmen, was dann folgerichtig dazu führt, dass die Funktionen verschiedener Körpersysteme beeinträchtigt werden, etwa des Nerven-, des Kreislauf- oder des Verdauungssystems.

Nehmen wir einen 40 Jahre alten Menschen, der im Durchschnitt täglich 16 Stunden wach war und 8 Stunden geschlafen hat. In seinem bisherigen Leben war er somit 840.960.000 Sekunden wach. Das sind 14.016.000 Minuten, in denen er etwas gefühlt und gedacht hat, das direkt mit den tieferen Schichten seiner Verletzungen, Bedürfnisse und Wünsche verknüpft war. Diese inneren Vorgänge bestehen zu einem großen Teil aus unbewältigten Emotionen und undeutlichen Gedanken, die fortwährend durch Geist und Körper kreisen und nur selten in einer Form aufgegriffen und zum Ausdruck gebracht werden, mit der wir wirklich im Reinen sind. Dieses ungesunde innere Milieu schlägt sich typischerweise in einer ungesunden Lebensführung und in Suchtverhalten nieder, was weitere gesundheitliche Probleme, Schwächung der Immunität und schwierige Lebenssituationen nach sich zieht.

Denken und Fühlen sind subtile Erscheinungsformen elementarer Energie, die sich, wenn sie lange Zeit ständig unterdrückt werden, in mentalem Stress, Verringerung der Sauerstoffaufnahme und Gleichgewichtsverschiebungen in molekularen Prozessen und Zellvorgängen niederschlagen. Die Unterdrückung von Gedanken und Gefühlen bewirkt auch, dass sich der Fluss der Lebensenergie und des Blutes verlangsamt und massive Blockaden auftreten. Insbesondere die verschiedenen Erscheinungsformen von Angst und Unsicherheit und die Gewohnheit, es anderen recht machen zu wollen, führen dazu, dass Menschen sich in ihrem Handeln nicht an ihrem Gefühl, ihrer Intuition, ihrer Sorge für sich selbst und an der Stimme ihres Herzens ausrichten. Dies hat weitere Störungen des gesunden Energie- und Blutflusses in Organen und Kreislaufsystem zur Folge. Es stellen sich Symptome wie Angst, flache Atmung, chronische Erschöpfung, Lethargie, Verdauungsstörungen, Depressionen und Schlaflosigkeit ein, und wir – und oft auch unsere Ärzte – rätseln herum, wo die Ursachen liegen könnten.

Wenn solche Prozesse über Tage, Wochen, Monate und Jahre hinweg unser Leben und unser Verhalten bestimmen, beginnen das Blut und andere Körperflüssigkeiten schließlich so stark einzudicken, dass sich Knoten und Wucherungen bilden. Infolgedessen sammeln sich in Blut, Fettgewebe, Muskeln und Organen Giftstoffe an, sodass es zu chronischen Schmerzen und Krankheiten kommt. Wir können sagen, dass der Körper – weil wir uns auf der Ebene des Denkens und Fühlens im Krieg mit uns selbst befinden – nun auf der Zellebene auch einen Krieg gegen sich selbst führt. In seiner staunenswerten Intelligenz erzeugt der Körper also Symptome, um uns darauf aufmerksam zu machen, welche Kluft sich zwischen dem, was wir wirklich fühlen, wollen und brauchen, und den Ängsten auftut, die uns davon abhalten, gut für uns selbst zu sorgen, aufrichtig zu sagen, was wir denken, und unserem Herzen zu folgen. Uns selbst zu belügen und unser wahres Selbst ständig zu verleugnen ist, auch wenn uns das nicht bewusst ist, äußerst aufreibend und führt am Ende zum körperlichen und psychischen Zusammenbruch.

Aus diesem Blickwinkel erscheint es einleuchtend, dass unsere Hauptorgane und das Zentralnervensystem durch ein unerfülltes, von Stress beherrschtes Leben oder durch das Ausharren in Beziehungen, in denen wir unseren tieferen Empfindungen nicht treu sind, erheblichen

Belastungen ausgesetzt sein können. Wenn wir uns in dieser Weise ständig selbst bekriegen und nicht auf die Botschaften unseres Körpers hören, ist Selbstzerstörung die unausweichliche Folge. Dies erklärt allerdings noch nicht den übermäßigen Konsum von Alkohol, Nahrung, Drogen oder Medikamenten. Dies sind Gewohnheitsmuster, die dem Bestreben entspringen, tiefer gehende geistige und emotionale Qualen zu betäuben. Oft handelt es sich um den aussichtslosen Versuch, sich kurzzeitig Erleichterung zu verschaffen. Jedoch verschlimmert dies unsere gesundheitlichen Probleme auf lange Sicht nur noch. Es ist nicht mehr als ein Trostpflaster für unser gebrochenes Herz, das von unserer Empfindung, wir seien nicht liebenswert, und unserer Not, in ständiger Angst zu leben, ablenken soll.

Auf diese Dynamik gehen, wie ich glaube, sowohl genetisch als auch durch die eigene Lebensweise bedingte Störungen des Immunsystems zurück. Wenn unser Denken, unser Gefühlsleben, unser Verhalten und unsere Lebensweise destruktive Züge tragen, führen die damit einhergehende Hemmung des Blut- und Energieflusses und die Ansammlung von Toxinen im Lauf der Zeit zu einer Schwächung der Fähigkeit, gegen Bakterien, Parasiten und Viren anzukämpfen. Auch auf der geistigen und emotionalen Ebene können toxische und parasitäre Prozesse ablaufen, nämlich wenn wir Menschen, die uns nicht guttun und uns ausnutzen, in unserem Leben Raum geben – was in direktem Zusammenhang mit einer erhöhten Anfälligkeit für verschiedenste Formen von Pathogenen und Umweltgiften steht, die, wenn wir das zulassen, unsere Gesundheit, unsere Zufriedenheit und unseren inneren Frieden weiter untergraben werden.

Den meisten Menschen leuchtet ein, dass eine ausgewogene Ernährung und eine gesunde Lebensweise das Wohlbefinden fördern und vorbeugend gegen Krankheiten wirken. Die wenigsten wissen aber, dass es für unsere geistige und körperliche Gesundheit langfristig gesehen ebenso entscheidend ist, ob wir in jeder Situation vollkommen aufrichtig zu uns sind, sensibel und verletzlich bleiben und uns selbst lieben können. Wir sind so sehr daran gewöhnt, um des lieben Friedens willen unsere wahren Gefühle zu verbergen, damit wir nicht unter die Räder kommen und gegen Kritik, Missbilligung, Aggression und Zurückweisung gewappnet sind, dass wir gar nicht merken, wie wir uns damit selbst schaden oder wie wir anderen erlauben, uns auszunutzen – bis wir schließlich gezwungen sind, uns Gedanken darüber zu machen, warum wir denn depressiv oder krank geworden sind.

Tief in unserem Inneren wissen wir alle, dass das Leben aus mehr bestehen muss als aus Leiden. Doch niemand außer uns selbst kann uns retten, heilen oder befreien. Genau zu diesem Zweck weisen emotionale und körperliche Symptome uns darauf hin, an welchen Punkten und in welcher Weise wir nicht gut genug für uns sorgen, um ein erfülltes Leben führen zu können, ehe der Tod kommt. Sobald wir die einfache, aber tiefe Wahrheit begreifen, dass alles Leid einer fortwährenden Zurückweisung des wahren Selbst entspringt – eines Selbst, das wir nie wirklich zu lieben, zu akzeptieren, zu schätzen und zu umsorgen gelernt haben –, können wir sogleich beginnen, all die Schwierigkeiten, die sich uns in den Weg stellen, zu transformieren und erste Schritte hin zu innerem Frieden und zur Gesundheit zu tun.

Depression und Krankheit sind die in sich folgerichtige und zweckdienliche Methode des Körpers, uns eindringlich darauf hinzuweisen, dass es eine Frage von Leben und Tod ist, ob wir uns selbst gestatten, im Hier und Jetzt ganz wir selbst zu sein. Ich durfte bei zahllosen Menschen miterleben, wie sie sich nicht länger ihren angstvollen und verunsicherten Gedanken auslieferten und auf diese Weise fähig wurden, ihr Leid dafür zu nutzen, in ihrem Leben eine Wende zum Besseren einzuleiten. Sie setzten alles daran, dass die oberste Priorität für sie von nun an in jeder Situation sein sollte, so zu sprechen und zu handeln, wie das ihren wahren Empfindungen, Bedürfnissen und Zielen entsprach, selbst wenn es ihnen Angst machte. Dies versetzte sie in die Lage, die Vergangenheit mit Nachsicht zu betrachten, ihre Wunden heilen zu lassen und sich nicht länger selbst zu betrügen und zu schaden.

Der Durchbruch kann also nur gelingen, wenn Sie nicht länger vor sich davonlaufen. Heutzutage hetzen die meisten von uns durchs Leben, sind ständig abgelenkt, eilen von hier nach dort und von einer Person zur nächsten, ohne je zur Ruhe zu kommen. Wenn Sie sich aber dafür entscheiden, sich einen Raum zu schaffen, wo Sie mit sich allein sein und offen für sich selbst bleiben können, werden Sie fähig, willkommen zu heißen und zu *spüren*, was da wirklich in Ihnen ist. Sie können dann Klarheit darüber gewinnen, was Sie im Leben tatsächlich wollen, was Ihnen guttut und wobei Sie sich lebendig und wohlfühlen. Aus eigener Erfahrung weiß ich, dass wir, wenn wir den Fokus jeden Tag vor allem auf diese Aspekte richten – selbst wenn wir deswegen anecken –, im Körper den gesunden Fluss von Energie, Blut und Emotion unterstützen und intuitiv Abstand zu allen Personen, Situationen und Gewohnheiten halten, die nicht gesund für uns sind.

Solange wir noch nicht offen für unsere angeborene Fähigkeit sind, uns selbst zu heilen und so unser Leben, unsere Gesundheit und unser Glück wieder selbst in die Hand zu nehmen, werden uns bestimmte Aspekte unseres Selbst stets verschlossen bleiben, sodass sie nicht heilen können – ganz gleich, wie viele Ärzte wir aufsuchen und wie fähig diese auch sein mögen. Die Mauern des kleinen abgekapselten Ego müssen einstürzen, und dies kann nur geschehen, wenn wir uns mit liebevoller Aufmerksamkeit und Akzeptanz all den Anteilen unseres Selbst zuwenden, die wir die ganzen Jahre abgelehnt und versteckt haben. Nach meiner Erfahrung müssen wir, ganz gleich, wie hart das Leben bislang für uns war, zu hundert Prozent die Verantwortung für die Depressionen, Krankheiten und Nöte übernehmen, die uns zu schaffen machen. Erst dann können wir erkennen, dass dieses Leid dem Zweck dient, uns zu unserem wahren Selbst und zu unserer inneren Quelle von Stärke und Frieden zurückzuführen. Wenn wir anderen oder etwas außerhalb von uns die Verantwortung zuschieben, raubt uns das nur die Zeit und Energie, die wir jetzt brauchen, um uns zu heilen und frei zu werden. Wenn wir uns für Stolz und Starrsinn anstatt für Offenheit und Verletzlichkeit entscheiden, bleiben wir in unseren Strategien der Selbsttäuschung gefangen.

Niemand entscheidet sich gegen sein Glück, doch tut er es vielleicht, wenn er nicht sieht, dass er es tut.[6]

Ein Kurs in Wundern

Die Quintessenz des Ganzen ist: Auch wenn wir es noch nicht erkennen können oder uns nicht recht trauen, es zu glauben, so wartet doch auf uns alle jenseits der Bedrängnis, in der wir uns jetzt befinden, ein Leben, in dem wir viel gesünder und viel zufriedener sind. Ich habe festgestellt, dass der allerwichtigste Schlüssel zu dauerhaftem innerem Frieden in der Einsicht liegt, dass alles Leid einfach ein Schrei unseres Körpers und unseres Unbewussten ist, mit dem sie uns auffordern, uns selbst hier und jetzt zu akzeptieren, zu lieben und wertzuschätzen. Alle geistigen, emotionalen, körperlichen, finanziellen und spirituellen Nöte, die wir erleben, dienen unserer Seele einfach nur dazu, uns aufzurütteln, damit wir auf die Aspekte unseres Selbst, unseres Lebens und unserer Vergangenheit aufmerksam werden, die wir noch nicht wirklich verstehen und lieben gelernt haben.

Depression, Krankheit, Verunsicherung und Schmerz zwingen uns, unseren Alltag bewusster zu erleben und zu erkennen, welch großen Wert es hat, wenn wir uns selbst, anderen Menschen und allem Leben mit Güte und Mitgefühl begegnen. Unser Leid hält uns davon ab, weiter wegzulaufen, und rüttelt uns wach, damit wir die Wahrheit im Hier und Jetzt sehen und an den Dingen, die unserem Wohlbefinden nicht förderlich sind oder nicht zu unserer Lebensbestimmung passen, etwas verändern können. Der Sinn unserer Nöte besteht darin, uns für die Einsichten zu öffnen, die unter unseren »Fehlern« verborgen liegen, damit wir unser Leben Tag für Tag auf eine Weise gestalten können, die nicht nur für uns selbst, sondern auch für alle um uns herum weniger Leid und mehr Harmonie entstehen lässt.

Leid gehört zwingend zum Leben dazu. Das war immer so und wird in gewisser Weise wahrscheinlich auch immer so sein. Das Ausmaß unseres Leids sowie der Schmerzen, die wir uns zusätzlich noch selbst einhandeln, lässt sich aber erheblich verringern, indem wir uns klarmachen, wie wir selbst dazu beitragen. Die Qualen, die wir uns selbst durch den Mangel an Selbstliebe bereiten, halten uns dazu an, rascher zu lernen, wie wir uns selbst wertschätzen und uns an dem Leben, das uns gegeben ist, erfreuen können.

Die Einsicht, dass Beklemmung, Verwirrung, Traurigkeit, Frustration, Wut, Gekränktheit, Groll, Angst, Scham, Bedauern, Gewissensbisse, Unsicherheit, Minderwertigkeitsgefühle und Selbstzweifel nur daher rühren, dass wir bislang nicht wussten, wie wir uns selbst lieben und wertschätzen können, erweitert unsere Handlungsmöglichkeiten. Aller Kummer, der uns je erfüllt hat, erfüllt oder erfüllen wird, geht auf die Augenblicke zurück, in denen wir uns selbst nicht treu waren, sondern uns geschadet haben, indem wir faule Kompromisse eingegangen sind und uns selbst verraten, im Stich gelassen, verurteilt und abgelehnt haben. Wenn wir diese universelle Wahrheit anerkennen und sie auf unser Leben anwenden, können wir uns all das zusätzliche Leid ersparen, dem wir uns unwillentlich aussetzen. Sie werden mir sicherlich zustimmen, dass wir uns nicht selbst der schlimmste Feind sein müssen und das Leben auch so schon schwierig genug ist.

Es gibt keine Bewußtwerdung ohne Schmerzen.
Man tut ja alles, auch das Absurdeste,
um der eigenen Seele zu entgehen.
Man wird aber nicht hell dadurch, daß man sich
Helles vorstellt, sondern dadurch, daß man Dunkles
bewußtmacht. Letzteres aber ist unangenehm
und daher nicht populär.[7]

Carl Gustav Jung

Wir werden nur dann aufhören können, uns über unsere Probleme zu definieren, wenn wir sie als Aufgaben begreifen, an denen wir wachsen können, um zu stärkeren und besseren Menschen zu werden. Der Schmerz bleibt – so sehr wir uns auch bemühen mögen, ihn zu meiden, indem wir vor ihm weglaufen oder uns betäuben – in uns lebendig und macht uns mit der Zeit nicht nur krank oder unglücklich, sondern führt auch dazu, dass wir mit unserem Verhalten unsere Beziehungen, Ziele und Träume untergraben. Viele von uns stehen ihr ganzes Leben lang unter dem Bann irgendeiner Art von Schmerz oder Kummer und verschließen die Augen vor der Wahrheit, weil sie ihnen zu übermächtig, abstoßend oder unheimlich vorkommt, als dass sie sich ihr stellen könnten. Sie haben nie gelernt, dass sie diesen inneren Kampf, indem sie den Schritt ins Ungewisse wagen und offen darüber sprechen, für sich nutzen und daran wachsen können, um so zu einem erfüllten Leben zu finden.

Jeder Gedanke, jede Gefühlsregung und jede Erfahrung kann uns zu mehr Gesundheit, Zufriedenheit und Selbstachtung führen, wenn wir aufhören, uns dem zu widersetzen, was das Leben uns anbietet, um in dem, was uns da herausfordert, einen Sinn zu entdecken. Jede Situation und jede Beziehung – ob in der Vergangenheit, Gegenwart oder Zukunft – ist ein möglicher Schritt hin zu einer bedingungsfreien Selbstliebe und zu der Freiheit, die auf uns wartet. Je mehr wir uns selbst wertschätzen, desto klarer tritt hervor, dass Leid in allen seinen Erscheinungsformen dazu da ist, uns auf direktem Weg hin zu Freude, Güte und Wahrheit zu führen. Es erzeugt immer wieder von Neuem eine Weggabelung, die wir brauchen, um uns entscheiden zu können, ob wir uns öffnen oder verschließen, ob wir loslassen, was uns nicht guttut, oder uns daran festklammern und ob wir gut für uns sorgen oder uns weiterhin von Schuldgefühlen, Selbsttäuschung und Angst bestimmen lassen.

Erkundungsfragen

In den meisten Kapiteln dieses Buchs finden Sie am Ende Fragen, die darauf angelegt sind, die wesentlichen psychischen und emotionalen Blockaden zu transformieren, an denen Sie sich abmühen. Sie werden Sie dazu anregen, Emotionen und Energien in Ihrem Körper und in Ihrem Leben freizusetzen und Hindernisse aus dem Weg zu räumen, die Ihrem inneren Frieden, Ihrer Gesundheit und Ihrer Zufriedenheit entgegenstehen. Beim Durcharbeiten dieser Selbstheilungsfragen ist sehr zu empfehlen, die Antworten schriftlich festzuhalten. Ihre Gedanken und Gefühle in Worte zu fassen, wird Ihnen helfen, sich darüber bewusst zu werden und zu würdigen, was für Sie stimmig ist. Dies wird auch dazu beitragen, ins Stocken geratene psychische, emotionale, körperliche und spirituelle Energien freizusetzen. Ich rate Ihnen deshalb nachdrücklich, sich ein Tagebuch oder Notizheft zuzulegen, um darin Ihre Antworten niederzuschreiben. Den potenziellen Veränderungen und neuen Entwicklungen, die diese Fragen in Gang zu setzen vermögen, sind im Grunde keine Grenzen gesetzt.

Schlüsselsätze

Am Ende der meisten Kapitel folgt auf die Fragen eine Reihe von bekräftigenden Schlüsselsätzen, die Sie dabei unterstützen, Ihr Denken, Sprechen und Fühlen mit positiven und hilfreichen Elementen aufzuladen. Wie erwähnt setzen die Erkundungsfragen Energien frei, die sich in Körper, Herz und Geist aufgestaut haben. Sobald die Blockaden gelöst sind, lassen sich die Energien in Formen des Denkens, Fühlens, Sprechens und Handelns überführen, die Ihnen helfen werden, Ihren wahren Wünschen und Bedürfnissen zu folgen. Mit den Schlüsselsätzen zu arbeiten, unmittelbar nachdem Sie sich mit den vorangehenden Fragen beschäftigt haben, eignet sich meiner Erfahrung nach sehr gut dazu, einengende Überzeugungen und ungesunde Denkmuster zu verändern. Außerdem lege ich Ihnen nahe, die im folgenden Abschnitt skizzierte Übung immer dann durchzuführen, wenn Sie am Ende eines Kapitels auf die Liste mit den Schlüsselsätzen treffen. *Ich empfehle Ihnen, den Abschnitt zu markieren, damit Sie ihn sogleich wiederfinden, wenn Sie am Ende eines Kapitels angelangt sind.*

Wichtig ist zu wissen, dass die Schlüsselsätze nicht wirken können, wenn Ihr Sprechen und Handeln in einer bestimmten Situation nicht dem entsprechen, was Sie wirklich empfinden. Wenn Sie in den Spiegel schauen und zu sich selbst »Ich liebe dich« sagen, sich selbst in diesem Augenblick aber nicht treu sind, werden Sie auf diesen Schlüsselsatz zunächst so reagieren, dass Sie ihn anzweifeln und anfangen, an sich herumzukritisieren. Denn in Wahrheit behandeln Sie sich ja nicht mit Liebe und Respekt, sondern gehen schlecht mit sich um. Sobald Sie aber damit beginnen, all den Dingen Aufmerksamkeit zu schenken, die Sie an sich selbst nicht wertschätzen, werden Sie spüren, dass Sie zugleich anfangen, für sich selbst zu sorgen. Die Schlüsselsätze werden dann zu einem höchst wirkungsvollen Werkzeug, mit dem Sie in Ihrem Leben positive Veränderungen bewirken können.

Übung

Bitte sagen Sie sich, wo immer Sie gerade sind, mit offenen oder geschlossenen Augen nacheinander jeden der Schlüsselsätze vor. Wenn Sie allein sind, können Sie die Sätze laut aussprechen, falls Sie mögen. Sind Sie unter Menschen, können Sie sich die Sätze im Stillen vorsagen, was ebenfalls sehr wirkungsvoll ist.

Bitte nehmen Sie beim Aussprechen der Schlüsselsätze jeweils Ihren ganzen Körper wahr. Spüren Sie dabei Ihre Füße, Ihre Beine, Ihren Bauch, Ihren Brustkorb, Ihren Rücken, Ihre Arme, Ihre Hände, Ihren Nacken, Ihren Kopf. Atmen Sie ein paarmal langsam und tief durch die Nase in Ihren Bauchraum, ein und aus, und stellen Sie sich dabei vor, dass Sie zu jeder Zelle Ihres Körpers sprechen. Versuchen Sie bitte auch, wenn Ihnen dies möglich ist, die Schlüsselsätze vor einem Spiegel zu sagen und sich dabei in die Augen zu schauen. Dies ist eine sehr wirkungsvolle Methode, sich selbst zu helfen.

Registrieren Sie dabei bitte auch alle negativen Gedanken, Emotionen und Körperempfindungen, die sich in Ihnen als Reaktionen auf die geäußerten Schlüsselsätze einstellen. Darin äußern sich die Blockaden in Ihnen, die einem wirklich gesunden und glücklichen Leben im Weg stehen. Sich dieser Hindernisse gewahr zu werden, ermöglicht Ihnen, liebevoller mit sich umzugehen und die gesunden Denkmuster zu stärken, die Sie benötigen, um die negativen Energien zu harmonisieren, die sich in Geist und Körper festgesetzt haben.

Bedenken Sie bitte, dass der Aufbau neuer gesunder Nerven- und Energiebahnen ein wenig Zeit braucht. Ich vergleiche das gern mit dem Ausheben eines Bewässerungskanals oder dem Ausbaggern eines Flussbetts. Es verlangt Ihnen zunächst einige Anstrengung ab, doch schließlich ist die neue Verbindung hergestellt und die Energie kann frei fließen, sodass sie Sie nicht mehr behindert, sondern weiterbringt.

Wenn Sie über einen langen Zeitraum hinweg auf bestimmte Muster festgelegt waren, braucht es Geduld und Übung, um Denken, Sprechen und Handeln konsequent in eine neue, gesunde Richtung umzulenken. Wenn ein Schlüsselsatz bei Ihnen also Skepsis oder Ablehnung auslöst, sollten Sie sich bitte klarmachen, dass aus dieser Reaktion ein Aspekt Ihrer Psyche, Ihrer Persönlichkeit oder Ihres Identitätserlebens spricht, der sich einst zu Ihrem Schutz herausgebildet hat. Mit anderen Worten: Falls es Ihnen schwerfällt, zu akzeptieren oder nachzuempfinden, dass ein Schlüsselsatz auf Sie zutrifft, gehen Sie bitte gütig mit sich selbst um und machen Sie sich klar, dass sich in dem Widerstand, der sich in Ihnen regt, ein Teil von Ihnen zeigt, der noch immer verletzt ist und schmerzt. Die in diesem Buch vorgestellten positiven Schlüsselsätze werden Ihnen helfen, sich selbst im Lauf der Zeit immer mitfühlender zu behandeln und so auch die Wunden Ihres Herzens zu heilen und Ihren Geist zu befreien. Geben Sie also bitte nicht auf.

Erkundungsfragen

- Was quält Sie oder macht Ihnen zu schaffen, was Sie anderen lieber nicht preisgeben möchten?
- Mit welchen Symptomen oder Krankheiten fordert Ihr Körper Sie auf, sich selbst umfassender wertzuschätzen und zu lieben?
- Was an Ihnen selbst können Sie nur schwer lieben?
- Welche Aspekte in Ihrem Leben können Sie nur schwer lieben?
- Denken Sie manchmal daran, sich das Leben zu nehmen? Wenn ja, warum?
- Erkennen Sie, dass der Impuls, Ihrem Leben ein Ende zu setzen, in Wirklichkeit ein Appell Ihrer Seele an Sie ist, die Beziehung zu sich selbst zu heilen? Erkennen Sie, dass Ihre körperliche, geistige und emotionale Not Sie anspornen will, die in Ihrem Körper abgespeicherten Verletzungen, Enttäuschungen und Aggressionen aufzuarbeiten? Erkennen Sie, dass Sie lernen müssen, sich selbst mit Güte zu begegnen? Erkennen Sie, dass Sie eigentlich längst spüren, dass Ihre Denk-, Sprech- und Handlungsmuster ungesund sind, und dass Sie den instinktiven Wunsch in sich tragen, sie in gesunde neue Muster

umzuwandeln? Wenn Sie die Gewissheit hätten, dass Sie den Kummer loswerden könnten, dem Ihr Todeswunsch entspringt, würde sich dann in Ihnen Lebensfreude regen? Können Sie sich bitte eine Person suchen, mit der Sie über das reden können, was in Ihnen vor sich geht, und bitte aufrichtig über Ihr Leid sprechen?

- Wofür können Sie heute Ihre Energie nutzen, damit deutlich wird, dass Sie gut für sich selbst sorgen und wertschätzen, was Sie gern tun, tun wollen oder tun müssen?

Schlüsselsätze

- Ich muss nicht krank oder unglücklich sein, um geliebt zu werden.
- Es ist nie zu spät für einen Neubeginn. Ich kann meinem Leben eine neue Richtung geben.
- Ich bin mehr als meine Gedanken und Gefühle.
- Die Stimme in meinem Kopf ist nur ein kleiner Teil von mir.
- Ich habe alles in mir, was ich brauche, um gesund, glücklich und frei zu sein.
- Ich bin bereit, zu lernen, wie ich mich selbst bedingungsfrei lieben kann.
- Die liebende Wahrheit in mir wird mich heilen und ganz erfüllen. Durch mein Leid finde ich zu Stärke, Klarheit und Mitgefühl.

Da durchzuckt mich ein Gedanke: Das erstemal in meinem Leben erfahre ich die Wahrheit dessen, was so viele Denker als der Weisheit letzten Schluß aus ihrem Leben herausgestellt und was so viele Dichter besungen haben; die Wahrheit, daß Liebe irgendwie das Letzte und das Höchste ist, zu dem sich menschliches Dasein aufzuschwingen vermag. Ich erfasse jetzt den Sinn des Letzten und Äußersten, was menschliches Dichten und Denken und – Glauben auszusagen hat: die Erlösung durch die Liebe und in der Liebe! Ich erfasse, daß der Mensch, wenn ihm nichts mehr bleibt auf dieser Welt, selig werden kann – und sei es auch nur für Augenblicke –, im Innersten hingegeben an das Bild des geliebten Menschen. In der denkbar tristesten äußeren Situation, in eine Lage hineingestellt, in der er sich nicht verwirklichen kann durch ein Leisten, in einer Situation, in der seine einzige Leistung in einem rechten Leiden – in einem aufrechten Leiden bestehen kann, in solcher Situation vermag der Mensch, im liebenden Schauen, in der Kontemplation des geistigen Bildes, das er vom geliebten Menschen in sich trägt, sich zu erfüllen. Das erstemal in meinem Leben bin ich imstande zu begreifen, was gemeint ist, wenn gesagt wird: die Engel sind selig im endlos liebenden Schauen einer unendlichen Herrlichkeit ...[8]

Viktor Frankl

3 Die Suche nach Liebe

Der Hunger nach Liebe ist viel schwerer zu stillen als der Hunger nach Brot.[9]

Mutter Teresa

Loslassen und sich selbst spüren

Bitte atmen Sie, wo immer Sie gerade sind, ein paarmal langsam und tief in Ihren Bauch, ein und aus. Spüren Sie Ihren ganzen Körper, von den Füßen bis ganz hinauf zum Scheitel und dann wieder hinunter bis in die Fingerspitzen. Bitte lassen Sie alle Anspannung los, die Sie spüren, und lassen Sie sich selbst so sein, wie Sie sind. Nutzen Sie jedes Einatmen, um den Körper zu öffnen und einen inneren Raum entstehen zu lassen, und jedes Ausatmen, um noch entspannter zu werden. Heißen Sie alles willkommen, was Sie hier und jetzt denken, fühlen und erleben. Nehmen Sie dabei Ihren Körper und Ihren Atem aufmerksam wahr.

Unser Streben nach Liebe und Verbundenheit ist die einzige treibende Kraft hinter allem, was wir in unserem Leben tun und wonach wir uns sehnen. Sobald unser Trachten nach Zustimmung, Anerkennung, Sicherheit oder Erfolg einmal in den Hintergrund tritt, wird deutlich, dass wir ganz einfach nach Liebe in allen ihren Erscheinungsformen suchen, denn worauf sollte es sonst wirklich ankommen? Bei vielen Menschen tritt, sogar noch ehe ihre elementaren Bedürfnisse nach Nahrung und Obdach gestillt sind, das Bedürfnis nach Liebe als zentrale motivierende Kraft in den Vordergrund, denn Liebe ist das, was das Leben wirklich lebenswert macht. Liebe und die authentischen, sinnerfüllten Verbindungen mit anderen, die ihr entspringen, sind die wahre Medizin, die heilt, inspiriert und Erfüllung gibt, und deshalb streben wir, ob wir uns das nun eingestehen oder nicht, auch im jetzigen Augenblick, sei es direkt oder indirekt, nach Liebe.

Aus dem Streben nach Liebe, das allen Menschen gemeinsam ist, spricht ein tiefes Verlangen danach, uns daran zu erinnern, wer wir wirklich sind, und auf diese Weise zu unserem wahren Wesenskern zurückzufinden, der stets eine unerschöpfliche Quelle reiner Liebe war, ist und sein wird. Weil wir dies aber vergessen haben, ist unser Handeln im Alltag meist von dem Wunsch motiviert, dass andere uns lieben sollen oder dass wir uns selbst umfassender lieben, damit wir eines Tages die Fülle des Lebens in uns selbst zu finden vermögen. Bis wir erwachen und die Quelle der Liebe in uns entdecken, suchen wir außerhalb von uns selbst nach Liebe, Aufmerksamkeit oder Anerkennung, weil wir nicht gelernt haben, wie wir uns in einer erfüllenden Weise selbst lieben und wertschätzen können. Wenn wir dann aber herausfinden, wie wir auf der emotionalen und körperlichen Ebene ganz konkret für uns selbst sorgen können, heilen wir damit unsere verborgenen Wunden, die uns den Weg zur Quelle der Liebe in uns versperren. Auf diese Weise kommt ans Licht, dass wir Liebe sind. Indem wir lernen, uns selbst mit der Güte, der Aufrichtigkeit und dem Respekt zu begegnen, nach denen wir uns sehnen, wächst auf natürliche Weise unsere Fähigkeit, Liebe zu sein und andere reinen Herzens und bedingungsfrei zu lieben. Da dies unserer elementaren Bestimmung entspricht, können wir uns jeden Tag von Neuem am Leben freuen.

Deine Aufgabe ist es nicht, nach Liebe zu suchen, sondern einfach, alle Schranken in dir selbst zu suchen und zu finden, die du gegen sie erbaut hast.[10]

Ein Kurs in Wundern

Wenn wir nach Heilung, Sinn und Glück streben, suchen wir letztlich ganz einfach nach Liebe. Im Lauf der Zeit lernen wir intuitiv, wie wir uns selbst lieben und unsere Lebensumstände und Beziehungen so gestalten können, dass sie auf Liebe gründen. Zunächst suchen wir alle außerhalb von uns nach der Liebe, die doch tief in unserem eigenen Inneren zu Hause ist. Wir wollen einfach als die wahrgenommen, verstanden, akzeptiert, gewürdigt und geschätzt werden, die wir sind. Tief in unserem Inneren wollen wir alle spüren, dass unser Leben wirklich von Bedeutung ist, dass wir nicht allein sind und dass es mindestens einen Menschen gibt, dem unsere Gefühle, Wünsche, Bedürfnisse und Träume wichtig sind.

Das Merkwürdige dabei ist, dass die meisten von uns sich zwar nach nichts so sehr sehnen wie nach Liebe, dass ihnen aber auch nichts so viel Angst macht wie sie. Denn sie verlangt, dass wir unser Herz für uns selbst, andere Menschen und die Welt öffnen und uns dadurch verletzbar machen. Die Liebe, nach der wir uns so sehr sehnen, verschreckt uns, weil unser Herz durch sie wie nackt ist und wir nicht nur uns selbst, die anderen und die Welt spüren, sondern auch die Liebe und den Schmerz, vor denen wir lange die Augen verschlossen und von denen wir uns abgeschottet haben.

Anstatt die Fülle des Lebens auf uns wirken zu lassen, verschließen wir unwillkürlich unser Herz und schneiden uns von der pulsierenden Wahrheit unserer Empfindungen ab, weil wir Angst vor unangenehmen Erfahrungen wie Zurückweisung oder Verunsicherung haben, die nun einmal zur menschlichen Existenz dazugehören. Uns ist hierbei natürlich nicht bewusst, dass wir uns damit gegen unser wahres Selbst, die Quelle der Liebe in uns, wenden. So verwehren wir uns selbst den Zugang zu der einen Sache, nach der wir uns am meisten sehnen.

Sind wir nicht faszinierende Geschöpfe?

Zum Glück ist mir klar geworden, dass die Liebe, die in jedem von uns lebendig ist, eine so große Macht hat, dass sie am Ende jedes innere und äußere Hindernis zu transformieren vermag, das ihr im Wege steht. Wie viel Zeit dies in Anspruch nimmt, hängt davon ab, wann wir uns dafür entscheiden, unseren Ängsten ins Auge zu sehen, und aufhören, gegen unsere wahren Gefühle, Bedürfnisse und Träume anzukämpfen. Wenn wir schließlich so weit sind, dass wir uns Tag für Tag treu bleiben, können wir zum einen damit aufhören, uns weiteren Schaden zuzufügen, und zum anderen alte Wunden heilen lassen, sodass die Liebe in uns – die Liebe, nach der wir gesucht haben – sich ausweiten und unser ganzes Sein erfüllen kann.

An einem bestimmten Punkt wird die auf Weiterentwicklung drängende Kraft des Lebens, der Natur und des ganzen Universums die Oberhand gewinnen und uns zu der Liebe hinführen, nach der wir auf der Suche sind. Dies ist unsere Bestimmung. Doch wenn wir diesen Weg so bald wie irgend möglich beschreiten wollen, müssen wir lernen, ganz und gar wir selbst zu sein, um so im Denken, Sprechen und Handeln die Liebe, die wir sind, nach außen zu tragen. Damit wendet sich unser Leben zum Besseren, denn wir entgehen den Verletzungen und den Schmerzen, die wir uns bislang dadurch zufügten, dass wir unser wahres Selbst verraten oder vor anderen verborgen haben. Vor allem aber sind wir dann von dem Wissen getragen, dass es, um liebenswert zu sein, nicht notwendig ist, mehr zu sein, mehr zu tun oder mehr zu besitzen. Denn wir spüren, vielleicht zum ersten Mal in unserem Leben als Erwachsene, dass wir nicht nur liebenswert sind und es immer waren, sondern auch unendlich viel Liebe zu geben haben.

Bittet, so wird euch gegeben; suchet, so werdet ihr finden; klopfet an, so wird euch aufgetan. Denn wer da bittet, der empfängt; und wer da sucht, der findet; und wer da anklopft, dem wird aufgetan.[11]

Matthäus 7,7 f.

Leider werden viele von uns am Ende krank oder depressiv, weil sie nicht wissen, wie sie auf andere Weise die Liebe, die Aufmerksamkeit, die Unterstützung, die Ruhe oder den Freiraum bekommen können, die sie brauchen. Sie warten nach wie vor darauf, dass andere ihnen geben, was sie als Kinder nicht bekommen und sich selbst zu geben nie gelernt haben. Wir müssen aber nicht krank oder unglücklich sein, um Liebe, Unterstützung oder Zeit für uns selbst zu bekommen. Das alles können wir uns selbst geben. Zunächst müssen wir uns jedoch eingestehen, dass wir nie gelernt haben, unsere Empfindungen offen zu äußern oder um das zu bitten, was wir brauchen. Wir haben eine höchst selbstdestruktive Strategie erlernt, Liebe, Aufmerksamkeit und Unterstützung zu erhalten, die uns nicht nur zugrunde richtet, wenn wir nicht an ihr arbeiten, sondern auch die innere Quelle versperrt, die wir freizulegen versuchen.

Wir müssen nicht erst einen körperlichen oder psychischen Zusammenbruch erleiden, um die Berechtigung zu haben, über unsere Empfindungen zu sprechen, oder uns die Zeit zu nehmen, für uns selbst zu sorgen. Es ist in Ordnung, dass Sie sich hier und jetzt um sich selbst kümmern, noch ehe die Suche nach Liebe, Aufmerksamkeit oder Geborgenheit außerhalb Ihrer selbst dazu führt, dass es Ihnen noch schlechter geht als im Moment. Wenn Sie sich nicht einen inneren Freiraum schaffen, in dem Sie sich gestatten können, diese innere Wahrheit zu erfassen, wird es für Sie sehr schwer werden, Liebe, Verbundenheit, innere Ruhe und Zufriedenheit zu finden. Es gibt einen Weg, der Sie zu der Gewissheit hinführt, dass Sie genügen und liebenswert sind, und Sie wieder mit der Quelle der Liebe in Ihnen verbindet. Dieser Weg verlangt von Ihnen aber, zu akzeptieren, dass Sie dadurch liebenswert werden, wer Sie sind und wie Sie sind – und nicht dadurch, was Sie für andere tun oder wie zufrieden Sie sie machen.

Erkundungsfragen

- Was lieben Sie am Leben und in Ihrem Leben am meisten?
- Was sind die kleinen Dinge, die Sie lieben?
- Was tun, sehen, schmecken, berühren, riechen, erleben, spüren Sie am liebsten? Was macht Ihnen am meisten Freude, wenn es Ihnen gelingt?
- Was macht Sie zufrieden?
- Bei welchen Aktivitäten/Tätigkeiten stellt sich Glück bei Ihnen ein?
- Was hat Sie in der Vergangenheit glücklich gemacht?
- Wen in Ihrem Leben lieben Sie? Wen schätzen Sie wirklich, wer liegt Ihnen am Herzen?
- Von welchen Menschen erwarten Sie, dass sie Sie zufrieden oder glücklich machen?
- Wen versuchen Sie fortwährend zu erfreuen, zufriedenzustellen oder glücklich zu machen?
- Was würde geschehen, wenn Sie damit aufhören?
- Worauf können Sie heute Ihre Energie in einer Weise ausrichten, die deutlich macht, dass Sie sich selbst lieben und somit wertschätzen, was Sie gerne tun, tun wollen oder tun müssen?

Schlüsselsätze

- Meine Seele besteht aus reiner Liebe.
- Ich bin reine, bedingungsfreie Liebe.
- In mir ist ein Ozean aus Liebe.
- Ich bin eins mit dem unermesslichen Universum.
- Ich muss nicht außerhalb von mir nach Liebe suchen.
- Ich genüge.
- So, wie ich bin, bin ich liebenswert.
- Ich muss nicht mehr sein, mehr tun oder mehr besitzen, damit ich mich selbst lieben kann oder andere mich lieben können.

4 Gesunde Selbstliebe

Jedem, der um Barmherzigkeit für seinen Freund fleht, wird zuerst geantwortet, da er dieselbe Sache benötigt.

Talmud (Baba Kama, 92)

♡ Loslassen und sich spüren

Bitte atmen Sie, wo immer Sie gerade sind, ein paarmal langsam und tief in Ihren Bauch, ein und aus. Spüren Sie Ihren ganzen Körper, von den Füßen bis ganz hinauf zum Scheitel und dann wieder hinunter bis in die Fingerspitzen. Bitte lassen Sie alle Anspannung los, die Sie spüren, und lassen Sie sich selbst so sein, wie Sie sind. Nutzen Sie jedes Einatmen, um den Körper zu öffnen und einen inneren Raum entstehen zu lassen, und jedes Ausatmen, um noch entspannter zu werden. Heißen Sie alles willkommen, was Sie hier und jetzt denken, fühlen und erleben. Nehmen Sie dabei Ihren Körper und Ihren Atem aufmerksam wahr.

Würden Sie sich, wenn Sie ehrlich mit sich sind, als einen eigennützigen oder als einen selbstlosen Menschen bezeichnen? Was halten Sie von der Aussage, dass im Grunde genommen jeder Mensch, ganz gleich, wie gut er das verbergen mag, eigennützig ist? Könnten Sie sich mit der Vorstellung anfreunden, dass eigennützige Bestrebungen bei manchen Menschen eine gesunde, bei den meisten aber eine ungesunde und destruktive Ausprägung haben und dass »Eigennutz«

und »Selbstliebe« deshalb negative Assoziationen bei uns wecken und wir darin lieber keine grundlegenden menschlichen Eigenschaften sehen möchten?

Bei genauerer Prüfung zeigt sich, dass wir entweder gut für uns selbst sorgen – und damit die Voraussetzungen dafür schaffen, dass wir Zeit und Energie für andere aufbringen können – oder dass wir das eigene geistige, emotionale und körperliche Wohlergehen vernachlässigen und infolgedessen gestresst und frustriert sind und wenig Freude am Leben haben. Wir könnten sagen, das Glas des Lebens läuft entweder über von konstruktiven und gesunden Gedanken, Gefühlen und Angewohnheiten, weil wir uns gut um die eigenen Empfindungen und Bedürfnisse kümmern, oder aber es beinhaltet überhaupt nichts Positives, weil es nach Jahren der selbstschädigenden Kompromisse, der Unterdrückung von Gefühlen und des angstgetriebenen Handelns voller Gift ist.

In der Natur ist es so eingerichtet, dass eine gesunde und eigennützige Form der Selbsterhaltung dazu beiträgt, dass ein Organismus gedeihen kann. Er sucht zunächst auf, was er zum Überleben braucht, und entfaltet sich dann im Wechselspiel mit seiner Umwelt. Ein wunderbares Beispiel dafür ist ein Apfelbaum, der uns keinen Sauerstoff zum Atmen, keine Äpfel zum Essen geben und uns keinen Schatten spenden könnte, wenn er nicht eigennützig Wasser und Nährstoffe aus dem Boden ziehen und Sonnenenergie aufnehmen würde, die Ressourcen, die er braucht, um zu wachsen und zu gedeihen. Auch wir Menschen sind als Teil der Natur darauf angelegt, durch dieselbe Form gesunden Eigennutzes ein optimales Funktionieren zu erreichen. Unser Körper, unser Gefühlsleben und unser Geist arbeiten am besten, wenn wir uns selbst das geben, was wir brauchen, um gesund, zufrieden und stark zu sein. Ein natürlicher Nebeneffekt davon, dass wir uns gut um uns selbst kümmern, ist sodann, dass wir auch anderen viel zu geben haben.

Selbstfürsorge ist niemals ein eigensüchtiger Akt – sie ist ganz einfach gutes Haushalten mit der einzigen Gabe, die ich habe, der Gabe, die anderen anzubieten ich in die Welt gesetzt wurde.[12]

Parker Palmer

Wenn Sie den Ausdruck »gesunder Eigennutz« lesen, halten Sie das vielleicht für einen Widerspruch in sich. Vielleicht ist Ihnen aber auch bewusst, dass Sie von Ihren Eltern oder Ihrem Umfeld die Überzeugung übernommen haben, Eigennutz sei schlecht, böse, ungesund, unmoralisch oder eine Sünde. Viele Menschen fürchten sich ihr ganzes Leben lang davor, als selbstsüchtig gebrandmarkt zu werden. Falls es Ihnen auch so geht und Sie sich die meiste Zeit damit abmühen, anderen zu gefallen und in der Familie und im Freundeskreis eigene Bedürfnisse zurückzustellen, dann handeln Sie, auf Ihre Weise, dennoch eigennützig. Sie haben dann nur einfach eine sehr ungesunde und selbstschädigende Art der Eigennützigkeit erlernt, die Sie als Selbstlosigkeit und Selbstaufopferung wahrnehmen, während sie in Wirklichkeit aber eine ganz und gar egoistische Strategie ist, um Ihre Existenz zu sichern und das zu bekommen, was Sie wollen und zu brauchen glauben.

Oft führen unsere Ängste dazu, dass wir uns aus Eigennutz in einer bequemen und geschützten Position einrichten, um uns nicht der Kritik unseres Umfelds aussetzen zu müssen. Wir blenden dann aus, was wir wirklich empfinden, wollen oder brauchen, weil wir die Verantwortung und die Reaktionen scheuen, die auf uns zukommen, falls wir uns im Sprechen und Handeln an unseren wahren Empfindungen orientieren. Wenn wir dazu übergehen, ehrlich mit uns selbst und gegenüber anderen zu sein, sehen sich die Menschen, die es gewohnt sind, dass wir sie zufriedenzustellen versuchen, mit ihrer eigenen Wut, Bedrängnis und Unsicherheit konfrontiert, Gefühle, die wir bis dahin mit unserem Verhalten zu verbergen geholfen haben. Wenn wir uns selbst ernst nehmen, anstatt andere ständig beschwichtigen zu wollen, laufen wir Gefahr, von denen abgewiesen zu werden, an denen uns am meisten liegt. Denn solange sie selbst dazu neigen, sich etwas vorzumachen und schlechte Kompromisse einzugehen, werden sie von unserer wachsenden Selbstwertschätzung irritiert sein. Sie nehmen dann unwillkürlich Anstoß an unserem Verhalten, was aber nur daran liegt, dass sie es sich eigentlich selbst übelnehmen, dass sie nicht den Mut aufbringen, sich selbst wertzuschätzen.

Das Beispiel, das ich am liebsten verwende, um den Mythos der Selbstlosigkeit zu entzaubern und zu demonstrieren, dass wirklich jeder, ob Frau oder Mann, eigennützig handelt, ist die Elternschaft. Wenn wir die möglichen Gründe, aus denen Frauen und Männer Kinder in die Welt setzen, genau unter die Lupe nehmen, stoßen wir durchweg auf eigennützige Motive. Keine Frau und kein Mann sagt: Ich will ein Kind haben und die nächsten zwanzig oder noch mehr Jahre meines Lebens dafür opfern, die Bedürfnisse eines Wesens zu erfüllen, das meinen Einsatz höchstwahrscheinlich als selbstverständlich nehmen und mir dann die Schuld an seinen ganzen Problemen geben wird. Ich formuliere das ein wenig überspitzt, ohne zu verkennen, dass dies für manche Menschen ein sehr heikles und aufwühlendes Thema ist.

Bitte halten Sie einen Augenblick inne und fragen Sie sich, warum Ihre Eltern Sie gezeugt und dann in die Welt gesetzt haben. Waren ihre Motive eigennützig oder selbstlos? Falls Sie selbst Kinder wollen oder Kinder haben, fragen Sie sich bitte: Was sind oder waren Ihre eigentlichen Beweggründe, Kinder zu bekommen? Würden Sie, wenn Sie so ehrlich wie möglich mit sich sind, Ihre Motive eher als selbstlos oder als eigennützig bezeichnen?

Ob Eltern sich nun bewusst für ein Kind entscheiden oder ob es ungeplant kommt: Elternschaft ist das beste Beispiel für Eigennützigkeit, die sich als Selbstaufopferung ausgibt, denn meistens bekommen Frauen und Männer ein Kind, weil sie das so wollen, selbst wenn das Elternsein sich dann anders gestaltet, als sie es sich vorgestellt haben. Mit anderen Worten: Menschen entscheiden sich für ein Kind, weil sie davon träumen, eine Familie zu haben, weil sie es besser machen wollen als ihre Eltern oder weil sie einem Kind geben wollen, was sie selbst nie bekommen haben. Oft ist ein Kind, auch wenn das selten zugegeben wird, zunächst ein »Unfall« – die Eltern wollten einfach Spaß haben, die Freuden der sexuellen Intimität genießen oder waren auf der Suche nach Liebe und nach Anerkennung durch das andere Geschlecht. Manchmal wissen Frauen oder Männer auch nicht, was sie sonst mit ihrem Leben anfangen sollen, sodass ihnen das Kinderkriegen eine gute Wahl zu sein scheint, denn das machen ja auch die anderen so. Ein Kind zu bekommen, ist manchmal ein Kompromiss, um einen Mann an sich zu binden, finanzielle Sicherheit zu erreichen, eine Frau nicht zu verlieren, den eigenen Eltern zu entkommen, seinem Leben eine neue Ausrichtung zu geben oder – in einigen traurigen Fällen –, an sozialstaatliche Leistungen heranzukommen. Jedenfalls handeln auch die liebevollsten, großzügigsten und scheinbar »opferbereitesten« Eltern aus eigennützigen Motiven.

Wir müssen uns klarmachen, dass wir von Natur aus eigennützig sind, aber auch, dass daran gar nichts auszusetzen ist, weil das zum Leben dazugehört. Der zentrale Gedanke ist hier, dass es gesünder für Sie ist, sich wegen Ihrer eigenen und der Eigennützigkeit der anderen nichts vorzumachen, damit Sie wohlüberlegte Entscheidungen treffen können, die auf echter Selbstliebe und Wahrhaftigkeit gründen. Es liegt in der Tat im Interesse aller Beteiligten, dass wir nicht länger Strategien verfolgen, die auf Selbsttäuschung beruhen. Je besser wir dies verstehen und für uns akzeptieren können, desto klarer zeigt sich, dass wir mit gesunder Selbstliebe die Voraussetzungen dafür schaffen, bewusst für andere da zu sein – ohne Hintergedanken, ohne sie manipulieren zu wollen und ohne ihnen Bedingungen zu stellen.

Zeit und Energie für andere aufzuwenden und sie – selbst wenn es zu unserem eigenen Nachteil ist – zu unterstützen, fühlt sich oft ganz natürlich an, denn spirituell gesehen gibt es keine echte Trennung zwischen uns. Wenn wir also die anderen lieben, lieben wir damit auch uns selbst. Im Alltag richten wir aber den Fokus oft deshalb auf andere, weil wir uns von unseren tiefer gehenden Empfindungen, Bedürfnissen und Wünschen abzulenken versuchen, denn wir haben nie gelernt, mit unseren Gedanken und Gefühlen einfach allein zu sein. Oft versuchen wir, andere glücklich zu machen, und stellen unsere Motive als selbstlos hin, während wir in Wirklichkeit nur nicht gut Nein sagen können und umgekehrt auch von anderen erwarten, dass sie uns zufriedenstellen. Tun sie das nicht, sind wir gekränkt oder verärgert und fühlen uns ausgenutzt, denn eigentlich haben wir nicht aus reiner Selbstlosigkeit gegeben, sondern in der Erwartung, etwas dafür zurückzubekommen. Die meisten Schuldzuweisungen entspringen dieser üblichen Form der Beziehungsgestaltung, die uns moralisch und sozial angemessen erscheint. Weil wir uns der weitverbreiteten ungesunden Form der Eigennützigkeit verschrieben haben, vernachlässigen wir – ohne dass wir es darauf anlegen würden – die eigenen Interessen und halten das auch noch für normal und vernünftig. In Wahrheit wissen wir es aber einfach nicht besser, denn wir haben es nie gelernt, auf die eigenen Bedürfnisse zu achten oder um das zu bitten, was wir uns wünschen. Stattdessen verbergen wir unsere durchaus gesunden eigennützigen Bestrebungen, und die Unterstützung, die wir anderen geben, nimmt ungewollt manipulative Züge an.

Angst ist das, was uns am meisten daran hindert, unsere ungesunde Form von Eigennützigkeit in eine gesunde Selbstliebe umzuwandeln, die zunächst uns selbst zugutekommt und im zweiten Schritt allen, denen wir begegnen. Einige der gängigsten Rechtfertigungen für unsere selbstdestruktiven Tendenzen sind: Angst, anderen wehzutun; Angst, die Verantwortung für Verletzungen zu übernehmen, die wir anderen zugefügt haben; Angst vor Kritik; Angst vor Ablehnung; Angst, sich angreifbar zu machen; Angst, die Liebe und Unterstützung anderer zu verlieren; Angst, einen Partner oder Freund zu verlieren; und Angst vorm Alleinsein. Dadurch entwickelt sich eine Beziehung zu uns selbst, die uns nicht guttut und sich auch auf die Menschen um uns herum ungesund und destruktiv auswirkt. Welches Vorgehen halten Sie unter diesen Umständen für ratsam?

Ein einfaches Beispiel ist eine Mutter oder Partnerin, die nie direkt im eigenen Interesse handelt, sondern immer für andere da ist und die eigenen Bedürfnisse hintanstellt. Dadurch stauen sich typischerweise Unzufriedenheit, Frustration und Groll in ihr auf, die schließlich in

Depressionen, Beziehungsprobleme und verschiedene körperliche Störungen münden. Ein anderes Beispiel ist jemand, der von Alkohol oder Drogen abhängig wird, weil er nicht weiß, wie er mit seinen tiefer gehenden Empfindungen, Bedürfnissen und Wünschen umgehen soll. Seine ungesunde eigennützige Strategie, sich zu betäuben, um sich nicht seinen inneren Wunden stellen zu müssen, hat dann auch nachteilige Folgen für sein Umfeld. Die toxische Atmosphäre, die in ihm herrscht, strahlt auf alle um ihn herum aus. Würde er aber lernen, sich selbst so zu lieben, dass er seine wahren Empfindungen zulassen kann, würde sich auch der Wunsch in ihm regen, besser für sich selbst und seinen Körper zu sorgen. Er würde beginnen, sich selbst wichtig zu nehmen und wertzuschätzen.

Die Selbstliebe wird oft völlig falsch verstanden, weil wir ihre ungesunden Erscheinungsformen sehr gut kennen. Gesunde Selbstliebe bedeutet nicht, dass wir uns als kaltherzige, unsensible und rüpelhafte Einzelkämpfer aufführen und über die Empfindungen und Bedürfnisse anderer hinweggehen, sondern ganz einfach, dass wir uns nicht selbst schaden, um es anderen recht zu machen und sie zufriedenzustellen. Wir sorgen gut für unseren Körper, geben unseren Gefühlen, Bedürfnissen und Träumen Raum und werden auf diese Weise fähig, dieselben gesunden Regungen auch bei anderen zu respektieren. Entgegen der gängigen Vorstellung macht eine gesunde Selbstliebe uns mitfühlender und verständnisvoller, denn wir erwarten von anderen dann nicht, dass sie ständig auf unsere Bedürfnisse und Vorlieben eingehen, sondern nehmen wahr, dass sie ihrerseits fortwährend auf die eigenen Empfindungen, Bedürfnisse und Wünsche achten müssen, um gesund und zufrieden sein zu können. Sich nach Gesundheit und Zufriedenheit zu sehnen, ist kein Fehler, auch wenn viele von uns dies aufgrund ihrer Erziehung glauben mögen. Es ist nicht unmoralisch, der beste Mensch sein zu wollen, der Sie sein können. Es ist keine Sünde, die Fülle des Lebens zu suchen. Es ist vielmehr gesund.

Wenn Sie in Beziehungen, im Beruf und in der Freizeit insofern eigennützig handeln, als Sie nach Freude und Wohlbefinden streben, ist das nicht nur in Ordnung, sondern auch eine wesentliche Voraussetzung dafür, dass Sie einerseits inneren Frieden finden und andererseits

Ihren Teil zu einer friedlicheren Welt beitragen können. Wenn wir uns mit einem Leben abfinden, das hinter unseren Fähigkeiten und Möglichkeiten zurückbleibt, sind wir am Ende nur verbittert und deprimiert, und das tut weder uns selbst noch unserem Umfeld gut. Wir tun der Welt keinen Gefallen, wenn wir uns vormachen, wir würden selbstlos handeln, und den Märtyrer spielen, am Ende aber krank und unglücklich sind.

5 Frei werden von Scham, Schuldgefühl und Verunsicherung

Es ist kein Zeichen geistiger Gesundheit, gut angepasst an eine kranke Gesellschaft zu sein.[13]

Jiddu Krishnamurti

Loslassen und sich selbst spüren

Bitte atmen Sie, wo immer Sie gerade sind, ein paarmal langsam und tief in Ihren Bauch, ein und aus. Spüren Sie Ihren ganzen Körper, von den Füßen bis ganz hinauf zum Scheitel und dann wieder hinunter bis in die Fingerspitzen. Bitte lassen Sie alle Anspannung los, die Sie spüren, und lassen Sie sich selbst so sein, wie Sie sind. Nutzen Sie jedes Einatmen, um den Körper zu öffnen und einen inneren Raum entstehen zu lassen, und jedes Ausatmen, um noch entspannter zu werden. Heißen Sie alles willkommen, was Sie hier und jetzt denken, fühlen und erleben. Nehmen Sie dabei Ihren Körper und Ihren Atem aufmerksam wahr.

Haben Sie andauernd das Gefühl, dass Sie eigentlich nicht so empfinden sollten, wie Sie empfinden, und sich eigentlich nicht wünschen sollten, was Sie sich wünschen? Plagt Sie, wenn Sie Ihre Vorstellungen äußern oder wenn Sie etwas nur für sich selbst und nicht jemand anderem zuliebe tun, hinterher ein schlechtes Gewissen? Haben Sie Bedenken, andere zu verletzen, wenn Sie eine Entscheidung treffen, die in Ihrem eigenen Sinne ist? Überlegen Sie es sich dann womöglich anders und entscheiden zu Ihrem eigenen Nachteil? Wenn Sie eine dieser Fragen mit Ja beantwortet haben, sind Sie wie ich und die meisten Menschen ein Opfer von Schuldgefühlen. Wir kommen uns manchmal nicht nur vor, als seien wir für andere ein Problem – als sei unsere bloße Existenz für sie eine Last –, sondern haben auch das Gefühl, wir seien irgendwie gestört, schlecht oder verdorben, nur weil wir uns wünschen, dass es uns gut geht, dass wir zufrieden sind und geliebt werden.

Reicht es uns, wenn wir nur irgendwie durchkommen und weiterleben? Sollen wir ein Leben voller Anspannung, Angst, tiefer Verunsicherung und Scham wirklich als »normal« hinnehmen? Verlangen wir denn tatsächlich zu viel, wenn wir unsere Träume verwirklichen, uns in unserer Partnerbeziehung ganz aufgehoben fühlen und beruflich und persönlich unser ganzes Potenzial ausschöpfen möchten? Ich glaube, dass wir nicht auf der Welt sind, um uns nur irgendwie durchzuwursteln oder uns mit Brosamen von Glück, innerem Frieden, Gesundheit und Liebe zu begnügen. Unsere Bestimmung liegt vielmehr darin, eine solche Wertschätzung für uns selbst zu entwickeln, dass wir uns nicht mit Halbheiten abfinden. Es kann nicht falsch sein, wenn wir Freude an unserem Leben, an unseren Beziehungen und an unserem Körper haben wollen. Es kann nicht falsch sein, von unserem Berufsleben zu erwarten, dass wir einer Arbeit nachgehen, die wir als sinnvoll empfinden und dank der wir außerdem unsere Rechnungen bezahlen können, ein Auskommen haben und am Ende die nötige finanzielle Freiheit erreichen, um nie in eine Zwangssituation zu geraten, der wir nicht mehr entrinnen können.

Mir ist klar geworden, dass sich durch unser Leid eine Art roter Faden zieht, der uns, sobald wir ihn sehen gelernt haben, helfen kann, die ursprüngliche Ursache für unsere Unsicherheit, unsere Angst, unsere Schuldgefühle und unsere Scham, mit denen wir tagtäglich zu kämpfen haben, aus dem Weg zu räumen. Der Ursprung dieser Gefühle lässt sich bis zu unserer Empfängnis, unserer Zeit im Mutterleib und unserer Kindheit zurückverfolgen. Bitte versuchen Sie sich vorzustellen, wie das Leben wohl für Ihre Mutter und Ihren Vater war, als sie miteinander schliefen und Sie zeugten. Denken Sie, Ihre Eltern waren damals sehr selbstbewusst, emotional stabil und finanziell abgesichert, in sich zufrieden und zu reifer Selbstliebe in der Lage sowie in ihrer Liebesbeziehung zu echter Erfüllung fähig? Bei meiner Arbeit mit Tausenden von Menschen in allen Lebensphasen ist mir sehr deutlich geworden, dass die meisten Menschen, wenn sie neues Leben in die Welt bringen, gestresst, überfordert, verwirrt oder ängstlich sind – wenn auch natürlich in jeweils unterschiedlichem Maße – und dass sie nicht recht wissen, wer sie selbst eigentlich sind.

Manche Menschen sind sich dieses inneren Aufruhrs bewusst, während andere sehr gut darin sind, ihre Gefühle auszublenden und so weiterzumachen, als sei alles in schönster Ordnung, während in ihnen doch ein beträchtliches Chaos herrscht. Welche Bedeutung dem zukommt, wird deutlich, wenn wir uns vor Augen führen, dass sich nicht nur all das, was unsere Mutter in der Schwangerschaft isst und trinkt, auf uns auswirkt, sondern dass sie uns auch vieles von dem weitergibt, was sie glaubt, denkt, fühlt und in ihrem Umfeld erlebt. Wenn sie unsicher, verwirrt, besorgt oder ängstlich ist, werden diese Energien bei unserer Geburt höchstwahrscheinlich in uns aktiviert sein. Wenn sie zuversichtlich und gelassen ist und sich gut unterstützt fühlt, werden diese Empfindungen voraussichtlich auch in uns präsent sein. Ebenso beeinflusst uns, wie unser biologischer Vater zum Zeitpunkt unserer Empfängnis und Geburt sowie in unseren prägenden ersten Jahren zu sich selbst steht. Wenn er ängstlich, überlastet oder nicht bei der Sache ist, werden wir das spüren. Und wenn er begeistert, zielbewusst und engagiert ist, kommt auch das bei uns an.

Falls wir oft das Gefühl haben, dass mit uns etwas nicht stimmt, hat das damit zu tun, dass es die meisten Eltern an irgendeinem Punkt als überfordernd und als ein sehr großes Opfer empfinden, Kinder zu haben. Keine Mutter und kein Vater würden sich je bewusst dafür entscheiden, so zu empfinden, geschweige denn es zugeben. Trotzdem ist es eine bekannte Tatsache, dass dem so ist, denn wir Menschen sind von Natur aus eigennützige Geschöpfe. Wenn wir aufwachsen, spüren wir die Auswirkungen dieser unausgesprochenen Wahrheit, die aufs Engste mit jeder anderen verdrängten Wahrheit verknüpft ist, die sich irgendwann in unserem Leben in verschiedenen Formen des Leids niederschlägt. Dies bedeutet keineswegs, dass unsere Eltern schlechte

Menschen waren oder dass Sie etwas falsch machen, wenn Sie selbst in der Elternrolle solche Empfindungen haben. Es geht beim Erforschen dieser Tatsachen des Lebens weder darum, unsere Eltern oder uns selbst zu verurteilen, noch darum, Schuldige zu finden, sondern vielmehr um einen unvoreingenommenen Blick auf eine Hauptursache unserer Nöte, die wir durchschauen und ausräumen müssen, wenn wir auf lange Sicht gesund und glücklich sein wollen.

Wenn Sie an Ihre Kindheit zurückdenken und dann – während Sie die Aufmerksamkeit auf die Beziehung zu Ihren Eltern fokussieren – schnell bis zum heutigen Tag vorspulen, wird für Sie vielleicht deutlich, dass Sie sich immer als ein Problem gefühlt haben: Ihre Entscheidungen, Bedürfnisse, Gefühle, Wünsche und unbefangenen Tagträume waren nicht willkommen und wurden nicht unterstützt, sondern vielmehr kritisiert, abgewürgt oder übergangen. Vielleicht war das bei Ihnen aber auch gar nicht so, doch selbst wenn Sie von Ihren Eltern viel Liebe erfahren haben, werden Sie dennoch, um sie zufriedenzustellen und nicht zu beunruhigen, Gewohnheitsmuster entwickelt haben, die auch heute noch dazu führen, dass Sie, um geliebt zu werden, bestimmte Aspekte Ihrer Gefühle, Bedürfnisse oder Wünsche von sich weisen. Aus dieser Dynamik heraus entwickeln sich *zwangsläufig* Unsicherheit, Scham, Schuldgefühle und Ängste.

Vor allem für diejenigen von uns, die das eindeutige Gefühl hatten, ihren Eltern zur Last zu fallen oder offensichtlich nicht gewollt zu sein, ist es sehr befreiend, sich darüber klar zu werden, wie sich bei ihnen eine tief sitzende Unsicherheit und ein Mangel an Selbstwertschätzung entwickelt haben, weil sie als Kinder den Eindruck haben mussten, dass ihr Körper und ihr Gefühlsleben ein Problem waren. Der Gedanke mag zwar schwer zu akzeptieren sein, doch tief in unserem Unbewussten fühlen wir uns einfach nur deshalb mehr oder weniger schuldig, weil wir existieren. Dies hängt eng damit zusammen, dass wir wegen unserer Gefühle, Bedürfnisse, Wünsche und Träume ein schlechtes Gewissen haben. Auf der unbewussten Ebene lernen wir, zu unterdrücken und zu verbergen, was in uns vor sich geht, aus Angst, im Stich gelassen, zurückgewiesen, kritisiert oder schlecht behandelt zu werden. Wir lernen auch, uns nie in der Sicherheit wiegen zu können, dass wir die – oft mit toxischen Elementen durchsetzte – Liebe und Aufmerksamkeit, die wir erfahren, nicht verlieren werden. Vor diesem Hintergrund ist leicht zu verstehen, warum wir als Erwachsene immer wieder in ungesunden Beziehungen und Situationen landen. Am Beginn unseres Lebens waren wir auf eine Quelle von Liebe, Geborgenheit und Verbundenheit angewiesen, die möglicherweise etwas sehr Gefühlskaltes, Toxisches, Aggressives oder Manipulatives an sich hatte, und so wurden wir auf diese Form der Beziehung konditioniert, mit der wir uns nun als Erwachsene zufriedengeben.

Wenn Sie nach Liebe hungern und nur Brosamen bekommen, ist Ihre Angst natürlich groß, das bisschen Nahrung auch noch zu verlieren. Außerdem werden Sie, solange Sie es nicht besser wissen, alles in Ihrer Macht Stehende tun, um diese Brosamen zu behalten. Weil wir als verletzliche Kinder von unseren Eltern oder anderen zentralen Bezugspersonen abhängig sind – ganz gleich, wie gut sie uns tun –, lernen wir es zu vermeiden, Dinge zu sagen oder zu tun, die dazu führen, dass uns das Wenige an Liebe und Unterstützung entzogen wird, das wir von ihnen erhalten. Manche von uns haben sich als Kinder auch, um verbaler, körperlicher oder sexueller Gewalt zu entgehen, völlig zurückgenommen, um sich das bisschen Frieden, das sie hatten, zu bewahren. Selbst wenn wir es nicht artikulieren können, hat sich doch auch das Gefühl festgesetzt, dass wir unwichtig und wertlos sind – vor allem wenn unsere Bezugspersonen nicht einfühlsam, überlastet oder aggressiv waren oder uns allein gelassen haben. Erst bringen sie uns nicht bei, wie wir unsere Gefühle wahrnehmen und äußern können, und dann lernen wir auch noch, diese inneren Wahrheiten zu verleugnen, um einfach irgendwie durchzukommen. Dies wird dann zu einer höchst selbstdestruktiven Gewohnheit, die für das Leben vieler Erwachsener prägend ist. Von klein auf bekommen wir von unseren Eltern, Bezugspersonen und Lehrern gezeigt, ohne dass das ihre Absicht wäre, dass mit uns etwas nicht stimmt, und so lernen wir, uns selbst als Problem zu sehen, weil wir nun einmal das fühlen, was wir fühlen, weil wir das brauchen, was wir brauchen, weil wir uns das wünschen, was wir uns wünschen, oder weil wir die Träume haben, die wir haben.

Weil unsere Eltern uns aus eigennützigen Motiven in die Welt gesetzt haben, ist anzunehmen, dass die meisten von ihnen keine Vorstellung davon hatten, was es ihnen abverlangen würde, ein Kind großzuziehen, und auch nicht darauf vorbereitet waren, eine solche Verantwortung zu übernehmen. Eine Familie zu haben, dafür zu sorgen, dass etwas zu essen auf den Tisch kommt, eine gute Paarbeziehung zu führen und ein wenig Frieden und Glück zu finden ist für niemanden leicht. Es ist anstrengend. Vor diesem Hintergrund ist leichter zu verstehen, warum so viele von uns eine ungesunde Beziehung zu sich selbst entwickelt haben und warum wir, um uns die ungesunde und an Bedingungen geknüpfte Liebe anderer, ihr Wohlwollen oder ihre Unterstützung zu sichern, uns selbst so behandeln, als würde mit uns etwas nicht stimmen. Auf dieses selbstschädigende Muster, das unsere Eltern von ihren eigenen Eltern übernommen haben, gehen die Unsicherheit, die Schuldgefühle, die Scham und die Angst zurück, die über Gene, Gefühle und Gewohnheiten immer wieder an die nächste Generation weitergegeben werden.

Aus meiner beruflichen Erfahrung und meinem eigenen Ringen darum, meine grundlegende Verunsicherung zu heilen, ergibt sich für mich, dass die Einsicht in diese Dynamik uns den Schlüssel dazu an die Hand gibt, Unsicherheit, Schuldgefühle, Scham und auch körperliche Erkrankungen an der Wurzel zu packen. Als Kinder wussten wir nicht, wie wir uns selbst die Erlaubnis geben können, uns in jedem Augenblick treu zu sein, doch heute liegt dies in unserer Macht. Viele Erwachsene haben Angst, abgelehnt und im Stich gelassen zu werden, weil es ihnen schon als Kind so erging. Wir haben schon von klein auf gelernt, zwischen unserer eigenen Zufriedenheit und dem Zufriedenstellen der anderen zu wählen. Wir schienen nicht beides haben zu können. Aus Angst davor, die anderen zu verletzen, haben wir uns lieber selbst wehgetan. Weil wir gelernt haben, besser nicht Nein zu anderen zu sagen, vernachlässigen wir uns selbst. Die massive Blockade zu verstehen, die so viele Menschen lähmt und unglücklich oder krank macht, ist entscheidende Voraussetzung dafür, dass wir diese Dynamik überwinden können, denn sobald wir sie uns einmal wirklich bewusst gemacht haben, werden wir sie nie wieder ganz vergessen. Niemand kann etwas dafür, dass die Realität so ist, doch wir müssen sie aufmerksam wahrnehmen, wenn wir den Teufelskreis der Selbstzerstörung durchbrechen und uns nicht länger nur mit Brosamen von Liebe, Gesundheit, Glück und Respekt zufriedengeben wollen.

6 Sich selbst wertschätzen

Niemand-als-man-selbst zu sein – in einer Welt, die Tag und Nacht ihr Bestes tut, um einen zu allen anderen zu machen – bedeutet, die schwerste Schlacht zu kämpfen, die ein Mensch nur kämpfen kann, und nie mit dem Kämpfen aufzuhören.[14]

E. E. Cummings

♡ **Loslassen und sich selbst spüren**

Bitte atmen Sie, wo immer Sie gerade sind, ein paarmal langsam und tief in Ihren Bauch, ein und aus. Spüren Sie Ihren ganzen Körper, von den Füßen bis ganz hinauf zum Scheitel und dann wieder hinunter bis in die Fingerspitzen. Bitte lassen Sie alle Anspannung los, die Sie spüren, und lassen Sie sich selbst so sein, wie Sie sind. Nutzen Sie jedes Einatmen, um den Körper zu öffnen und einen inneren Raum entstehen zu lassen, und jedes Ausatmen, um noch entspannter zu werden. Heißen Sie alles willkommen, was Sie hier und jetzt denken, fühlen und erleben. Nehmen Sie dabei Ihren Körper und Ihren Atem aufmerksam wahr.

Oft erkennen wir erst, wenn wir zulassen, dass andere uns schlecht behandeln, und uns infolgedessen wertlos fühlen, dass wir an unserer Art zu leben wirklich etwas ändern müssen. Für die meisten von uns gilt leider, dass die Situation erst äußerst schlimm und quälend werden oder aus dem Ruder laufen muss, ehe sie sich darüber klar werden können, wie wichtig es ist, sich selbst in jedem Moment, in jeder Situation und bei jeder Begegnung ernst zu nehmen und wertzuschätzen. Wer sich oft unzulänglich, unsicher und nicht liebenswert fühlt, der wird sich, um geliebt zu werden, beständig selbst so sehr untreu werden, dass er immer wieder in Situationen gerät, in denen er sich ausgenutzt, verkannt, missachtet oder wertlos fühlt. In diesen leidvollen Situationen liegt aber die befreiende Wahrheit verborgen, dass wir uns keineswegs immer als Opfer begreifen müssen. Denn wir selbst sind es, die Kompromisse eingegangen sind, damit andere uns doch bitte akzeptieren, anerkennen, beachten und unterstützen sollen, und gerade deshalb sind wir auch imstande, dieses selbstschädigende Muster aufzubrechen. Wir können hier und jetzt einen anderen Weg einschlagen.

Die meisten erkennen erst, wenn sie sich dem Nullpunkt ihrer Selbstachtung und ihres Selbstwertgefühls nähern, dass sie sich in jedem Moment, in dem sie sich selbst nicht wertschätzen, weit größeren Schaden zufügen, als sie sich bislang eingestanden haben. Diese Verletzungen, die wir uns unbewusst selbst zufügen, lösen in uns dann intensive Wut, Scham, Frustration, Groll, Hass und Unzufriedenheit aus, die sich gegen uns selbst richten. In jedem Augenblick haben wir die Wahl, uns entweder treu zu bleiben oder uns selbst zu hintergehen. In jeder Situation, in der wir uns also von der Angst, die anderen könnten uns ihre Aufmerksamkeit, ihre Liebe, ihre Anerkennung oder ihre Unterstützung entziehen, unsere Entscheidungen und Handlungen diktieren lassen, verstärken wir das Unbehagen, die Not und die Traurigkeit nur noch weiter, die sich im Lauf des Lebens in uns bereits angesammelt haben, weil wir uns schon so oft untreu waren.

Im letzten Kapitel hatte ich angesprochen, dass die meisten von uns sich als Kinder nie geborgen genug fühlten, um ganz sie selbst zu sein oder um sich zu trauen, alle ihre Gefühle, Gedanken, Wünsche und Bedürfnisse zu äußern. Das hatte zur Folge, dass sie, ihrer Intuition folgend, eine innere Fragmentierung entwickelten, um sich die an Bedingungen geknüpfte Liebe von Eltern, Lehrern, Gleichaltrigen oder anderen für sie wichtigen Personen zu sichern, die sie für ihr Überleben zu brauchen glaubten. Diese tief sitzenden Ängste sind im Erwachsenenalter bei jedem von uns noch mehr oder weniger stark vorhanden und drängen uns dazu, uns selbst zu verraten. Die meisten von uns rücken also, ob nun in der Beziehung zu Eltern, Kindern, anderen Angehörigen, Partnern, Freunden, Kollegen, Chefs oder Angestellten, von ihrer inneren Wahrheit ab, um etwas dafür einzutauschen.

Dieser für die Seele zerstörerische Tauschvorgang kann beispielsweise durch den Wunsch motiviert sein, dazuzugehören, Konfrontationen zu vermeiden, akzeptiert zu werden, Aufmerksamkeit auf sich zu ziehen, anerkannt zu werden, sich geborgen zu fühlen, körperliche Intimität zu erleben oder finanzielle Sicherheit zu erreichen. Viele haben sich über die Jahre hinweg mit anderen Menschen und mit den Umständen arrangiert und sich in einem Leben voller Kompromisse eingerichtet, weil sie es nicht besser wussten und nie gelernt haben, wie sie ihre Ängste vor dem Verlust von Liebe und Geborgenheit überwinden und ihrem wahren Selbst stets treu sein können.

Es ist kein gutes Leben, wenn wir das Gefühl haben, nicht als die Menschen liebenswert zu sein, die wir sind. In unserer Psyche und in unserem Herzen gibt es eine düstere Zone, in der wir uns wertlos fühlen und die Heilung braucht, damit wir zu Wohlbefinden und Zufriedenheit finden können. Dieser blinde Fleck im Feld unseres Bewusstseins bringt uns dazu, in Situationen, Beziehungen und Jobs zu verharren, die mit unseren wahren Empfindungen unvereinbar sind. Der eigentliche Grund dahinter ist die destruktive Überzeugung, dass niemand zu uns halten, uns lieben oder uns einstellen wird, wenn wir uns selbst wirklich wertschätzen. Es ist erschütternd zu sehen, wie viele Menschen von sich glauben, dass sie Unzulänglichkeiten und Fehler in sich tragen, aufgrund derer sie keine Liebe, keine Zufriedenheit und keinen Respekt verdient haben. Sie quälen sich, weil sie glauben, andere würden sie nur dann akzeptieren, anerkennen, lieben und unterstützen, wenn sie es ihnen immer recht machen, selbst wenn das auf Kosten der eigenen Integrität, Zufriedenheit oder Gesundheit geht.

Dieses selbstzerstörerische Muster des Umgangs mit uns selbst führt dazu, dass wir die meiste Zeit die eigenen Wertvorstellungen und Bedürfnisse missachten, um uns eine ungute Form von Zuwendung zu sichern, die wir zu brauchen meinen und die uns eher Unheil als Glück bringt. So wird das Leben zu einem unablässigen Ringen darum, anderen zu gefallen, während wir tief in unserem Inneren angespannt, verbittert, einsam und unzufrieden sind. Uns bleibt verborgen, dass wir uns von unserer Unsicherheit und dem Gefühl der Unzulänglichkeit lösen können, indem wir uns ab sofort in jeder Situation wertschätzen, um endlich zu entdecken: Wir waren es schon immer wert, dass uns alles Gute, Bereichernde und Schöne zuteilwird.

Sei weich. Lass nicht zu, dass die Welt dich hart macht.
Lass nicht zu, dass der Schmerz Hass in dir weckt.
Lass nicht zu, dass dir die Bitterkeit deine Güte raubt.
Sei stolz darauf, dass du die Welt, auch wenn dir
alle widersprechen mögen, noch immer
für einen wunderbaren Ort hältst.[15]

Iain S. Thomas

Die verborgensten Anteile unserer selbst schätzen zu lernen, ist oft eine schmerzliche Phase unseres Erwachens, durch die sich uns schließlich der wahre Wert erschließt, der unserem Leben innewohnt. Wir alle beherbergen in uns – auch wenn das von außen nicht zu erahnen sein mag – dunkle Kammern, in denen Fragmente unserer Seele sich misshandelt oder im Stich gelassen fühlen und niemand ihre schmerzerfüllten Schreie zu hören scheint. Merkwürdigerweise sind wir selbst es, an die sich die Hilferufe richten. Wir flehen unser höheres Selbst an, das Licht anzuschalten und Selbstliebe, Fürsorge und Respekt in die dunklen Kammern in uns dringen zu lassen. Da wir in der Überzeugung gelebt haben, dass wir nicht liebenswert sind, existiert eine ganze Reihe dieser dunklen Kammern oder blinden

Flecke in uns, in denen keine Selbstwertschätzung existiert. Wie schon erwähnt erkennen wir oft erst dann, wenn wir uns ausnutzen oder übervorteilen lassen, dass wir selbst es sind, von denen wir verraten wurden.

Solange wir dies erst noch lernen müssen, manövrieren wir uns tagtäglich in Situationen, in denen wir andere förmlich einladen, uns auszunutzen oder uns auf die Probe zu stellen, damit die verwundeten Anteile unserer selbst, die nach wie vor schmerzen und auf die Rettung durch unsere eigene liebevolle Fürsorge warten, zutage treten können. Durch die Sehnsucht nach innerem Frieden, Gesundheit, Zufriedenheit und echter Verbundenheit fordert unsere Seele uns auf, nach Hause zu kommen und Licht in die dunklen Kammern zu tragen, damit wir in der Tiefe unseres Seins den Entschluss fassen können: *Wir wollen nicht länger zulassen, dass uns Leid zugefügt wird oder dass wir selbst Leid für uns heraufbeschwören.* Wenn wir schließlich so weit sind, diesen Entschluss zu fassen, beginnen wir Mut und Kraft zu schöpfen und können das Licht des Wissens darum, dass Liebe, Güte und Respekt uns schon immer zustanden, in die dunklen Kammern in uns fluten lassen.

Einzig und allein auf diese Anteile unserer selbst, in denen es bislang an Bewusstheit und Liebe fehlt, ist es zurückzuführen, dass wir in Situationen geraten, in denen wir uns von anderen nicht wahrgenommen, wertgeschätzt oder respektiert fühlen. Denn wenn wir uns selbst nicht wertschätzen und respektieren, spiegeln die anderen uns das zurück. Wenn wir uns selbst nicht wichtig sind, dann nehmen auch die anderen unsere Gefühle, Bedürfnisse und Wünsche nicht wichtig. Sobald wir uns dazu entschlossen haben, Licht in die liebeleeren Kammern in uns zu bringen, werden wir uns bemühen, auf jeder Ebene unseres Privat- und Berufslebens unsere wahren Gefühle zu achten. Dieser unausweichliche Prozess, in dem wir die Beziehung zu uns selbst umgestalten, ist auf unserer Reise der Heilung und der spirituellen Suche oft einer der schwierigsten Aspekte, denn er verlangt von uns, uns selbst so viel Wertschätzung entgegenzubringen, dass wir alle Situationen, die mit unserer neu gefundenen Selbstachtung und

Selbstwertschätzung nicht in Einklang zu bringen sind, hinter uns lassen.

Sich selbst zu achten, bedeutet auf der praktischen Ebene manchmal, Nein zu sagen. Oft bedeutet es auch, mit Güte, Respekt und im Bewusstsein unserer Verletzlichkeit ganz auf die eigene Wahrheit zu vertrauen und uns dann den Reaktionen zu stellen, die nicht ausbleiben werden, wenn wir unser Sprechen und Handeln nicht allein darauf ausrichten, den anderen zu gefallen. Uns selbst wertzuschätzen, macht es manchmal erforderlich, dass wir eine Beziehung beenden, eine Arbeitsstelle aufgeben oder einen Ort verlassen aus dem tiefen Wissen heraus, dass unsere Integrität, Gesundheit und Zufriedenheit uns wichtiger sind als Bequemlichkeit ohne innere Verbundenheit und Wärme oder als finanzielle und materielle Sicherheit.

Meine Beobachtung ist: Sobald wir genug gelitten haben und somit bereit sind, uns selbst wertzuschätzen und unsere wahren Empfindungen nicht für irgendjemanden oder irgendetwas zu verraten, kommen uns das Leben und das Universum stets zu Hilfe, damit wir unseren vorbestimmten Weg gehen können. Wir können im Voraus nicht wissen, wie die Umstände sich entwickeln werden, um uns genau das finden zu lassen, was wir für unsere nächsten Schritte brauchen, doch wir können stets sicher sein, dass wir Unterstützung darin erhalten werden, unseren Lebenszweck zu erfüllen und Liebe, Freude und Wahrheit in die Welt zu bringen. Mit jedem mutigen Schritt, den wir in das unbekannte Territorium wahrer Selbstachtung wagen, wird sich einstellen, was wir benötigen: Chancen, emotionale und finanzielle Unterstützung und Klarheit.

Erkundungsfragen

- Wo und mit wem in Ihrem Leben schließen Sie derzeit Kompromisse, bei denen Sie in irgendeiner Weise von Ihren wahren Empfindungen abrücken, um Liebe, Wohlwollen, Anerkennung, Kontakt, emotionalen Rückhalt, finanzielle Unterstützung oder das Gefühl der Sicherheit und Geborgenheit zu bekommen?
- Aus welchem Grund schließen Sie Kompromisse, mit denen Sie sich selbst hintergehen?
- Gegenüber wem fällt es Ihnen schwer, Nein zu sagen? Aus welchen Gründen fällt es Ihnen schwer?
- Bei welchen Personen haben Sie das Gefühl, dass Sie sich stets bemühen müssen, sie zufrieden oder glücklich zu machen?
- Haben Sie sich je von jemandem verraten oder im Stich gelassen gefühlt? Falls ja, ist für Sie dann erkennbar, dass Sie in der Beziehung in irgendeiner Weise von sich selbst oder Ihren Gefühlen, Bedürfnissen und Wünschen abgerückt sind? Ist für Sie erkennbar, dass dieses unbewusste Muster seit Ihrer Kindheit höchstwahrscheinlich immer wieder in Ihrem Leben aufgetreten ist?
- Wo geben Sie sich mit weniger zufrieden als mit dem, was Ihnen – wie Sie durchaus wissen – zusteht oder wozu Sie fähig sind? Aus welchem Grund geben Sie sich damit zufrieden?
- Was wollen und brauchen Sie für sich und Ihr Leben, lassen es aber außer Acht?
- Was können Sie jeden Tag tun, damit zum Ausdruck kommt, dass Sie sich Zeit dafür nehmen, sich selbst konsequent zu würdigen, wertzuschätzen und zu lieben?

Schlüsselsätze

- Um Liebe zu bekommen, muss ich mich nicht selbst verraten.
- Es ist in Ordnung, wenn ich Nein sage und wenn ich ernst nehme, was ich fühle, brauche und ersehne.
- Ich muss nicht mehr sein, mehr tun oder mehr haben, damit andere mich lieben.
- Ich bin so, wie ich bin, liebenswert.
- Ich genüge. Ich bin gut so, wie ich bin.
- Ich verdiene es, geachtet, anerkannt und wertgeschätzt zu werden.
- Ich verdiene es und bin es wert, geliebt zu werden.
- Ich gebe mich nicht mit weniger zufrieden, als mir zusteht oder als ich kann.
- Ich werde nie von mir selbst abrücken oder mir untreu sein.

7 Zu sich selbst finden

Manche Menschen glauben, dass Durchhalten uns stärkt, dabei ist es manchmal das Loslassen, das uns stark macht.

Hermann Hesse

♡ **Loslassen und sich selbst spüren**

Bitte atmen Sie, wo immer Sie gerade sind, ein paarmal langsam und tief in Ihren Bauch, ein und aus. Spüren Sie Ihren ganzen Körper, von den Füßen bis ganz hinauf zum Scheitel und dann wieder hinunter bis in die Fingerspitzen. Bitte lassen Sie alle Anspannung los, die Sie spüren, und lassen Sie sich selbst so sein, wie Sie sind. Nutzen Sie jedes Einatmen, um den Körper zu öffnen und einen inneren Raum entstehen zu lassen, und jedes Ausatmen, um noch entspannter zu werden. Heißen Sie alles willkommen, was Sie hier und jetzt denken, fühlen und erleben. Nehmen Sie dabei Ihren Körper und Ihren Atem aufmerksam wahr.

Wenn Sie nicht länger vorgeben, etwas zu sein, das Sie gar nicht sind, oder etwas zu fühlen, das Sie nicht fühlen, was geschieht dann wohl? Wenn Sie zulassen, dass Ihre Maske fällt, und Sie sich der Welt ganz als der Mensch zeigen, der Sie wirklich sind, wen hätten wir dann wohl vor uns? Wenn Sie nicht länger versuchen würden, sich einzufügen oder es allen, um deren Anerkennung, Zustimmung oder Liebe Sie sich bemühen, recht zu machen – etwa Ihren Eltern, Freunden oder

Ihrem Partner –, was würden Sie ihnen dann wohl sagen? Wohin würden Sie gehen? Und was würden Sie tun?

Haben Sie Angst, am Ende allein zu sein, wenn Sie zulassen würden, dass die Welt Ihre Licht- und Ihre Schattenseiten, Ihre Stärken und Ihre Verletzlichkeit sieht? Aber mal ganz ehrlich: Fühlen Sie sich denn nicht ohnehin schon allein, unverstanden oder außerstande, das zum Ausdruck zu bringen, was Sie wirklich denken und fühlen?

Eigentlich ist es doch paradox, dass wir Menschen nicht darum herumkommen, uns zu fragen: »Wie kann ich ich selbst sein?« Man sollte doch annehmen, »ich selbst zu sein« sei etwas ganz Selbstverständliches. Doch heute sind so viele Menschen von ihrem wahren Selbst abgeschnitten, dass es offenbar alles andere als selbstverständlich ist. Anderen zuliebe etwas zu sein oder zu tun und sich entsprechend anzupassen scheint einfacher für uns zu sein, als das Risiko einzugehen, aufzufallen oder Anstoß zu erregen.

Es ist also durchaus sinnvoll und vernünftig, sich die Frage zu stellen: »Wer bin ich?« Bin ich mein Körper? Mein Geist? Die Gedanken in meinem Kopf? Bin ich meine Emotionen? Bin ich das Bild von mir, das ich vor meinem geistigen Auge sehe, oder bin ich die Vorstellungen und Überzeugungen, aus denen das Gefüge meiner Identität besteht?

Bin ich meine Vergangenheit? Bin ich die Geschichte, die ich mir darüber erzähle, wie ich dahin gekommen bin, wo ich jetzt bin? Oder bin ich meine Zukunft? Oder die Person, die ich in meinen Träumen und Visionen gern sein möchte?

Wer bin ich wirklich?

Wenn Sie Glück und Zufriedenheit suchen, ist es nach meiner Erfahrung entscheidend, dass Sie sich diese Frage stellen und sie für sich selbst beantworten, anstatt mir oder jemand anderem einfach zu glauben. Was ich anbieten kann – in der Hoffnung, dass es Ihnen helfen könnte, zu Ihrem eigenen inneren Wissen vorzustoßen –, sind die Antworten, die ich für mich selbst gefunden habe.

Ich möchte noch einmal betonen, dass Worte der Wahrheit nie gerecht werden können. Wir mögen unser Bestes tun, um mit Worten zu vermitteln, was wir fühlen und erleben, doch letzten Endes geht dies immer weit über das hinaus, was sich mit Worten ausdrücken lässt. Worte sind für sich genommen nicht die Wahrheit. Vielmehr sind sie nur Zeichen oder Wegmarken, die auf ein intuitives Verstehen von Erfahrungen oder von Aspekten des Menschseins verweisen. Sie lassen eine Art Karte entstehen, die möglicherweise ein Territorium sehr genau darstellt, aber nicht das Territorium selbst ist.

In meinem Bemühen darum, zu verstehen, wer ich bin, und dies mit sprachlichen Mitteln so gut zu beschreiben, wie ich kann, bin ich zu den folgenden Schlussfolgerungen gekommen. Sie mögen Ihnen haltlos vorkommen, doch ich bitte Sie, etwas Geduld mit mir zu haben. Ich habe vor, mit Ihnen zunächst universelle Wahrheiten zu betrachten, die beschreiben, wer wir sind, um dann zu konkreten Überlegungen zu kommen, wie wir wir selbst sein können.

1. Ich bin. Das heißt, ich existiere, als eine Gesamtheit meines nichtkörperlichen und körperlichen Selbst. Dies schließt meinen materiellen Körper ein, meinen reflektierenden Geist, die Emotionen, die ich in meinem Herzen und in meinem Körper erlebe, den Atem, der meine Lungen füllt, und die Lebensenergie, die mein materielles Sein mit Vitalität, Individualität und wahrnehmender Bewusstheit beseelt. Letztlich aber sind dies alles Attribute eines Ganzen, das ich bin. Es liegt jenseits von Worten, Kategorisierungen und Konzepten und lässt sich nicht in Schubladen zwängen. Ein Sinnbild dafür ist ein Baum, der Blätter, Äste und Zweige hat sowie vielleicht auch Früchte trägt, den wir jedoch einfach nur »Baum« nennen. Bei dem Wort »Baum« ist uns allen zwar klar, was es meint, aber es ist dennoch etwas anderes als die Erfahrung, einen tatsächlichen Baum zu sehen, zu berühren und zu riechen oder unter ihm zu sitzen. Zudem haben wir keine Ahnung davon, wie der Baum sich selbst erlebt.
2. Ich bin eins mit dem Universum mit all seiner Energie, seinen Elementarteilchen, seiner Materie, seinen Lebensformen, seinen unbelebten Objekten und all den leeren Räumen dazwischen.

3. Ich bin eins mit dem kreativen intelligenten Bewusstsein, welches das Universum in seiner Existenz geschaffen hat und erhält (und je nach Glaubenssystem manchmal Gott genannt wird).
4. Ich bin unendlich, unsterblich und ewig, da mein Sein aus Energie und aus Bewusstsein besteht, die nicht geschaffen oder zerstört werden können. Mit anderen Worten, ich bin im Grunde nie geboren worden und ich werde niemals sterben. Ich habe lediglich an einem Punkt der Raumzeit die Gestalt eines menschlichen Wesens angenommen und kann nicht wissen, in welche nächste Gestalt ich schlüpfen werde, sobald mein körperliches System zu funktionieren aufhört und zu Staub zurückkehrt. Ich weiß aber, dass ich in den unermesslichen Ozean der Energie zurückkehren werde, aus dem das Universum in seinen materiellen wie nichtmateriellen Formen besteht.
   Manche Menschen verwenden gerne die Wörter »Seele« und »Geist«, um diese zeitlosen Aspekte unserer selbst zu beschreiben. Auch ich benutze diese Wörter gern, doch sind sie nicht notwendig, um zu beschreiben, wer ich bin oder wer Sie sind. Nach dieser Vorstellung ist das Universum jedenfalls die Seele Gottes oder alles und alle im Universum sind die Seele des Universums, die sich in verschiedenen Formen entfaltet. Das heißt, unsere Seele ist eins mit der Seele des Universums oder der Seele Gottes. Mir gefällt diese bildhafte Vorstellung sehr gut, doch Sie brauchen, um es noch einmal zu sagen, dies alles nicht zu glauben, um Sie selbst zu sein und Glück und Zufriedenheit zu finden.
5. Ich bin Liebe, da ich mich am wohlsten und lebendigsten fühle und mich am meisten als »ich selbst« erlebe, wenn ich in einem liebenden Modus bin, in dem ich frei und ohne Angst Liebe geben und empfangen kann. Ich erlebe mich auch dann ganz als »ich selbst«, wenn ich Dinge tue, die ich von Herzen liebe und die mein Wesen zum Vorschein bringen – Liebe, die glücklich ist, das tun und sein zu können, was sie ist.

Ich selbst zu sein, bedeutet mehr, als mein wahres Wesen nur begrifflich zu erfassen. Es bedeutet auch, dass ich meiner selbst im Hier und Jetzt hinreichend gewahr bin, um mich so nach außen zu zeigen, dass meine Emotionen, Bedürfnisse und Wünsche klar und deutlich zutage treten, anstatt dass ich sie verberge, verleugne, ablehne und unterdrücke. Dieser Schritt fällt den meisten schwer, vor allem weil wir als Kinder nie dazu angeleitet wurden, unser Gefühlsleben bewusst wahrzunehmen. Wir sind so aufgewachsen, dass unsere Emotionen sich aufgestaut haben, ohne dass jemand uns geholfen hat, sie zu verstehen oder zu bearbeiten, denn unsere Eltern und unsere anderen Bezugspersonen litten unter demselben Mangel an emotionaler Selbstbewusstheit. Diese Dynamik hat zur Folge, dass sich Erwachsene dessen, was in ihnen vor sich geht, nicht gewahr sind und somit auch nicht wissen, wie sie ihre Emotionen zeigen, geschweige denn konstruktiv und gewaltlos äußern sollen. Mit anderen Worten, wir können unsere Emotionen erst dann klar und deutlich zum Ausdruck bringen, wenn wir erst einmal bewusst wahrnehmen, was wir gerade fühlen – was bei den meisten von uns jedoch nicht der Fall ist. Wir sind vielmehr in unserem Verstand gefangen, der denkt, analysiert, kritisiert und beurteilt. Das heißt, die individuellen Verteidigungsmechanismen, die sich in der Kindheit zum Zwecke des Selbstschutzes entwickelt haben, sind noch sehr aktiv. Nach wie vor folgen die meisten Erwachsenen dem unbewussten Drang, sich vor neuen Verletzungen zu schützen, auch um die Narben der Vergangenheit nicht mehr spüren zu müssen.

Es ist also ohne Weiteres nachvollziehbar, warum es vielen so schwerfällt, sie selbst zu sein und Zufriedenheit zu finden. Denn um wir selbst zu sein, müssen wir uns selbst treu sein, das heißt, unser Sprechen und Handeln müssen dem entspringen, was wir wirklich empfinden, damit es in jeder Situation aufrichtig und der Realität angemessen ist. Wenn wir allerdings gar nicht wissen, was wir empfinden, können wir es auch nicht ausdrücken und daher nicht ganz wir selbst sein. Sobald wir uns aber im Hier und Jetzt unserer Gefühle, Bedürfnisse und Wünsche gewahr werden, können wir achten und würdigen, wer wir wirklich sind, und lernen, unser wahres Wesen mit Klarheit und Güte zum Ausdruck zu bringen.

8 Mit Klarheit und Güte sein wahres Wesen zum Ausdruck bringen

Sei, wer du bist, und sage, was du fühlst,
denn die, die das stört, zählen nicht,
und die, die zählen, stört es nicht.[16]

Bernard Baruch

Loslassen und sich selbst spüren

Bitte atmen Sie, wo immer Sie gerade sind, ein paarmal langsam und tief in Ihren Bauch, ein und aus. Spüren Sie Ihren ganzen Körper, von den Füßen bis ganz hinauf zum Scheitel und dann wieder hinunter bis in die Fingerspitzen. Bitte lassen Sie alle Anspannung los, die Sie spüren, und lassen Sie sich selbst so sein, wie Sie sind. Nutzen Sie jedes Einatmen, um den Körper zu öffnen und einen inneren Raum entstehen zu lassen, und jedes Ausatmen, um noch entspannter zu werden. Heißen Sie alles willkommen, was Sie hier und jetzt denken, fühlen und erleben. Nehmen Sie dabei Ihren Körper und Ihren Atem aufmerksam wahr.

Viele von uns fürchten nicht nur, die Liebe anderer zu verlieren, sondern haben sich auch daran gewöhnt, ihre Gefühle zu unterdrücken, weil es niemandem wichtig zu sein schien, ob sie äußerten, was in ihnen vor sich ging, oder nicht. Sie haben es einfach aufgegeben, sich zu zeigen, wie sie wirklich sind, und zwar schon lange bevor sie sich die dafür eigentlich geeigneten Strategien und sprachlichen Mittel angeeignet hatten. Aufgrund ihrer frühen Erfahrungen wiederholen sie als

Erwachsene in der Begegnung mit anderen ständig Muster aus ihrer Kindheit. Es kommt ihnen vor, als interessiere niemanden, was sie denken oder fühlen, während sie in Wirklichkeit nie gelernt haben, sich klar und deutlich zu äußern. Die Menschen um sie herum kämpfen mit genau denselben Schwierigkeiten, sich offen zu zeigen, weil ihnen nie jemand beigebracht hat, wie sie dies auf gesunde Weise tun können. Wenn wir also wollen, dass den Menschen um uns herum etwas an unseren Gefühlen, Bedürfnissen und Träumen liegt, müssen wir diese zuerst einmal selbst wichtig nehmen, und zwar unabhängig davon, wie andere darauf reagieren. Die Aufgabe besteht für uns zunächst darin, alles zu würdigen und wertzuschätzen, was in uns vor sich geht. Erst dann können Menschen in unser Leben treten, die uns wirklich verstehen und in den Tiefen unseres Herzens und unserer Seele kennenlernen wollen.

Unabhängig von der Lebensphase, in der wir uns gerade befinden, besteht eines der selbstschädigendsten Muster, die wir in uns tragen, darin, dass wir aus Angst oder einfach aus einem Mangel an Bewusstheit fortwährend das in uns unter Verschluss halten, was wir wirklich denken, fühlen, wollen oder brauchen. Dies ist, wie ich dargelegt habe, die Hauptursache von Depressionen und der meisten körperlichen Erkrankungen. Um im Körper einen gesunden und ausgeglichenen Fluss von Energie, Blut und Emotionen aufrechtzuerhalten, müssen wir lernen, alles willkommen zu heißen, was wir denken und fühlen, um es dann achtsam und verantwortungsvoll zum Ausdruck zu bringen. Wenn wir uns wohlfühlen, das Leben genießen und unserer Bestimmung nachgehen wollen, müssen wir lernen, uns zu zeigen, ohne uns von unseren Ängsten, wir könnten andere verärgern, ihre Liebe verlieren oder von ihnen verurteilt werden, aufhalten zu lassen. Selbst wenn wir verwirrt sind und über unsere Gefühle nicht Bescheid wissen, ist es immer noch besser, offen auszudrücken, was in uns vor sich geht, denn nur dadurch können wir an Klarheit und Verständnis gewinnen und in unserer Entwicklung weiterkommen. Wie bei einem lange nicht benutzten Wasserhahn müssen wir sozusagen unsere Ausdruckskanäle zunächst einmal durchspülen, um Energieblockaden zu lösen, damit wir unsere Gedanken und Gefühle wieder in stimmiger, klarer und respektvoller Weise artikulieren können.

Erhebe deine Worte, nicht deine Stimme. Es ist der Regen, der Blumen wachsen lässt, nicht der Donner.[17]

Dschalaluddin Rumi

Um uns wirklich so zeigen zu können, wie wir sind, müssen wir auch lernen, die Verantwortung dafür zu übernehmen, wie wir reagieren, wenn wir uns nicht wahrgenommen fühlen. Manche jammern etwa und werden laut, wenn nicht anzukommen scheint, was sie sagen oder mitzuteilen versuchen. Um eine starke Selbstliebe und Selbstachtung zu entwickeln, müssen wir fähig werden, unsere Gedanken und Gefühle ohne Gewalt und Aggression zu äußern. Dies ist eine große Herausforderung, wenn jemand unter Menschen aufgewachsen ist, die Aggressivität und emotionale Manipulation einsetzten, um bestimmte Situationen unter Kontrolle zu halten und sich auf diese Weise der eigenen Verantwortung zu entziehen. Zu lernen, die Verantwortung für das zu übernehmen, was wir denken und fühlen, und es zugleich mit Bewusstheit, Respekt und Güte zum Ausdruck zu bringen, dürfte eine der schwierigsten Lektionen sein, die wir im Leben zu meistern haben, vor allem weil wir dazu neigen, die unbewussten Muster der emotionalen Manipulation zu übernehmen, die wir als Kinder erleben.

Hinter all den Momenten, in denen wir am liebsten schreien würden, um wahrgenommen zu werden, oder in denen wir mitbekommen haben, wie Menschen, die uns wichtig sind, laut geworden sind, um Gehör zu finden, verbirgt sich eine entscheidende Wahrheit: Wir tragen tiefe Wunden in uns und haben nie gelernt, unsere Empfindungen angemessen zu äußern. Unsere Wut und unsere aggressiven Reaktionen sind lediglich Mittel, mit denen wir uns unbewusst gegen Verletzungen aus der Vergangenheit schützen, die zu spüren und zu äußern wir uns nie getraut haben, weil wir uns nicht hinreichend unterstützt fühlten. Wir haben nie gelernt, auf freundliche und verantwortungsvolle Weise zu äußern, was uns bewegt. Noch schlimmer wird die Sache dadurch, dass die meisten von uns sich eine Art des Sprechens angewöhnt haben, die aggressiv und voller Schuldzuweisungen ist. Anstatt respektvoll zu sagen: »Ich denke«, »Ich spüre«, »Ich möchte« oder »Ich brauche«, folgen wir dem erlernten Muster, mit dem Finger auf andere zu zeigen und Dinge zu sagen wie: »Du hast aber gesagt«, »Das hättest du nicht tun sollen«, »Immer machst du« oder »Nie machst du«. Wir haben uns eine Form der Kommunikation angewöhnt, die nicht Offenheit, Vertrauen, Verständigung, gegenseitigen Respekt und tiefe Verbundenheit ermöglicht, sondern sich nur zu gut dafür eignet, Kränkungen, Abwehrverhalten und gegenseitige Abschottung zu erzeugen.

Dieser qualvolle, von Generation zu Generation aufrechterhaltene Teufelskreis bringt Menschen hervor, die die ganze Zeit mit lauter Stimme darauf dringen, gehört, wertgeschätzt, respektiert und geliebt zu werden. Dankenswerterweise gibt es für dieses uralte Problem eine ganz einfache Lösung. Wir müssen uns nur klarmachen, dass wir nicht nur zu hundert Prozent selbstverantwortlich für das sind, was wir denken und fühlen, sondern auch dafür, es wertzuschätzen, indem wir es aus einer Haltung von bewusst verletzlicher Aufrichtigkeit, Güte und Respekt zum Ausdruck bringen. Wenn wir akzeptieren, dass sich in all unseren ärgerlichen und wütenden Reaktionen, ob sie nun offen ausgesprochen werden oder Gedanken bleiben, einfach ein Teil von uns bemerkbar macht, der Schmerzen erleidet und uns deshalb vor weiterer Pein bewahren will, eröffnen wir uns damit die Möglichkeit, unsere emotionalen und psychischen Wunden heilen zu lassen. Hinter jedem Schreiduell und jeder aggressiven Form der Kommunikation steckt im Grunde ein kleines Kind, das nach der bedingungsfreien Liebe und der Unterstützung seiner Mutter und/oder seines Vaters ruft. Wenn wir uns selbst und die anderen in dieser Klarheit sehen, wird sich daraus ganz von selbst ergeben, dass wir unser Herz öffnen und uns in einer gütigen, einfühlsamen Weise artikulieren, die nicht noch mehr Schmerz und Getrenntheit erzeugt, sondern Heilung, Zufriedenheit und Verbundenheit ermöglicht.

Tief in unserem Inneren hegen wir alle, ganz gleich, wie viel emotionale und körperliche Gewalt wir miterlebt oder auch selbst ausgeübt haben, den Wunsch, uns stets deutlich und liebevoll auszudrücken, um damit zu erreichen, dass wir gehört, anerkannt und respektiert werden. Wir alle wollen das Empfinden haben, dass den wichtigen Menschen in unserem Leben so viel an uns liegt, dass sie die Tiefen unseres Herzens und unserer Seele verstehen möchten. Niemand möchte ständig vorgehalten bekommen, mit ihm stimme etwas nicht. Den meisten von uns ist jedoch nicht klar – und sie fühlen sich somit auch nicht dafür verantwortlich –, dass sie zunächst einmal sich selbst wichtig genug nehmen, sich selbst respektieren und ihre wahren Gefühle artikulieren müssen, ehe sie erwarten können, dass sich Beziehungen entwickeln, die für sie so erfüllend sind, wie sie sich das ersehnen. Wir müssen uns von der Vorstellung lösen, mit uns sei etwas nicht in Ordnung, und stattdessen auf die höchst subtilen und zunächst auch erschreckenden Wahrheiten unseres Herzens hören. Denn nur so können wir eine innige Verbindung zu uns selbst herstellen, die eine Voraussetzung dafür ist, eine gesunde, tiefe Beziehung zu anderen Menschen aufzubauen.

Wenn wir unsere Gefühle unterdrücken, führt dies zu einer inneren Fragmentierung, die uns von der Quelle dessen abschneidet, was wir eigentlich suchen. Unmittelbare Folge davon ist das Gefühl, nicht gut genug und in irgendeiner Weise unzulänglich zu sein. Wir können es uns so vorstellen, als sei unser Körper ein Schlauch, der normalerweise Zugang zu einem Ozean hat. Doch der Schlauch ist geknickt und verknotet, sodass die Verbindung bzw. der Durchfluss unterbrochen ist. Man könnte meinen, es gebe zu wenig Wasser. Doch in Wirklichkeit ist es so, dass wir in der ganzen Zeit, in der wir unser wahres Selbst nicht zum Ausdruck gebracht haben, unsere Verbindung zur Quelle all dessen, was wir brauchen, verdreht und blockiert haben. Glücklicherweise stellt sich, sobald wir die Blockade auflösen und mit liebender Güte beginnen, unsere innere Wahrheit zum Ausdruck zu bringen, sogleich das Empfinden ein, ganz und liebenswert zu sein.

Endlich geben wir unserem wahren Selbst Raum, und dies ist die wesentliche Voraussetzung für Heilung, Gesundheit und Zufriedenheit.

Sobald wir uns unseren Ängsten stellen und beginnen, uns in jeder Situation mit Güte und Aufrichtigkeit zu äußern, schließen wir nach und nach die Lücke, die in unserer Wahrnehmung zwischen unserem kleinen unsicheren Selbst und unserem souveränen wahren Selbst klafft, das genau weiß, wer wir sind und warum wir geboren wurden.

Erkundungsfragen

- In welchen Situationen und gegenüber welchen Personen fällt es Ihnen derzeit schwer, das zu äußern, was Sie wirklich denken, fühlen, wollen und brauchen?
- In welchen Situationen und gegenüber welchen Personen ist es Ihnen in der Vergangenheit schwergefallen, Ihre wahren Empfindungen zum Ausdruck zu bringen?
- Bei welchen Menschen in Ihrem jetzigen Leben scheuen Sie sich, ehrlich mit ihnen zu sein?
- Haben Sie Angst, sie zu verärgern, sie zu verletzen oder ihre Liebe und Unterstützung zu verlieren?
- Was *spüren* Sie jetzt gerade in Ihrem Körper?
- Was *wünschen* Sie sich jetzt gerade für Ihr Leben, sei es im Innen oder im Außen?
- Was *brauchen* Sie gerade?
- Haben Sie einen Menschen, dem Sie all das *anvertrauen* können? Wenn nicht, können Sie es dann niederschreiben?

Schlüsselsätze

- Ich zeige mich, wie ich wirklich bin, und vertraue darauf, dass alles gut wird.
- Ich verzeihe mir, dass ich mich in der Vergangenheit nicht so gezeigt habe, wie ich bin.
- Ich muss keine Bestrafung fürchten. Ich bin kein Kind mehr.
- Meine wahren Emotionen zum Ausdruck zu bringen, ist der Weg, der zu Gesundheit, Glück und Erfüllung führt.
- Ich äußere meine Bedürfnisse und Wünsche mit Liebe, Respekt und Bewusstheit.
- Meine Gefühle, Bedürfnisse und Wünsche sind wichtig.

Übung

Bitte tun Sie sich, falls Sie Zeit dafür erübrigen können, den Gefallen, Briefe zu schreiben, und zwar an die Menschen in Ihrem vergangenen wie auch in Ihrem jetzigen Leben, denen Sie sich nie ganz so gezeigt haben, wie Sie sind. Vor allem von Briefen an Ihre Mutter und/oder an Ihren Vater geht eine höchst heilsame und befreiende Wirkung aus. Andere wichtige Personen können sein: Kinder, Partner, Ehepartner, Ex-Partner, Geschwister und Freunde. Schreiben Sie jeden der Briefe zunächst unter der Perspektive, dass Sie ihn der Person nicht geben werden, damit Sie vollkommen ehrlich mit sich selbst sein können, ohne irgendwelche Empfindungen zurückzuhalten. Bitte machen Sie sich klar, dass es in Ordnung und auch gesund ist, beim Schreiben Ihrem Ärger und Ihrer Wut freien Lauf zu lassen, denn es ist besser, diese Energien loszuwerden, statt sie in sich zu behalten und sie zu unterdrücken. Wenn Sie dann später einen Brief irgendeiner der für Sie wichtigen Personen schicken oder geben wollen, können Sie eine weniger emotionale Version verfassen. Schreiben Sie bitte auch Briefe an Verstorbene, mit denen Sie (1) nie zu einem versöhnenden Abschluss gefunden haben oder (2) denen Sie gern etwas mitteilen möchten.

9 Sich hingeben und loslassen

Wenn du dich dem hingibst, was ist,
und auf diese Weise vollkommen gegenwärtig bist,
verliert die Vergangenheit all ihre Macht.
Dann erschließt sich dir das Reich des Seins,
das vom Denken bisher verborgen wurde.
Plötzlich erfüllt dich eine tiefe Stille,
ein grenzenloses Gefühl des Friedens.
Und in diesem Frieden ist große Freude.
Und in dieser Freude ist Liebe.
Und in ihrem innersten Kern ist das Heilige,
das Unermessliche, das Namenlose.[18]

Eckhart Tolle

♡ Loslassen und sich selbst spüren

Bitte atmen Sie, wo immer Sie gerade sind, ein paarmal langsam und tief in Ihren Bauch, ein und aus. Spüren Sie Ihren ganzen Körper, von den Füßen bis ganz hinauf zum Scheitel und dann wieder hinunter bis in die Fingerspitzen. Bitte lassen Sie alle Anspannung los, die Sie spüren, und lassen Sie sich selbst so sein, wie Sie sind. Nutzen Sie jedes Einatmen, um den Körper zu öffnen und einen inneren Raum entstehen zu lassen, und jedes Ausatmen, um noch entspannter zu werden. Heißen Sie alles willkommen, was Sie hier und jetzt denken, fühlen und erleben. Nehmen Sie dabei Ihren Körper und Ihren Atem aufmerksam wahr.

Unser Leid und Unglück entstehen größtenteils daraus, dass wir gegen das ankämpfen, was wir gerade denken, fühlen und erleben. Deshalb hängen unsere Heilung und unsere Zufriedenheit größtenteils davon ab, dass wir akzeptieren, was im Hier und Jetzt in uns und um uns herum geschieht. Indem wir vor der Wahrheit, die wir fürchten, nicht länger weglaufen, eröffnen wir uns die Möglichkeit, uns darüber klar zu werden, welche unserer Gedanken, Überzeugungen, Emotionen und Gewohnheitsmuster nicht in einer tiefen Selbstliebe und Selbstachtung gründen, und können diese Aspekte unseres Lebens dann nach und nach transformieren und heilen. Deshalb ist es entscheidend, dass wir lernen, innezuhalten, loszulassen und uns dem Leben im gegenwärtigen Augenblick ganz zu öffnen, denn so können wir erkennen, von welchen Dingen wir uns unbewusst einengen und bremsen lassen.

Wenn wir glücklich sein und Freude am Leben haben wollen, müssen wir unseren Widerstand gegen alle Dinge aufgeben, mit denen wir nicht im Reinen, glücklich oder zufrieden sind, denn nur wenn wir sie vollständig akzeptieren, können wir unserem Denken, Sprechen und Handeln wirklich eine neue Richtung geben, um auf das zuzusteuern, was wir ersehnen und brauchen. Hinter unserem inneren Ringen mit Menschen oder Dingen stehen immer unsere Angst, eine Situation nicht kontrollieren zu können, in unserer Identität verunsichert zu werden oder die Liebe anderer zu verlieren, und letztlich die Angst, den unverarbeiteten emotionalen Qualen ausgesetzt zu sein, die wir in der Vergangenheit verdrängt haben. Mit anderen Worten, wenn wir auf etwas oder jemanden mit Abwehr reagieren, weil unsere innere Freiheit, Gelassenheit oder Zufriedenheit bedroht scheinen, versuchen wir damit stets abzuwenden, dass unangenehme, beängstigende oder überfordernde Empfindungen in uns aufsteigen.

Paradoxerweise hängen die Aspekte unseres Lebens, die für uns am problematischsten sind, immer mit den Dingen zusammen, an denen uns am meisten liegt und deren möglichen Verlust wir fürchten. Was es auch sein mag, an was wir uns klammern: Es weist uns deutlich auf die Punkte hin, in denen wir uns selbst noch nicht voll und ganz akzeptieren, wertschätzen oder Vertrauen schenken. Wir machen uns abhängig von einengenden Vorstellungen von uns selbst und der Welt, weil sie uns ablenken und uns gegen Empfindungen abschirmen, die uns Angst machen. Dasselbe gilt auch für Suchtverhalten und andere selbstschädigende Verhaltensmuster. Hinter all unseren Gewohnheitsmustern und zwanghaften Verhaltensweisen verbergen sich letztlich schmerzliche Emotionen, die wir seinerzeit nicht verarbeiten und offen äußern konnten, weil wir uns nicht hinreichend sicher und unterstützt fühlten. Aus denselben Gründen haben wir uns von Menschen, Situationen, Arbeitsstellen, Geld und Besitztümern abhängig gemacht. Hinter solchen äußeren Abhängigkeiten verbergen sich immer dieselben Ängste, eine Situation nicht kontrollieren zu können, in unserer Identität verunsichert zu werden oder die Liebe anderer zu verlieren – und dann nicht mehr darum herumzukommen, uns den unangenehmen Emotionen zu stellen, die wir unser ganzes Leben lang unterdrückt und verleugnet haben.

Glücklicherweise sind alle unsere inneren Abhängigkeiten mit Reaktionen verbunden, die darauf angelegt sind, uns zunächst einmal zu schützen und uns dann später den Weg in die vollkommene Freiheit zu zeigen. Denn unsere Abhängigkeiten und die dahintersteckende Angst und Verunsicherung weisen uns genau auf die Punkte in unserem Leben hin, an denen wir uns dem hingeben müssen, was ist, damit wir uns von den Dingen oder Personen lösen können, denen wir noch immer erlauben, uns zurückzuhalten oder an unserer Lebensenergie, Gesundheit und Zufriedenheit zu zehren.

Alle Dinge anzunehmen bedeutet vor allem,
dass man auf nichts zornig ist und
gegen nichts Widerstand setzt,
sei es eine Idee oder ein Gegenstand,
sei es lebend oder tot,
geformt oder ungeformt.[19]

Laotse

Hingabe bedeutet, von unserem zwanghaften Bedürfnis abzulassen, uns selbst, andere Menschen und unsere Umgebung zu kontrollieren. Das heißt, wir müssen unsere Ängste davor überwinden, uns verletzlich zu fühlen. Oft rührt unser Mangel an Offenheit, Akzeptanz und Vertrauen daher, dass wir uns nicht eingestehen wollen, was wirklich in uns vor sich geht, oder dass wir nicht wollen, dass andere all das sehen können, was uns ausmacht, insbesondere das, was wir an uns selbst nicht leiden können. Letztlich gibt es jedoch in uns nichts, was wir nicht umgestalten oder neu aufbauen können. Wenn wir also schließlich so weit sind, unseren inneren Kampf aufzugeben, und uns nicht mehr gegen unsere innere Wahrheit wehren müssen, erkennen wir, dass die Liebe in uns stark genug ist, all unser bisheriges Leid und alle unsere Ängste zu heilen. Auch wenn wir es lange vermeiden, uns mit einem bestimmten Thema auseinanderzusetzen, wird die Zeit doch unweigerlich kommen, da wir nicht länger vor ihm davonlaufen können. An diesen unausweichlichen Punkten unseres persönlichen Wachstums, an die wir entweder auf gesunde Weise oder von selbstzerstörerischen Impulsen geleitet gelangen, können wir unsere Empfindungen nicht länger verleugnen und müssen schließlich akzeptieren, dass das Einzige, was wir ändern können, unser Umgang mit uns selbst und dem Leben ist. Unsere innere Bedrängnis ist die Aufforderung des Lebens an uns, unserem Herzen zu folgen und uns dem Tun, den Situationen und Beziehungen zuzuwenden, die uns helfen, uns lebendig und wohlzufühlen. Anstatt uns weiterhin dem selbstschädigenden Drang zu beugen, die Konsequenzen unserer inneren Wahrheit unter Kontrolle zu halten oder ihnen auszuweichen und so unsere wahren Empfindungen zu missachten, müssen wir uns der Herausforderung stellen, unsere selbst auferlegten Einschränkungen abzuschütteln, und uns endlich die Erlaubnis geben, loszulassen, uns am Unbekannten zu freuen und im Hier und Jetzt glücklich zu sein.

*Gott, gib mir die Gelassenheit, Dinge hinzunehmen,
die ich nicht ändern kann, den Mut, Dinge zu ändern,
die ich ändern kann, und die Weisheit,
das eine vom anderen zu unterscheiden.*

Reinhold Niebuhr

In der Natur können wir beobachten, wie sie sich von all dem freimacht, was ihr Potenzial an Lebendigkeit einengt. So wie Laubbäume im Herbst die Blätter abwerfen, um Raum für Wachstum und neues Leben zu schaffen, so sind auch wir darauf angelegt, die Aspekte unserer selbst, unseres Lebens und unserer Vergangenheit loszulassen, die unserer Weiterentwicklung und unserer Lebensfreude nicht mehr dienlich sind. Weil wir Teil der Natur sind, regt sich in uns, wenn wir uns schließlich selbst wertschätzen und uns ganz unserer inneren Wahrheit hingeben, der Wunsch, von allen Dingen und allen Menschen abzulassen, denen wir bislang gestattet haben, uns einzuengen oder zu bremsen. Wenn wir lernen, uns selbst zu lieben, lassen wir nicht länger zu, dass wir uns mit Krankheit, Unglück oder ungesunden Kompromissen zufriedengeben. Zu dieser Dynamik gehört dann stets auch, dass wir uns von den Angewohnheiten, Überzeugungen, Ersatzbefriedigungen und Konstellationen lösen, die unserem wahren Selbst und unserer Lebensbestimmung nicht entsprechen. So wie der Baum, dessen Bestimmung es ist, einfach er selbst zu sein und zur vollen Ausformung dessen zu gelangen, was er wahrhaft ist, so ist es unsere Bestimmung, uns selbst so viel Respekt zu erweisen, dass wir in unserem Leben zur vollen Entfaltung kommen lassen können, wer wir wahrhaft sind.

*Wenn du nichts weißt, wird dir alles bewusst.
Denke daran: Klarheit und Erleuchtung sind deine
natürlichen Gaben, und du bekommst sie zurück,
ohne dich einen Zoll zu bewegen.*[20]

Laotse

Eine der größten Herausforderungen besteht oft darin, sich aus engen Beziehungen zu lösen. Es fällt uns niemals leicht, jemanden loszulassen, den wir wirklich lieben. Ein solcher Umbruch ist oft schwerer zu verkraften, als wir uns eingestehen – ob wir den geliebten Menschen nun durch Tod, Scheidung oder eine andere Art der Trennung verlieren. Wenn wir in unserem Leben weitergehen wollen, steigt Trauer in uns auf. Sie gilt der Freude und Verbundenheit, die nun Vergangenheit sind, oder auch den unverarbeiteten Missverständnissen und Verletzungen, die uns widerfahren sind. Wir wären aber nicht gefordert, die Vergangenheit loszulassen, wenn das nicht im Sinne unserer höchsten Bestimmung wäre. Manchmal wachsen wir über eine Beziehung hinaus. Manchmal führt die Weiterentwicklung eines Menschen dazu, dass er sich von uns entfernt. Manchmal ist es einfach Zeit, zu gehen. In jedem Fall zwingt die Situation uns, uns mit den Aspekten unserer selbst anzufreunden, die wir im Austausch für Trost, Kontakt oder Liebe preisgegeben, abgelehnt oder verleugnet haben. Wir stehen vor der Herausforderung, uns ins Unbekannte vorzuwagen und darauf zu vertrauen, dass dies auch genau das ist, was geschehen soll.

Irgendwann werden wir ohnehin vom Leben, vom Universum oder von Gott aufgefordert, zu uns selbst nach Hause zurückzukehren – ob dies nun beim Tod einer Beziehung oder bei unserem körperlichen Tod geschieht. An jemandem festzuhalten, der uns einengt oder sich von uns eingeengt fühlt, kann daher nur Leid verursachen. Früher oder später müssen wir uns, wenn wir wahrhaft gesund, zufrieden und frei sein wollen, unseren elementaren Ängsten und Verunsicherungen stellen. In meinem eigenen Leben und bei meiner Arbeit hat sich für mich gezeigt, dass es nur ein sinnvolles Vorgehen gibt, wie wir Situationen und Beziehungen loslassen können, die uns nicht länger guttun. Diese oft vergessene Herangehensweise besteht aus folgenden Schritten: uns darüber klar werden, was wir im gegenwärtigen Augenblick wirklich vom Leben wollen; dies gegenüber dem Universum oder Gott artikulieren; uns auf den Weg zu diesem Ziel machen, während wir unsere Zeit und unsere Energie auf das fokussieren, was uns hilft, uns jeden Tag gut, lebendig und gesund zu fühlen. Wir müssen uns darin üben, keine Aktivitäten und Beziehungen zu wählen, in denen wir das Gefühl haben, schlechte Kompromisse einzugehen und anderen gefallen zu müssen, sondern solche, in denen wir ganz wir selbst sein können.

Wenn Sie es sich zur Gewohnheit machen, jeden Tag die Aufmerksamkeit auf Dinge zu richten, die Ihr Wohlbefinden fördern, werden Sie von ganz allein von Menschen oder Dingen abzurücken beginnen, die Ihnen nicht guttun. Wem es bestimmt ist, Sie auf Ihrem Weg zu begleiten, der wird von selbst zu Ihnen kommen, während Menschen, die Sie einengen, nicht auf Sie eingehen oder Sie nicht wertschätzen, von ganz allein zurückbleiben werden. Im Verlauf dieses Prozesses werden alle unaufgelösten Emotionen, einengenden Vorstellungen und unabgeschlossenen Situationen, die der Transformation bedürfen, auf natürliche Weise an die Oberfläche treten und können dann, wenn die Zeit dafür reif ist, aufgegriffen werden. Unsere einzige Aufgabe ist dann, alles im Hier und Jetzt Gegebene wahrzunehmen, so schmerzlich oder beängstigend es auch sein mag, und uns dann bewusst und aus der Wahrheit und Intuition des Herzens heraus dafür zu entscheiden, mit Aufrichtigkeit, Güte und Respekt zu sprechen und zu handeln.

Falls sich Schuldgefühle in uns regen, ist dies eine Gelegenheit, ihnen bewusst Aufmerksamkeit zu schenken und zu prüfen, wie oft sie uns daran hindern, uns selbst treu zu sein. Sie selbst sind die einzige Person, die Ihnen die Erlaubnis geben kann, ein erfülltes Leben zu leben, ehe die Zeit kommt, diesen Körper zu verlassen. Deshalb können auch nur Sie selbst sich die Erlaubnis geben, das schlechte Gewissen hinter sich zu lassen und sich – selbst wenn Menschen um Sie herum noch nicht so weit sind – am Leben zu freuen. Sind Sie jetzt also bereit, es sich nicht länger zu verübeln, dass Sie glücklich sein wollen, und damit einverstanden zu sein, dass Sie Ihre kostbare Zeit genießen, ehe sie sich von allem und allen verabschieden müssen?

Erkundungsfragen

- In welchen Situationen und Beziehungen sind Sie die ganze Zeit in Verteidigungshaltung?
- Mit welchen Menschen und Umgebungen tun Sie sich schwer und meiden Sie deshalb?
- Könnten Sie versuchen, durch eine langsame und tiefe Atmung in diesen Situationen ausgeglichen, präsent und gelassen zu bleiben?
- Von welchen Personen und Dingen, an denen Sie hängen, wissen Sie, dass sie Sie bremsen?
- Warum scheuen Sie davor zurück, weiterzugehen und sich von dieser Person, Situation oder Sache zu lösen?
- Welche Personen in Ihrem Leben versuchen Sie zu kontrollieren? Ihren Partner oder Ehepartner? Ihre Kinder, Ihre Eltern? Befürchten Sie, dass sie von ihnen verlassen oder verletzt werden könnten, wenn Sie sie machen lassen, was ihnen gefällt? Woher kommt diese Angst?
- Von wem in Ihrem Leben fühlen Sie sich kontrolliert oder gegängelt? Fürchten Sie, die Liebe dieser Menschen zu verlieren, sie zu verärgern oder von ihnen im Stich gelassen zu werden? Woher kommt diese Angst?
- Hängen Sie an materiellen Besitztümern? Haben Sie Angst, irgendeinen Gegenstand, der »Ihr eigen« ist, zu verlieren? Falls ja, warum?
- Definieren Sie sich über Ihren materiellen Besitz?
- Denken Sie, dass er tatsächlich bestimmt, wer Sie sind?
- Können Sie erkennen, wo Sie sich durch eine Überzeugung oder durch eine Geschichte, die Sie sich selbst erzählen, in Ihrem Leben einengen und bremsen?

Schlüsselsätze

- Ich bin bereit, mich von meinem Drang, das Leben unter Kontrolle zu halten, zu lösen.
- Kontrolle ist eine Illusion.
- Ich bin bereit, meinen inneren Kampf einzustellen. Ich habe genug gelitten.
- Es ist gut, loszulassen und Frieden zu finden.
- Es ist gut, das Tempo zu drosseln und innezuhalten. Ich muss nicht die ganze Zeit aktiv sein.
- Mein Besitz kann nicht und wird nie definieren, wer ich bin.
- Ich blicke meinen Ängsten ins Gesicht und gehe dennoch vorwärts.
- Es geht mir gut, und es wird mir auch in Zukunft gut gehen.
- Ich bin eins mit dem Leben. Alles ist so, wie es für meine Heilung und mein inneres Wachstum sein soll.
- [Ihr Name], lass los, lass los, lass los.

10 Selbstachtung

Wenn du glaubst, dass immer andere schuld sind,
wirst du viel leiden müssen. Wenn du erkennst,
dass alles ausschließlich von dir selbst ausgeht,
wirst du Frieden und Freude erfahren.[21]

Seine Heiligkeit der 14. Dalai Lama

♡ **Loslassen und sich selbst spüren**

Bitte atmen Sie, wo immer Sie gerade sind, ein paarmal langsam und tief in Ihren Bauch, ein und aus. Spüren Sie Ihren ganzen Körper, von den Füßen bis ganz hinauf zum Scheitel und dann wieder hinunter bis in die Fingerspitzen. Bitte lassen Sie alle Anspannung los, die Sie spüren, und lassen Sie sich selbst so sein, wie Sie sind. Nutzen Sie jedes Einatmen, um den Körper zu öffnen und einen inneren Raum entstehen zu lassen, und jedes Ausatmen, um noch entspannter zu werden. Heißen Sie alles willkommen, was Sie hier und jetzt denken, fühlen und erleben. Nehmen Sie dabei Ihren Körper und Ihren Atem aufmerksam wahr.

Ich habe die Erfahrung gemacht, dass wir die Wahl haben, uns entweder selbst leidzutun oder uns zu respektieren. Beides zugleich geht nicht. Meiner Meinung nach können wir davon ausgehen, dass nahezu alle Menschen Selbstachtung dem Verharren in der Opferrolle oder dem Selbstmitleid vorziehen würden, wenn sie wüssten, wie sie das hinbekommen können. Die meisten haben jedoch nie gelernt, dass sie sich selbst die Möglichkeit nehmen, inneren Frieden, Zufriedenheit und wahre Liebe zu finden, wenn sie die Schuld dafür, wie sie sich fühlen oder wie sie sich ihr Leben eingerichtet haben, bei anderen Menschen oder in äußeren Umständen suchen. Wer den aufrichtigen Wunsch hat, sich von seinem Leid zu befreien und zu einem von Freude erfüllten Leben zu finden, der muss zunächst akzeptieren, dass er zu hundert Prozent in allen Aspekten seines Lebens selbst verantwortlich ist.

Wenn Sie nun bei sich feststellen, dass Sie aus irgendeinem Grund die Verantwortung von sich wegschieben oder sich gegenüber bestimmten Menschen oder in bestimmten Situationen manchmal in die Opferrolle begeben, sollten Sie wissen, dass Sie damit nicht allein sind. Das tun wir alle. Die Opferrolle einzunehmen, ist die am häufigsten angewendete Methode, um vom Leben und von anderen Menschen zu bekommen, was wir wollen und brauchen. Stellen Sie sich ein kleines Kind vor, das einen Wutanfall bekommt, weint oder schmollt, um die Aufmerksamkeit der Eltern auf sich zu lenken oder seinen Willen zu bekommen. Versuchen Sie sich dann vorzustellen – und diesen Gedanken auch wirklich an sich heranzulassen –, dass dieses kleine Kind höchstwahrscheinlich noch immer in Ihnen lebendig ist und Sie dazu bringt, in bestimmten Situationen in die Opferrolle zu schlüpfen, wie das fast alle Menschen auf diesem Planeten tun, ich selbst eingeschlossen.

Wenn wir ehrlich mit uns selbst sind, müssen wir uns eingestehen, dass wir uns manchmal über andere Menschen und äußere Umstände beklagen und ihnen die Schuld für unsere Kränkungen, unser Unglück und unsere Unzufriedenheit zuschieben. Dieser Opfermodus, in dem viele von uns leben, ist ein höchst selbstzerstörerisches Überzeugungsmuster, das wir transformieren müssen, damit wir lernen können, uns selbst zu respektieren und Zufriedenheit zu finden. Die Lebenshaltung, die sich in dem Satz »Mir wird übel mitgespielt« ausdrücken lässt und in der viele Menschen feststecken, trägt dazu bei, dass wir in eben den Situationen und Beziehungen verharren, in denen wir uns schlecht behandelt und als Opfer fühlen. Wenn wir echten inneren Frieden finden wollen, dürfen wir uns nicht mehr der

Vorstellung hingeben, wir seien in irgendeiner Situation oder Beziehung nichts als hilflose Opfer. Die wenig angenehme Wahrheit ist, dass wir schon sehr früh lernten, dass wir vor allem von unseren Eltern das bekommen konnten, was wir wollten und brauchten, wenn wir die Opferrolle einnahmen, uns gekränkt zeigten oder andere beschuldigten. Wir lernten, dass wir unsere Umgebung manipulieren konnten, indem wir es darauf anlegten, dass sie sich im Unrecht, schlecht und schuldig fühlten oder Mitleid mit uns bekamen. So konnten wir uns die Energie, Liebe, Aufmerksamkeit und Unterstützung sichern, die wir an dem jeweiligen Punkt unserer Entwicklung brauchten. Wir wussten es damals einfach nicht besser.

Heute aber wissen wir mehr. Und sobald wir diese Dynamik einmal durchschaut haben, gibt es keinen Weg mehr zurück – vor allem wenn wir den festen Willen haben, echtes Wohlbefinden zu erreichen und unserer Lebensbestimmung zu folgen. An jedem Tag und in jedem Augenblick haben wir die Wahl: Entweder wir richten unsere Energie unbewusst darauf, anderen Menschen und den äußeren Umständen die Verantwortung zuzuschieben, oder wir richten sie ganz bewusst darauf, zu einem gesunden, glücklichen und erfüllten Leben zu finden. Wenn wir wirklich auf Zufriedenheit – sowohl in unserem Privat- als auch in unserem Berufsleben – aus sind, müssen wir damit aufhören, es anderen Menschen und den äußeren Umständen anzulasten, wie es uns geht und wo wir in unserem Leben stehen. Unser Leben ist allein unser Werk und wird es auch immer sein, ob es nun traumhaft schön oder ein höllischer Albtraum ist.

Falls wir verbaler, körperlicher oder sexueller Gewalt ausgesetzt waren, ist von zentraler Bedeutung, dass wir nach dem Sinn und der Botschaft Ausschau halten, die in dem Trauma oder dem Schmerz stecken, um so schließlich »zum Licht finden« zu können. Dies kann sehr schwierig sein; dennoch ist es in unserem besten Interesse, dass wir mit Schuldzuweisungen an andere und auch uns selbst aufhören, damit wir vorangehen und zu wahrer Zufriedenheit finden können. Wir müssen dazu alle Vorwürfe hinter uns lassen und den Blick weiten, um die Bedeutung unserer Erfahrungen zu erfassen, sodass wir schließlich für uns selbst eintreten und uns in einer Weise ernst nehmen und respektieren können, die uns bislang nicht zugänglich war. Wir stehen, so ohnmächtig wir uns in der Vergangenheit auch gefühlt haben mögen, vor der Aufgabe, den Schmerz und die Wut in uns zu heilen, damit wir zu einer vergebenden und mitfühlenden Haltung gegenüber uns selbst und allen an unserem Schicksal Beteiligten finden und sodann handlungsfähiger und in größerer Bewusstheit vorwärtsgehen können.

Die Redensart »Was uns nicht umbringt, macht uns nur stärker« besagt, dass uns jede schwierige Erfahrung, so schmerzlich, erschreckend oder scheinbar »verwerflich« sie auch war, uns den Zugang zu unserer inneren Stärke und unbegrenzten Fähigkeit ermöglicht, Hindernisse zu überwinden. Was geschehen ist, können wir nicht ändern, aber wir haben Einfluss darauf, inwieweit wir zulassen, dass es uns von Glück und Wohlbefinden abhält. An Erfahrungen wie körperlicher Misshandlung oder sexuellem Missbrauch gibt es nichts zu beschönigen, doch ist niemandem geholfen, wenn wir sie als Vorwand dafür nehmen, unser Leben nicht so positiv zu gestalten, wie es uns heute möglich ist. Ich bin in meinem Privat- und Berufsleben Menschen begegnet, die schlimmste Gewalterfahrungen gemacht hatten, aber ihre Gesundheit und Zufriedenheit wiedererlangten, indem sie ihre Verwundungen als wichtige Erfahrungen akzeptierten, die ihnen halfen, ihrer Lebensbestimmung zu folgen und bedingungslose Liebe, Mitgefühl, Versöhnung und Weisheit in unsere Welt zu tragen.

Allein du selber läuterst dich.
Du selber machst dich unrein – rein.
Wie sollte dies ein anderer tun![22]

Buddha

Wir werden uns selbst niemals wahrhaft lieben und achten können, wenn wir die Ursache für unsere Nöte bei anderen Menschen oder in äußeren Umständen suchen, denn uns selbst positiv wahrzunehmen ist unmöglich, wenn wir uns als Opfer betrachten. Durch Schuldzuweisungen verlagern wir den Ursprung unserer Handlungsmacht, unserer Energie und unseres Glücks auf die Personen oder die Dinge, die wir dann in der Verantwortung sehen. Wenn wir diese Strategie auch nur in Ansätzen aufrechterhalten, legen wir uns unbewusst darauf fest, in eben den Situationen, Erinnerungen und selbstschädigenden Mustern gefangen zu bleiben, von denen wir uns eigentlich befreien wollen.

Die einfache Wahrheit ist, dass wir Heilung, Zufriedenheit und Selbstachtung nur in dem Maße finden können, wie wir gewillt sind, Verantwortung für unser Leben zu übernehmen. Wir müssen anerkennen, dass die äußere Gestalt, die unser Leben annimmt, sich ganz einfach aus unseren eigenen Überzeugungen, Gedanken, Emotionen, Handlungen und Worten ableitet. Unser Leben ist letztlich Ergebnis all der Überzeugungen, die wir je gehegt haben, all der Gedanken, die wir je gedacht haben, all der Gefühle, die wir je verspürt haben, all der Handlungen, die wir je ausgeführt haben, und all der Worte die wir je gesprochen haben, in all den vergangenen Augenblicken, die zu diesem jetzigen hingeführt haben. Auch das Leben, das wir von diesem Moment an leben werden, hängt ganz und gar von uns selbst ab. Die Überzeugungen, Gedanken, Emotionen, Handlungen und Worte, die jetzt gerade in uns lebendig sind und die wir nach außen in die Welt tragen, sind die energetischen Schwingungen, mit denen wir sowohl in unsere Richtung lenken als auch gestalten, was wir in der unmittelbar bevorstehenden Zukunft erleben werden.

Die alten Wunden, die aufgrund des Mangels an Respekt, den wir zulassen oder mit dem wir uns abfinden, immer wieder aufbrechen, können wir nur transformieren, wenn wir für die Aspekte unseres Lebens, die wir ungewollt geschaffen haben, die volle Verantwortung übernehmen. Dies erreichen wir, indem wir im Hier und Jetzt aufrichtig sprechen und handeln. Das heißt, wir betrachten unsere Empfindungen, Bedürfnisse und Wünsche mit Wertschätzung, anstatt dass wir uns selbst schaden, indem wir andere dazu zu bringen versuchen, uns zufriedenzustellen oder uns zu retten. Wenn wir uns dafür entscheiden, uns jeden Tag treu zu sein und somit das Augenmerk auf das zu richten, was unser Wohlbefinden und unsere Vitalität fördert, dann machen wir uns nicht länger etwas vor und lassen uns nicht mehr schlecht behandeln. So verhindern wir, dass Selbsthass und Selbstmitleid unser Leben zerstören.

Ich glaube nicht an ein Schicksal,
welches die Menschen unabhängig
von ihren Handlungen ereilt.
Ich glaube eher an ein Schicksal,
welches die Menschen ereilt,
wenn sie nicht handeln.[23]

G. K. Chesterton

Es fällt auf, dass die Beziehungen, in denen wir zu Schuldzuweisungen neigen oder in eine Opferrolle geraten, immer auch die sind, in denen wir uns in der einen oder anderen Weise selbst betrügen und verletzen. Sobald wir erkannt haben, wie selbstzerstörerisch wir handeln, wenn wir uns nicht in jeder Situation wertschätzen und uns so zeigen, wie wir sind, können wir die Verantwortung für die eigene Gesundheit und Zufriedenheit übernehmen, indem wir uns, komme, was da wolle, treu bleiben. Eigentlich möchte niemand seine kostbare Zeit damit vergeuden, andere zu attackieren oder sich in Selbstmitleid zu suhlen. Deshalb müssen wir alle begreifen, dass es immer nur die eigene Angst ist, die uns in eine Opferrolle geraten lässt. Wenn also Angst in uns aufsteigt, haben wir es selbst in der Hand, ob wir zu uns selbst stehen und unsere Zeit und Energie nicht damit verschwenden, uns Sündenböcke zu suchen oder uns selbst leidzutun. Wir können uns darin üben, unsere unbewussten Manipulationsmuster aufzubrechen, und Klarheit darüber gewinnen, was wir lieben, ersehnen und hier und jetzt brauchen, um vorwärtszugehen.

Wir werden dann von anderen nicht länger erwarten, dass sie uns glücklich machen, und stellen fest, dass wir, wenn wir von anderen enttäuscht sind, diese Enttäuschung zu einem Großteil selbst verursacht haben, weil wir nie gelernt haben, uns selbst glücklich zu machen. Uns wurde beigebracht, uns selbst hintanzustellen, um andere zufriedenzustellen, im Glauben, dies werde uns Glück und Liebe eintragen. Von den anderen erwarten wir im Gegenzug, dass sie sich genauso verhalten und uns glücklich zu machen versuchen. Tun sie das nicht, sind wir verletzt oder verärgert, was aber in Wirklichkeit unseren Ängsten zuzuschreiben ist oder unserem Mangel an emotionaler Bewusstheit, der dazu führt, dass wir uns selbst ablehnen und uns Schaden zufügen.

Wenn wir jedoch unsere Selbstwahrnehmung schärfen, sodass uns eher auffällt, wenn wir uns in dieser Weise selbst sabotieren, können wir uns die Energie viel schneller zurückholen, die wir an andere Menschen und äußere Umstände verlieren, wenn wir ihnen die Verantwortung für etwas zuschieben, uns als ihre Opfer fühlen oder erwarten, dass sie uns glücklich machen. Schließlich wird uns klar, dass wir nie wirklich bekommen werden, was wir uns wünschen, solange wir wütend und aggressiv reagieren, darauf hoffen, dass andere uns zufriedenstellen, oder ihnen ein schlechtes Gewissen zu machen versuchen. Wenn wir nicht länger äußeren Umständen die Schuld dafür geben, wie wir unser Leben gestaltet haben, und somit Verantwortung für alles übernehmen, was wir denken, fühlen, tun und sagen, beginnt sich beim Blick in den Spiegel nach und nach ein gutes Gefühl einzustellen. Indem wir im gegenwärtigen Augenblick mit Güte und Aufrichtigkeit sprechen und handeln, auch wenn wir ängstlich, verletzt oder unsicher sind, erzeugen wir nicht mehr so viel Unbehagen und Scham in uns selbst und finden so schließlich zu dem tiefen Frieden und der Selbstachtung, nach denen wir suchen.

Erkundungsfragen

- In welchen Situationen und Beziehungen fühlen Sie sich derzeit als Opfer?
- Wo und bei wem haben Sie sich in der Vergangenheit ausgeliefert und als Opfer gefühlt?
- Wen und was machen Sie dafür verantwortlich, wo Sie heute stehen oder was Sie in Ihrem Leben heute tun?
- Über wen und über was klagen Sie immer wieder? Was können Sie jetzt tun, um Ihre Haltung gegenüber der Person oder der Situation zu verändern?
- Suchen Sie aus irgendeinem Grund noch immer die Verantwortung bei Ihren Eltern, Ihrem Partner oder Ehepartner, Ihren Kindern, bei Gott oder irgendjemandem sonst?
- Von wem erwarten Sie, dass er oder sie Sie rettet, erlöst, umsorgt oder glücklich macht?
- Wen versuchen Sie zu retten, zu erlösen, zu umsorgen oder glücklich zu machen?
- Können Sie, falls Sie als Kind oder Erwachsener körperliche oder sexuelle Gewalt erlitten haben, insofern einen Sinn in dem Trauma erkennen, als es Ihnen vielleicht gezeigt hat, wie wichtig es ist, (1) für sich selbst einzustehen, (2) Ihre Empfindungen zum Ausdruck zu bringen, (3) Ängste zu überwinden, (4) sich selbst zu verzeihen und (5) anderen zu verzeihen?
- Wo und gegenüber welchen Personen verraten Sie sich selbst oder in welchen Situationen fügen Sie sich selbst Schaden zu?
- Wo lassen Sie es derzeit zu, dass Ihre Angst Sie in eine Opferrolle drängt?

Schlüsselsätze

- Ich bin kein Opfer. Ich bin nie eines gewesen und werde nie eines sein.
- Ich bin zu hundert Prozent verantwortlich für mein Leben und für alles, was mir widerfährt.
- Ich bin zu hundert Prozent verantwortlich dafür, wie ich mir mein Leben eingerichtet habe.
- Ich bin zu hundert Prozent verantwortlich dafür, wie mein Leben von heute an abläuft.
- Ich werde die Verantwortung nie mehr anderen oder den Umständen zuschieben. Ich werde meine Handlungsmacht nicht aus der Hand geben.
- Ich muss nicht krank werden, um Liebe, Wertschätzung oder Anerkennung zu bekommen.
- Ich habe in mir alles, was ich brauche, um ein erfülltes Leben zu führen, das ich liebe.
- Ich kann niemanden retten oder erlösen. Die anderen müssen sich selbst heilen und aus sich selbst heraus Erfüllung finden.
- Niemand kann mich retten oder erlösen. Ich muss mich selbst heilen und aus mir selbst heraus Erfüllung finden.
- Ich bin bereit, mir nicht länger Vorwürfe zu machen. Es ist gut, wenn ich vorwärtsgehe, verzeihe und glücklich bin.
- Ich selbst habe alles in meinem Leben so gewählt, dass ich meine Bestimmung im Leben zu erfüllen vermag.

11 Das innere Kind lieben und heilen

Im echten Manne ist ein Kind versteckt: das will spielen.[24]

Friedrich Nietzsche

♡ **Loslassen und sich selbst spüren**

Bitte atmen Sie, wo immer Sie gerade sind, ein paarmal langsam und tief in Ihren Bauch, ein und aus. Spüren Sie Ihren ganzen Körper, von den Füßen bis ganz hinauf zum Scheitel und dann wieder hinunter bis in die Fingerspitzen. Bitte lassen Sie alle Anspannung los, die Sie spüren, und lassen Sie sich selbst so sein, wie Sie sind. Nutzen Sie jedes Einatmen, um den Körper zu öffnen und einen inneren Raum entstehen zu lassen, und jedes Ausatmen, um noch entspannter zu werden. Heißen Sie alles willkommen, was Sie hier und jetzt denken, fühlen und erleben. Nehmen Sie dabei Ihren Körper und Ihren Atem aufmerksam wahr.

Der Ausdruck »verwundetes inneres Kind« bezieht sich auf die emotionalen Verletzungen, die wir als Kinder erlitten haben und die noch nicht verheilt sind. Dies ist die optimale Stelle, um auf dieses Thema einzugehen, denn unsere psychischen und emotionalen Wunden aus der Kindheit stehen in einem direkten Zusammenhang mit aktuellen Situationen und Beziehungen, die von Opfermodus und Schuldgefühlen geprägt sind. Um uns selbst umfassend lieben und heilen zu können, führen wir unbewusst Erfahrungen herbei, in denen sich jene aus der Vergangenheit – oft aus der Kindheit – spiegeln, damit wir (1) den damit verknüpften, in uns gespeicherten Schmerz transformieren können und (2) das lernen, was für die Erfüllung unserer Lebensbestimmung und für unser spirituelles Erwachen notwendig ist. Wenn der Heilungsprozess einer einstigen Erfahrung oder einer Phase, die schmerzlich oder verwirrend für uns war, nicht abgeschlossen ist, werden wir in der Gegenwart instinktiv Situationen kreieren, die uns die damals entstandenen unaufgelösten Emotionen zurückspiegeln, damit wir Frieden mit unserer Vergangenheit schließen, besser für uns sorgen und uns am Leben freuen können.

Die Empfindungen von Kränkung und Ohnmacht, die mit unseren Schuldzuweisungs- und Opfermustern stets gekoppelt sind, sollen uns dazu anhalten, dass wir dem Kind in uns mit bedingungsfreier Liebe und Bewusstheit begegnen und die tief sitzenden Wunden aus der Vergangenheit heilen können. Indem wir uns selbst die bedingungsfreie Liebe zuteilwerden lassen, die wir als Kinder meist nicht erfahren haben, können wir in gewissem Sinne zu den »aufgeklärten« Eltern werden, die wir nie hatten. Wir können die eigene Seele umsorgen und auf diese Weise alle Einengungen transformieren, die uns in der Kindheit auferlegt wurden. Indem wir unsere angeborene Intelligenz nutzen, um Erinnerungen und Erfahrungen aufzuarbeiten, die schmerzlich, angstvoll, traumatisch oder von Lieblosigkeit beherrscht waren, können wir diese dunklen Räume in unserem Inneren mit der Liebe, dem Mitgefühl und dem Glauben an uns selbst füllen, die uns für unser Wohlbefinden und Glück immer gefehlt haben.

Um den Heilungsprozess des verwundeten inneren Kindes zu verstehen, können wir auch die komplexe Beziehung zwischen unserem Körper und dem, was wir unsere Seele nennen, betrachten. Körper und Seele sind zwar nicht wirklich voneinander geschieden, doch wenn wir als Kinder schmerzlichen, beängstigenden und traumatischen Erfahrungen ausgesetzt sind, spalten sich Teile unseres Selbst oder Fragmente unserer Seele ab und verlassen den Körper, bis wir das Gefühl haben, dass die Gefahr vorüber ist und sie zurückkehren können. Die psychischen und emotionalen Schmerzen sind in der Kindheit oft zu übermächtig, als dass wir die Empfindungen zulassen und verarbeiten könnten. Also unterdrücken wir sie und die Erinnerungen daran und verlagern sie in einen Teil des Körpers. Dabei werden Fragmente unserer Seele förmlich in die Sphäre, die unseren materiellen Körper umgibt (und in der Regel als Energiekörper bezeichnet wird) hinausgeschoben. Die oft übermächtigen emotionalen Qualen der Kindheit werden dabei so angestaut, dass sie sowohl die offenen Räume als auch die Zellen füllen, aus denen unser materieller Körper besteht, und dadurch Teile unseres nichtkörperlichen Selbst so lange aus dem Körper hinausdrängen, bis wir in der Lage sind, unsere emotionalen Wunden zu heilen und diese Teile unseres wahren Selbst erneut vollständig in den Körper aufzunehmen.

Wir können jetzt unsere frühen emotionalen Wunden heilen, indem wir in uns selbst und in unserem Leben einen Bereich der Liebe und Geborgenheit schaffen. Wir können, genauer gesagt, in der Zeit und in der Erinnerung zurückgehen und unser ganzes Sein und unsere ganze Seele einladen, in unseren Körper zurückzukehren, indem wir unserem inneren Kind mit der Weisheit unserer Lebenserfahrung zu Hilfe kommen. Eines der besten Werkzeuge dafür ist ein Dialog zwischen uns selbst als Erwachsenem und uns selbst als Kind. Die Übungen am Ende des Kapitels werden Sie durch diesen Prozess geleiten. Bitte beachten Sie, dass die Heilung des verwundeten inneren Kindes bei jedem Menschen anders verläuft. Bei Menschen, deren Kindheit von Gewalt und traumatisierenden Situationen bestimmt war, ist etwas mehr Zeit vonnöten, um die Seele in ihrer Ganzheit wieder in den Körper und das Leben zu integrieren. Bei anderen waren die ersten Jahre weniger traumatisch, sodass sich der Prozess weniger intensiv gestaltet. Unsere angeborene Intelligenz weiß jedenfalls schon, was für unseren individuellen Prozess der Heilung und des Erwachens die beste Herangehensweise ist.

Unser Leben lässt sich einfach als die Reise von der Heilung unseres verwundeten inneren Kindes hin zur Verkörperung einer erleuchteten Form unseres inneren Kindes auffassen. Denn indem wir unsere lange verdrängten emotionalen Wunden heilen und die Lektionen meistern, die zu lernen wir auf die Welt gekommen sind, entdecken wir nicht nur die Unschuld, Reinheit, Offenheit und Verletzlichkeit eines Kindes wieder, sondern entfalten in uns auch wahre Weisheit, Liebe, Intelligenz und Selbstgewahrsein. Auch wenn unsere Kindheit äußerst traumatisch und leidvoll war, können wir uns, indem wir uns selbst die Liebe geben, die uns immer schon zustand, von unserem Leid befreien und lernen, im Hier und Jetzt glücklich zu sein. Je mehr liebevolle Aufmerksamkeit wir nach innen auf die Heilung unseres inneren Kindes richten, desto rascher können wir die Teile unseres Selbst wieder in uns willkommen heißen, zu denen wir die Verbindung verloren haben, und desto freudvoller, authentischer und einfacher wird das Leben für uns.

Einen Brief *an* das innere Kind schreiben

Schritt 1

- Suchen Sie sich bitte einen ruhigen Ort, wo Sie sich geschützt genug fühlen, um offen und verletzlich zu sein.

Schritt 2

- Bitte stellen Sie sich vor, Sie sind am schönsten Ort der Welt. Was ist für Sie der schönste Ort der Welt? Wo liegt er? Wie fühlt es sich an, dort zu sein? Bitte stellen Sie sich den Ort bildhaft vor, nehmen Sie Verbindung zu ihm auf und fühlen Sie sich in ihn hinein.

Schritt 3

- Bitte stellen Sie sich vor, wie Sie irgendwo an diesem wunderschönen Ort sitzen und wie Ihr fünf Jahre altes Selbst kommt und sich zu Ihnen setzt.
- Nehmen Sie Verbindung zu Ihrem fünf Jahre alten Selbst auf und fragen Sie sich bitte, was Sie zu Ihrem jüngeren Selbst sagen würden, wenn Sie die Gelegenheit dazu hätten. Was sollte es in diesem Alter erfahren oder wissen, was ihm nie jemand gesagt hat? Wenn Sie in der Zeit zurückgehen könnten, um Ihr fünf Jahre altes Selbst zu ermuntern oder ihm etwas einzuschärfen, was würden Sie ihm dann sagen?

Schritt 4

- Bitte schreiben Sie, nachdem Sie eine Weile über die obigen Punkte nachgedacht haben, einen Brief an Ihr fünf Jahre altes Selbst. Bitte beginnen Sie Ihren Brief mit »Liebe/Lieber [Ihr Name]« und schreiben Sie alles auf, was Sie zu diesem fünfjährigen Kind sagen würden, wenn Sie die Gelegenheit dazu hätten. Atmen Sie einige Male tief ein und aus und gestatten Sie sich, all das zu spüren und zu erleben, was da wirklich in Ihnen ist. Achten Sie bitte auch auf jedwede Erinnerungen, die aus der Vergangenheit in Ihnen hochkommen.

Schritt 5

- Wiederholen Sie die Schritte 3 und 4, während Sie Verbindung zu ihrem 10-jährigen, 15-jährigen und 20-jährigen Selbst aufnehmen. Bitte zögern Sie nicht, die Übung auf weitere Altersstufen zu übertragen, falls Sie das möchten.

Einen Brief *als* das innere Kind schreiben

Schritt 1

- Suchen Sie sich bitte einen ruhigen Ort, wo Sie sich geschützt genug fühlen, um offen und verletzlich zu sein.

Schritt 2

- Bitte stellen Sie sich vor, Sie sind am schönsten Ort der Welt. Was ist für Sie der schönste Ort der Welt? Wo liegt er? Wie fühlt es sich an, dort zu sein? Bitte stellen Sie sich den Ort bildhaft vor, nehmen Sie Verbindung zu ihm auf und fühlen Sie sich in ihn hinein.

Schritt 3

- Bitte stellen Sie sich vor, wie Sie irgendwo an diesem wunderschönen Ort sitzen und wie Ihr fünf Jahre altes Selbst kommt und sich zu Ihnen setzt.

- Bitte nehmen Sie Verbindung zu ihm auf und fragen Sie Ihr fünf Jahre altes Selbst, was es Ihnen in Ihrem jetzigen Leben sagen will. Was will es Ihnen mitteilen, das Sie jetzt hören oder wissen sollen? Zu welchen Einsichten und zu welchen Heilungsprozessen will Ihr fünf Jahre altes Selbst Sie jetzt in diesem Augenblick ermutigen?

Schritt 4

- Bitte schreiben Sie, nachdem Sie eine Weile über die obigen Punkte nachgedacht haben, einen Brief aus der Perspektive Ihres fünf Jahre alten Selbst an Ihr erwachsenes Selbst. Bitte beginnen Sie Ihren Brief mit »Liebe/Lieber [Ihr Name]« und schreiben Sie alles auf, was Sie aus Sicht Ihres fünf Jahre alten Selbst hören, wissen und im Gedächtnis behalten sollen. Atmen Sie dann einige Male tief ein und aus und gestatten Sie sich, all das zu spüren und zu erleben, was da wirklich in Ihnen ist. Achten Sie bitte auch darauf, ob Sie auf Situationen oder Beziehungen in Ihrem jetzigen Leben hingewiesen werden, mit denen Sie sich auseinandersetzen sollten.

Schlüsselsätze

- Ich bin dankbar für die wichtigen Dinge, die ich in meiner Kindheit gelernt habe.
- Mein Schmerz hat mich stark und gütig gemacht.
- Ich verzeihe mir, dass ich in der Vergangenheit nicht zu mir selbst gestanden habe.
- Ich verzeihe mir, dass ich, um Liebe zu bekommen, Kompromisse eingegangen und mich selbst im Stich gelassen habe.
- Ich bin bereit, allen zu vergeben, die mich verletzt, schikaniert und misshandelt haben.
- Ich vergebe mir selbst alle Misshandlungen und Qualen, die ich erlitten habe, weil ich nicht wusste, wie ich mich dagegen schützen sollte.
- Ich vergebe mir und anderen alle Misshandlungen und Qualen, deren Zeuge ich wurde.

- Ich habe nichts falsch gemacht. Ich muss mir keine Vorwürfe machen.
- Ich bin klug, tüchtig, attraktiv, liebenswert, anständig und in mir selbst geborgen.
- Ich bin kein Kind mehr. Ich werde nicht mehr zulassen, dass meine Vergangenheit mich bestraft.
- Ich wurde geboren, um durch ein wundervolles Leben zu gehen.
- Ich wurde geboren, um Freude zu erleben, zu wachsen, zu lernen, die Welt zu erkunden, zu lieben.
- Kleine/Kleiner [Ihr Name], ich hab dich gern.
- Es ist gut, dass ich in meinem Leben Freude und Vergnügen erfahre.

Übung

Ich empfehle Ihnen, falls Sie Zeit dafür erübrigen können, ein oder mehrere Fotos von sich als Kind zu suchen. Betrachten Sie dann das »kleine Ich« auf diesen Bildern und sagen Sie ihm einige der bisher genannten Schlüsselsätze. Schauen Sie Ihr jüngeres Selbst auf einem Foto an und sagen Sie ihm beispielsweise: »[Ihr Name], ich hab dich lieb. Du bist liebenswert, so wie du bist. Du bist gut, so wie du bist.« Bitte spielen Sie das mit so vielen Fotos durch, wie Sie möchten. Wenn Sie es zulassen, kann dies eine sehr heilsame und befreiende Übung sein.

12 Das Ego ist nicht unser Feind

Es gibt eine Art der Erfahrung, die sich so sehr von allem unterscheidet, was das Ego bieten kann, daß du sie niemals wieder zudecken oder verbergen wollen wirst. [...] Das Ego fürchtet die Freude des reinen Geistes, denn wenn du sie einmal erfahren hast, wirst du dem Ego jeden Schutz entziehen und überhaupt nichts mehr in die Angst investieren.[25]

Ein Kurs in Wundern

♡ **Loslassen und sich selbst spüren**
Bitte atmen Sie, wo immer Sie gerade sind, ein paarmal langsam und tief in Ihren Bauch, ein und aus. Spüren Sie Ihren ganzen Körper, von den Füßen bis ganz hinauf zum Scheitel und dann wieder hinunter bis in die Fingerspitzen. Bitte lassen Sie alle Anspannung los, die Sie spüren, und lassen Sie sich selbst so sein, wie Sie sind. Nutzen Sie jedes Einatmen, um den Körper zu öffnen und einen inneren Raum entstehen zu lassen, und jedes Ausatmen, um noch entspannter zu werden. Heißen Sie alles willkommen, was Sie hier und jetzt denken, fühlen und erleben. Nehmen Sie dabei Ihren Körper und Ihren Atem aufmerksam wahr.

Unser Ego ist, anders als die meisten denken, nicht unser Feind. Wenn wir diesem Teil unserer Psyche die Schuld an unseren Nöten geben, bleiben wir in unserem Leid gefangen. Mir ist klar geworden, dass wir in einem Akt bedingungsfreier Selbstliebe den Kokon unseres Ego schaffen, damit er uns Schutz bietet, bis wir so weit sind, unser wahres Wesen zur vollen Entfaltung zu bringen. Die Hauptfunktion unseres Ego liegt darin, unser Herz und unsere Seele in ähnlicher Weise zu schützen, wie der Kokon die Raupe im Verlauf ihrer Metamorphose in einen Schmetterling schützt. Unser Ego übernimmt die Rolle eines Wächters, bis wir bereit sind, unsere Ängste zu überwinden und uns jeden Tag frei und unbefangen als die zu zeigen, die wir wirklich sind.

Die Entstehung unseres Ego ist ein natürlicher Teil unserer inneren Entwicklung. So wie sich die Schmetterlingsraupe einen Kokon spinnen muss, damit sie während ihrer Metamorphose geschützt ist, so müssen wir ein Ich entwickeln, das uns im Verlauf unserer Transformation und unseres Erwachens schützt. Der Kokon, den sich die Raupe schafft, ist etwas anderes als sie selbst. Ebenso können wir sagen, dass wir unser Ich zwar selbst erzeugen, aber nicht mit ihm identisch sind. Es ist eine Art nichtkörperliche Rüstung, die wir uns bauen und aus der wir herauswachsen können, wenn wir bereit sind, dafür die Verantwortung zu übernehmen. Indem wir uns selbst bedingungsfrei lieben, können wir nach und nach die geistigen, emotionalen und körperlichen Wunden heilen, vor denen unser Ego uns schützen soll. Wenn wir krank oder unglücklich sind, ist dies ein Appell unseres Körpers und unserer Psyche an uns, die Mauern abzutragen, die wir um des Überlebens willen errichtet haben, als wir noch nicht wussten, wie wir uns selbst wertschätzen und uns treu sein können. Um innere Freiheit und Frieden zu finden, müssen wir unseren Geist für die größere Wirklichkeit öffnen, die jenseits unserer Abwehrmechanismen liegt und jenseits unseres Bedürfnisses, recht zu haben, von anderen akzeptiert zu werden oder besser als sie zu sein.

Um uns so bald wie möglich von den Begrenzungen unseres Ego freimachen zu können, müssen wir uns in Erinnerung rufen, warum und wie wir diese Abwehrschicht unserer Persönlichkeit eigentlich aufgebaut haben. Weil wir uns in der Welt, in der wir aufwuchsen, nicht immer sicher fühlten, schufen wir uns intuitiv eine schützende Hülle, mittels derer wir sowohl zu uns selbst als auch zum Leben in Beziehung treten konnten. Die übermächtigen emotionalen und psychischen Energien, mit denen wir als Kinder bombardiert wurden, konnten wir oft nicht aus eigener Kraft aufnehmen, verarbeiten und verstehen. Dies zwang uns, das Ego zu erschaffen, damit es diese quälenden und verwirrenden Kräfte, denen wir uns jeden Tag gegenübersahen, von uns fernhalten konnte. In unserem Bestreben, uns von der Welt um uns herum abzusetzen und als Individuum zu entfalten, versuchten wir, uns geistig nach außen abzugrenzen, denn unser Instinkt sagte uns, dass uns dies eine gewisse Kontrolle über das Geschehen geben würde. Aus einer naturgegebenen Selbstliebe heraus schufen wir uns, um unser Herz zu schützen, einen allumfassenden psychoenergetischen Kokon, in dem wir uns sicher und geborgen fühlen konnten, in dem Wissen, dass wir eines Tages die erforderliche Bewusstheit und die Fertigkeiten ausbilden würden, um die eigene Sensibilität wertschätzen und uns auf diese Weise befreien zu können. Weil sehr viele von uns als Kind niemanden um sich hatten, der die nötige Bewusstheit entwickelt hatte, um uns unsere Empfindungen liebevoll zurückzuspiegeln, lernten wir nie, unsere Gedanken und Emotionen bewusst zu artikulieren. Stattdessen lernten wir, unsere Gefühle und Gedanken abzulehnen, zu unterdrücken, zu verleugnen, zu meiden und zu verbergen, um weiterexistieren zu können. Dies bereitete den Boden für Kränkungen, Wut, Scham und für die Abwehrstrategien unserer Persönlichkeit.

In welchem Maße sich unser Ego in den ersten Lebensjahren ausbilden konnte, hängt davon ab, wie viel Schutz wir intuitiv für erforderlich hielten. Die Stärke und Dicke dieser Schutzschicht unserer Persönlichkeit sind daher von Mensch zu Mensch verschieden, je nachdem, wie viel Schmerz und Verwirrung wir erlebt haben. Wenn unsere Familie und das weitere Umfeld uns nicht darin unterstützt haben, unsere Empfindungen wahrzunehmen, zu würdigen und zu verarbeiten (was bei den meisten Kindern der Fall ist), ist unser Ego ausgeprägter und wir haben uns stärker von unseren Emotionen abgekoppelt. Dies ist eine natürliche Reaktion darauf, dass wir nicht wussten, wie wir mit unseren Empfindungen umgehen sollten. Wurden wir dagegen von emotional wahrnehmungsfähigen Eltern großgezogen, die uns darin unterstützten, unsere Empfindungen zu verstehen und zu äußern, mussten wir keine derart hohen Mauern um uns herum errichten.

Die meisten von uns – vor allem die mit einem ausgeprägten Ego – bleiben, wenn sie älter werden, in ihrem schützenden Kokon eingeschlossen, weil sie nie gelernt haben, ihre emotionalen Wunden zu heilen. Die vertraute, Geborgenheit bietende Enge des Kokons hat mit der Zeit oft etwas sehr Behagliches für uns, einfach weil wir Angst haben, mit den Emotionen konfrontiert zu werden, die in unserem Körper und im Unbewussten gespeichert sind. Wenn wir angesichts der vielen Pflichten und Verantwortlichkeiten, die das Erwachsenenalter mit sich bringt, nicht erwachen und Verbindung zu unseren wahren Gefühlen, Bedürfnissen und Träumen aufnehmen, bleiben wir weiterhin von unserer Seele abgeschnitten und gründen unser ganzes Identitätserleben auf eine illusionäre Vorstellung davon, wer wir sind. Erschreckend viele Menschen finden sich mit einer eingeengten Existenz ab, weil der Akt der Selbstbefreiung von ihnen verlangen würde, all die Liebe und auch all die Angst, die sie so lange von sich weggeschoben haben, an sich heranzulassen. Sie glauben, es sei einfacher, sich weiterhin mit Ersatzbefriedigungen zu begnügen und sich im Schutz ihrer vertrauten Welt zu verkriechen. Weil ihr Herz ihrem wahren Selbst so lange verschlossen war, haben sie sich über die einengende Stimme ihres Ego definiert anstatt über ihre ins Weite strebende Seele, die darauf wartet, sich ins Freie zu kämpfen. Zur Ruhe zu kommen, bewusst verletzlich zu sein und die Gewohnheiten zu durchbrechen, die uns das Gefühl von Sicherheit geben, kann nach so vielen Jahren der Unverbundenheit und inneren Kälte ein schwieriges Unterfangen sein.

Geht hinein durch die enge Pforte. Denn die Pforte ist weit und der Weg ist breit, der zur Verdammnis führt, und viele sind's, die auf ihm hineingehen. Wie eng ist die Pforte und wie schmal der Weg, der zum Leben führt, und wenige sind's, die ihn finden![26]

Matthäus 7,13 f.

Das für das Ego typische Denken bewirkt, dass wir ständig nur reagieren und vor unseren wahren Empfindungen davonlaufen, um uns davor zu bewahren, dass wir verletzbar werden. Der nicht abreißende Gedankenstrom ist nur ein Symptom der unverdauten Emotionen und Erfahrungen, über die unser Ego wacht. Unsere gewohnten Denkmuster haben sich zu einer derart starken treibenden Kraft entwickelt, dass wir vor jeder Wahrheit und jedem Schmerz, die uns Angst machen, davonlaufen. Mithilfe dieses Schutzmechanismus unserer Persönlichkeit weicht unser Ego allem in uns selbst und in der Welt aus, was uns Unbehagen bereitet. Es fabriziert in einem fort Gedanken über die Vergangenheit und die Zukunft, die uns davor bewahren, uns im gegenwärtigen Augenblick überfordert, unsicher oder ohnmächtig zu fühlen. Infolge dieser Dynamik bleiben wir in unserem Denken und in einem Modus des bloßen Reagierens gefangen, der verhindert, dass wir inneren Frieden, Gesundheit und Glück finden. Indem wir, ohne uns dessen bewusst zu sein, fortwährend die Wahrheit über unsere psychische, emotionale und körperliche Not leugnen, machen wir uns nicht nur kränker und unglücklicher, sondern verdecken auch die sprudelnde Quelle der Liebe in uns, von der für uns selbst und alle um uns herum Hilfe, Heilung und Erfüllung ausgehen können.

Wenn wir dem geistigen und emotionalen Unbehagen, das wir jahrelang weggeschoben und ausgeblendet haben, weiterhin aus dem Weg gehen, verschärfen wir es damit nur. Auf diese Weise beginnen die sinnvollen und bis zu einem gewissen Punkt notwendigen Schutzmaßnahmen des Ego schließlich, Leid zu erzeugen, das zu dem hinzukommt, gegen das wir uns durch die Schaffung des Ego abgeschirmt haben. Wenn wir uns ständig betäuben, um unsere innere Not nicht wahrnehmen zu müssen, versäumen wir es nicht nur, sie zu lindern, sondern werden auch die dahinterstehende Ursache nicht erkennen können. Ein weiterer Vergleich, der Zweck und Funktion unseres Ego deutlich macht, ist der mit einem Schmerzmittel. So wie wir ein Schmerzmittel nehmen, um uns Rückenschmerzen zu ersparen, so bewahrt das Ego uns davor, einen Schmerz zu spüren, mit dem wir zuweilen nicht gut zurechtkommen. Die Ursache für die Rückenschmerzen ist aber nach wie vor vorhanden, denn wir haben uns nur gegen die Schmerzen abgestumpft. Wir verspüren vorübergehende Erleichterung, und es kommt uns so vor, als sei der Schmerz beseitigt, doch in Wirklichkeit bleiben die auslösenden Bedingungen unverändert bestehen.

Die Schutzwirkung des Ego funktioniert ganz ähnlich. Das Ego überdeckt unsere Not für eine Weile, damit wir in unserem Leben vorwärtsgehen und funktionieren können. Wie bei einem Schmerzmittel ist aber die Erleichterung, die uns das Ego verschafft, nur eine vorübergehende, denn die Ursache der inneren Not ist nicht behoben. Die kurzzeitig überdeckte Not wird immer wieder hervorbrechen, bis wir die zugrunde liegende Ursache verstehen, ausräumen und uns so für immer von ihr befreien können. Wenn wir chronische Rückenschmerzen haben und regelmäßig Schmerzmittel einnehmen, ohne aber den Ursachen der Schmerzen weiter nachzugehen, stumpfen wir nicht nur gegen die schmerzlindernde Wirkung der Mittel ab, sodass wir die Dosis erhöhen müssen, sondern es werden sich durch die chemischen Substanzen auch toxische Prozesse im Körper entwickeln. Die Grundursache der Schmerzen bleibt uns unbekannt, und die Störung selbst besteht weiter. Unser Umgang mit den Schmerzen und uns selbst, der zunächst hilfreich und liebevoll zu sein schien, wird am Ende zu einer weiteren Quelle von Leid.

Ähnliches lässt sich über unser Ego sagen. Wir bauen es unbewusst auf, damit es uns Schutz bieten kann. Am Ende aber beschwören wir weiteres Leid herauf, weil wir uns beständig von unserem Schmerz abkoppeln und ihn somit auch nicht heilen können. Außerdem vermeiden wir es, uns mit seinem Ursprung zu befassen. Auf diese Weise handeln wir uns mit der Methode, die uns zunächst unsere psychischen und emotionalen Nöte bewältigen half und uns zeitweise durchaus Erleichterung verschafft hat, noch mehr Unglück und Krankheit ein, weil wir die Transformation der zugrunde liegenden Schwierigkeiten nicht angehen. Mit dieser Dynamik treiben wir geliebte Menschen von uns weg, verbauen uns Chancen und halten unser Herz verschlossen, sodass wir genau die Dinge, die wir ersehnen, nicht erlangen können.

Meist bekommt die schützende Hülle erst dann Risse, wenn unser Leid unerträglich zu werden beginnt. Erst dann werden wir offen dafür, das Leben aus einer neuen Perspektive zu betrachten. Unsere Starrköpfigkeit rührt daher, dass wir in der Vergangenheit darum kämpfen mussten, nicht unterzugehen. Das Leben muss uns wirklich schwer zusetzen, damit die alten Mauern fallen und wir endlich bereit sind, unser Denken, unsere Vorstellungen oder unsere Lebensweise zu ändern. Oft muss uns erst ein Zusammenbruch oder ein ernster Weckruf dazu zwingen, uns unseren Ängsten zu stellen und unser Herz dafür zu öffnen, dass wir unseren Weg durchs Leben erspüren und unseren Schutzpanzer aufbrechen können, dem zu entwachsen unsere Bestimmung ist. Ob der Auslöser nun eine Krankheit, eine neue Liebesbeziehung, das Scheitern einer Beziehung, der Tod eines geliebten Menschen, eine Depression mit Suizidgedanken, die Geburt eines Kindes, eine finanzielle Notlage oder ein wichtiges Vorhaben ist: Der kritische Punkt kommt in unserer Entwicklung immer dann, wenn das Ego uns einzuengen und uns zu schaden beginnt. Wenn wir in diese unausweichliche Phase eintreten, ist das die Chance für uns, offen und verletzlich zu sein, der Wahrheit ins Gesicht zu blicken und von dem unbewussten Bedürfnis nach Kontrolle und Abschottung abzulassen, das uns nicht länger von Nutzen ist.

Die Schaffung unseres Ego ist ein notwendiges und sinnvolles Stadium auf dem Entwicklungsweg unserer Seele. Wir müssen erzeugen, was uns als ein von anderen getrenntes Selbst erscheint, um unsere Lebensbestimmung erfüllen zu können und zur Selbstliebe fähig zu werden. Wir müssen uns schützen, bis wir dann so weit sind, dass wir alle selbst geschaffenen Beschränkungen abschütteln können. So wie die Schaffung des Ego ein notwendiger Prozess ist, um uns daran zu erinnern, wer wir sind, und um zu lernen, uns selbst zu lieben, so ist auch unsere Befreiung vom Ego ein zwangsläufiger Schritt. Wenn wir Fortschritte in unserer Bewusstheit machen, werden wir von innen heraus dazu angeleitet, unsere angstbedingten Abwehrmechanismen aufzubrechen, damit wir all die quälenden Emotionen, die wir das ganze Leben lang unterdrückt haben, heilen können. Weil wir lieben und geliebt werden wollen, gelangen wir irgendwann zu der Einsicht, dass unsere Mauern fallen müssen, damit wir glücklich sein können. Wir müssen unsere Ängste davor überwinden, andere an uns heranzulassen und ihnen zu erlauben, das Dunkel und das Licht in uns zu sehen. Wenn wir dagegen weiterhin vor einer tiefen und engen Verbundenheit mit anderen zurückscheuen, verstecken wir uns hinter einer Maske, geben vor, jemand zu sein, der wir nicht sind, und fühlen uns allein und missverstanden. Und solange wir die Schuld für unser Unglück weiterhin in den Aspekten suchen, die mit der Schutzfunktion unseres Ego zusammenhängen, bleiben wir in Selbstverurteilung und -ablehnung gefangen. Sobald wir so weit sind, dass wir unser Ego voll und ganz akzeptieren und unser Sprechen und Handeln an unseren wahren Empfindungen auszurichten vermögen, fällt es uns glücklicherweise viel leichter, einfach nur wir selbst zu sein und uns am Leben zu erfreuen.

13 Sich über seine Lebensbestimmung klar werden

Als ich fünf Jahre alt war, sagte mir meine Mutter immer, dass glücklich sein der Schlüssel zum Leben sei. In der Schule fragten sie mich dann, was ich mal werden möchte, wenn ich groß bin. Ich schrieb hin: »Glücklich.« Sie sagten mir, dass ich die Aufgabe nicht verstanden habe, und ich sagte ihnen: »Ihr habt das Leben nicht verstanden.« [27]

John Lennon

♡ Loslassen und sich selbst spüren

Bitte atmen Sie, wo immer Sie gerade sind, ein paarmal langsam und tief in Ihren Bauch, ein und aus. Spüren Sie Ihren ganzen Körper, von den Füßen bis ganz hinauf zum Scheitel und dann wieder hinunter bis in die Fingerspitzen. Bitte lassen Sie alle Anspannung los, die Sie spüren, und lassen Sie sich selbst so sein, wie Sie sind. Nutzen Sie jedes Einatmen, um den Körper zu öffnen und einen inneren Raum entstehen zu lassen, und jedes Ausatmen, um noch entspannter zu werden. Heißen Sie alles willkommen, was Sie hier und jetzt denken, fühlen und erleben. Nehmen Sie dabei Ihren Körper und Ihren Atem aufmerksam wahr.

Die Fragen »Warum bin ich hier?« und »Was ist meine Bestimmung?« sind für das Leben jedes Menschen von zentraler Bedeutung. Wenn wir wirklich gesund, zufrieden und im Frieden mit uns selbst sein wollen, müssen wir uns entsinnen und vollkommene Klarheit darüber gewinnen, warum wir geboren wurden. Zu verstehen, dass Ihr Leben einer Bestimmung folgt und dass alles Leiden einen Sinn in sich trägt, gibt Ihnen auf Ihrer Reise der Heilung und des spirituellen Erwachens Kraft und Ausdauer. Wie zur Bestimmung eines jeden menschlichen Wesens, so gehört es auch zu der Ihren, dass Sie lernen, sich selbst zu lieben und wertzuschätzen und sich selbst vollkommen treu zu bleiben. Dies setzt die Liebe in Ihnen frei und weckt Ihre Lebensfreude.

Es ist hilfreich, sich klarzumachen, dass unsere Entscheidungen, Worte und Handlungen uns in jedem Augenblick entweder näher an die Erfüllung unserer Lebensbestimmung heranführen oder mehr Schmerz, Unglück und Krankheit entstehen lassen. Jede Erfahrung, die wir seit unserer Geburt bis zum gegenwärtigen Moment gemacht haben, war ein Fingerzeig, wie wir uns selbst akzeptieren, uns vergeben, uns würdigen und respektieren, uns wertschätzen, uns vertrauen und uns selbst treu sein können, damit wir zu der Klarheit und Glückseligkeit finden, die Teil unseres wahren Wesens sind, und liebende Güte in die Welt tragen können. Vielleicht klingt es für Sie lebensfremd oder gar blasphemisch, doch ich bin zu dem Schluss gekommen, dass unsere Bestimmung zu einem sehr großen Teil darin liegt, uns zu entsinnen, dass das, was wir unser »Selbst«, unsere »Seele« oder unseren »Geist« nennen, eine unverwechselbare Gestalt ist, durch die sich Gott in dem manifestiert, was wir als unser körperliches und nichtkörperliches Sein wahrnehmen. In jedem Menschen nehmen die elementare Energie und die Intelligenz des Universums in einer jeweils besonderen Weise Form an. Sie und ich und alle Menschen auf der Welt – unabhängig von Hautfarbe, Religion, gesellschaftlicher Stellung und kultureller Prägung – sind dazu bestimmt, ein zu voller Bewusstheit erwachtes Leben zu führen, in dem uns das Wunder unserer Existenz und unser Einssein mit der Natur, anderen Menschen und dem ganzen Universum enthüllt wird. Ob wir uns dafür oder dagegen entscheiden, unserer Bestimmung zu folgen, liegt ganz in unserer Hand. Doch wir sind auf dieser Welt, um alle selbst auferlegten Begrenzungen, alle falschen Überzeugungen und alle Formen des Leidens hinter uns zu lassen, um wir selbst sein und uns am Leben freuen zu können.

Ich suchte Gott und fand nur mich.
Ich suchte mich und fand nur Gott.

Sufi-Weisheit

Wir alle beginnen die Suche nach wahrem Glück, Lebenssinn und Liebe damit, dass wir außerhalb von uns selbst Ausschau halten, doch irgendwann kommen wir zu der Einsicht, dass kein anderer Mensch, keine besonderen Umstände und keine Beziehung uns wirklich die Antworten geben können, nach denen wir suchen. Wir gelangen unweigerlich an einen Punkt, an dem wir akzeptieren müssen, dass wir Klarheit und innere Gewissheit nur finden können, wenn wir in uns selbst suchen, auf das feine Flüstern unseres Herzens und unserer Seele hören und unserer angeborenen Intelligenz vertrauen. Die universelle Intelligenz, die in uns spricht und sich durch uns Ausdruck verschafft, ist ein untrüglicher Wegweiser zu einem erfüllten Leben. Sobald wir uns von ganzem Herzen darauf einlassen, uns selbst immer treu zu sein, können wir uns dem Strom der Lebensenergie anvertrauen, der uns auf direktem Wege und so mühelos wie nur möglich zu all dem hintragen wird, was wir wirklich brauchen und ersehnen.

Gib nicht dein eig'nes Heil der andern wegen hin;
Hast du dein Heil erkannt, behalt es stets im Sinn![28]

Buddha

Irgendwann wird uns klar, dass wir in unserem Leben Pionierarbeit leisten, denn niemals kann ein anderer in unsere Haut schlüpfen. Unser Lebensweg ist einzigartig und führt deshalb durch unerforschtes Gebiet. Unser persönliches Schicksal und unser Erwachen entfalten sich in einer Weise, die einzig und allein unserem eigenen Karma, unserer Lebensbestimmung und unserem inneren Lernprozess entspricht. In jedem Augenblick und mit jedem Atemzug gehen wir unseren eigenen, besonderen Weg, um die Liebe, die wir sind, in die Welt zu tragen. Während wir den Prozess der inneren Heilung und Stärkung durchlaufen, in dem wir lernen, uns selbst in jedem Moment und in jeder Begegnung wertzuschätzen, treten die einzigartigen Fähigkeiten und Begabungen hervor, die zu nutzen wir geboren sind, damit wir unser Leben an diesen tiefen inneren Wahrheiten ausrichten können. Zwar können andere uns darauf hinweisen, wie wichtig es ist, eine gesunde, auf bedingungsfreier Liebe, Güte, Respekt und Mitgefühl gründende Beziehung zu uns selbst aufzubauen, *doch kann uns niemand im Einzelnen sagen*, was wir zu tun haben, um unsere Lebensbestimmung zu erfüllen. Wir müssen der feinen inneren Stimme des Herzens und der Seele lauschen und lernen, uns von ihr in unsere tiefsten Ängste, Zweifel und Unsicherheiten hinein und durch sie hindurch führen zu lassen.

Im Lauf der Zeit werden wir in unseren Entscheidungen und in unserem Handeln nicht mehr nur äußerlichen Motivationen und Gewohnheitsmustern folgen, sondern mehr und mehr dem Ruf unserer Seele, die uns stets den Weg in Richtung Glück, Liebe und Wahrheit weist. Wenn wir die eigenen Empfindungen würdigen und ernst nehmen, verfliegen unsere Zweifel und unsere Verwirrung, und wir beginnen zu verstehen, wer wir sind und warum wir hier sind. Unser Herz öffnet sich, und wir entsinnen uns, dass es nur auf die Liebe ankommt. An diesem Punkt beginnen wir, uns von den Aspekten unseres Lebens zu lösen, die nicht in einer tiefen Selbstachtung gründen, denn wir gestehen uns schließlich ein, dass sie unserer Gesundheit, unserem Glück und unserer Fähigkeit, der Welt etwas zurückzugeben, nicht förderlich sind. Zu gegebener Zeit wird uns klar, dass unsere Erfahrungen einfach dazu da sind, uns zu zeigen, wie wir uns selbst und andere aus ganzem Herzen lieben und uns am Leben freuen können.

Im Zentrum deines Seins kennst du die Antwort;
du weißt, wer du bist, und du weißt, was du willst.[29]

M. J. Ryan

Auf der beharrlichen Suche nach meiner Bestimmung bin ich auf einige sehr einfache Wahrheiten gestoßen, die mir eine neue Handlungsfreiheit eröffnet haben. Weil mir daran liegt, dass auch Sie so bald wie möglich finden, was Sie suchen, möchte ich festhalten, welche Aspekte Ihre Lebensbestimmung umfasst:

1. An jedem Tag so viel Freude erleben wie möglich, in einer Weise, in der Sie sich nicht selbst schaden, sondern die Ihnen guttut.
2. Lernen, sich selbst in jedem Augenblick und in jeder Begegnung mit bedingungsfreier Liebe zu betrachten, was vor allem bedeutet, dass Ihr Reden und Handeln dem entsprechen, was Sie in der jeweiligen Situation wirklich empfinden, und dass es von Güte, Achtsamkeit und Respekt getragen ist.
3. Alle Emotionen aus der Vergangenheit, die in Ihrem Körper gespeichert sind, reinigen oder heilen, so etwa Schuldgefühle, Unsicherheit, Angst, Scham, Wut, Kränkung und Traurigkeit.
4. Liebe geben und empfangen – in Beziehungen, allein in der Natur, in der Begegnung mit Tieren, bei jeder Art von Arbeit.
5. Liebe, Wahrheit und Inspiration nutzen, um schöpferisch tätig zu sein, ob künstlerisch, bei der Gestaltung Ihres Zuhauses, in der Familie, beim Kochen oder beim Planen einer Zusammenkunft. Dabei gibt es kein Richtig oder Falsch, kein Gut oder Schlecht, und nichts ist mehr wert oder weniger wert. Es geht einfach darum, was Sie möchten und wobei Sie sich lebendig fühlen.
6. Wenn Sie das bisher Gesagte beherzigen und einfach jeden Tag das tun, was Ihren wahren Empfindungen entspricht, dann werden Sie auch Ihre Entscheidungen in Bezug auf Ihr Arbeits- und Erwerbsleben danach ausrichten, wer Sie wirklich sind und was Sie wirklich empfinden.

Aber der eigentliche, ursprüngliche Sinn und Zweck des Lebens ist nicht außen zu finden. Er liegt nicht in dem, was wir tun, sondern in dem, was wir sind – in unserem Bewusstsein. [...]

Das innere Ziel unseres Lebens besteht darin, zu erwachen. So einfach ist das. Dieses Ziel haben wir mit allen anderen Menschen auf dieser Erde gemeinsam – es ist Sinn und Zweck der ganzen Menschheit. Das innere Ziel unseres Lebens ist essenzieller Bestandteil des Ziels, das das Ganze hat – das Universum und seine sich entfaltende Intelligenz. Die äußere Zielsetzung kann sich im Laufe der Zeit verändern. Sie ist von Mensch zu Mensch sehr verschieden. Aber ein inneres Ziel zu haben und sich nach ihm zu richten ist die Grundlage wahren Erfolgs. Ohne diese Ausrichtung können wir zwar ebenfalls manche Ziele erreichen, sofern wir mit aller Entschlossenheit zu Werke gehen, keine Mühe scheuen, angestrengt arbeiten und unseren Kopf gebrauchen. Ein solches Vorgehen macht jedoch keine Freude und führt unweigerlich zu Leid in irgendeiner Form.[30]

Eckhart Tolle

Alles nur vom Verstand her zu planen bringt uns letztlich in Schwierigkeiten. Eine Entscheidung über unseren Berufsweg nur nach rein rationalen Kriterien zu treffen, so als sei unser gesamtes Leben planbar, kann nur in Unzufriedenheit und Langeweile enden. Indem wir nicht auf die Stimme unseres Herzens hören, versuchen wir, die Illusion von Kontrolle zu wahren und uns vor dem Schmerz zu schützen, den uns Kritik, Zurückweisungen, Kränkungen und Fehlschläge bereiten. Wenn wir glücklich sein und unsere Arbeit als sinnvoll erleben wollen, müssen wir konsequent unserem Herzen folgen. Auf der praktischen Ebene können wir dies durchaus damit verbinden, dass für unsere materiellen und körperlichen Bedürfnisse gesorgt ist, und uns für das, was uns wichtig ist, in einer Weise einsetzen, die uns völlige finanzielle Freiheit ermöglicht.

Wir suchen »draußen in der Welt« nach unserer Bestimmung, weil wir nie gelernt haben, dass wir selbst unsere Bestimmung sind. Wir wurden vor allem dafür geboren, das Wunder unseres Lebens auszukosten, uns vom Leiden zu befreien und mit den Menschen, die wir lieben, verbunden zu sein. Wenn wir uns an dem freuen, was uns glücklich und zufrieden macht, und gut für unseren Körper und unsere Seele sorgen, spüren wir, dass unser Leben einen Sinn hat. Was das Leben wirklich lebenswert macht, sind die Liebe zu uns selbst, die Liebe zu der Arbeit, die wir tun, und die Liebe in den Begegnungen, die wir jeden Tag erfahren.

Wir leben in einer Epoche, in der Geld, Bildungsgrad, materielle Besitztümer, gesellschaftliche Anerkennung, sozialer Status und mediale Aufmerksamkeit für viele Menschen einen höheren Stellenwert haben als Liebe, Wahrheit, Güte, Sinnerleben, Friede und echte Verbundenheit. Wir lassen uns nur allzu leicht von den ungesunden Motiven und Vorstellungen der Gesellschaft, der Medien, unserer Eltern oder unseres direkten Umfelds blenden und verwirren. Wenn wir aber nicht zulassen, dass Angst uns in unseren Entscheidungen beeinflusst und uns davon abhält, unserem Herzen treu zu sein und gut für unsere Gesundheit zu sorgen, werden wir stets finden, was wir brauchen, um gut zurechtzukommen und unser Potenzial entfalten zu können.

Erkundungsfragen

- Sind Sie mit der Arbeit zufrieden, der Sie nachgehen? Falls nicht, warum nicht?
- Wenn Sie einer Tätigkeit nachgehen könnten, der Sie sich mit Liebe und Begeisterung widmen würden und mit der Sie auch finanziell gut zurechtkämen, was würden Sie sich dann aussuchen?
- Wem oder was gestatten Sie, Sie davon abzuhalten, dass Sie sich jeden Tag auf das fokussieren, woran wirklich Ihr Herz hängt?
- Welche Ängste bremsen Sie?
- Sind Ihnen materielle Bequemlichkeit und Geld wichtiger als Ihre Gesundheit und Zufriedenheit?
- Warum sind Sie hier auf der Erde?
- Erinnern Sie sich an Ihre Kindheitsträume, was Sie später einmal werden und tun wollten? Können Sie sich entsinnen, welche Vision Sie damals von Ihrem Leben hatten oder worin Sie Ihre Berufung sahen?
- Warten Sie darauf, dass Ihre Kinder älter werden, Ihre Eltern sterben oder Ihre Paarbeziehung zerbricht, damit Sie sich dann endlich Ihren wahren Bedürfnissen und Wünschen widmen können? Falls ja, warum?
- Wenn Sie nur noch ein Jahr zu leben hätten, was würden Sie anders machen? Was würden Sie tun, welche Erfahrungen würden Sie sich gönnen, was würden Sie zu erreichen versuchen? Wem würden Sie vergeben? Auf wen würden Sie zugehen? Wem würden Sie sich anvertrauen und öffnen?

Schlüsselsätze

- Glücklich zu sein, ist in Ordnung.
- Jeden Tag an meinem Leben und an meiner Arbeit Freude zu haben, ist in Ordnung.
- Meine Bestimmung ist ein erfülltes Leben, das ich liebe.
- Ich habe alles, was ich brauche, um meine Bestimmung im Leben zu erfüllen und meine Seele zu befreien.
- Ich bin reine, bedingungsfreie Liebe.
- Ich bin genau da, wo ich sein muss, um mich selbst lieben zu lernen.
- Ich wurde nicht geboren, um zu leiden. Ich bin hier, um zu lieben und mich am Leben zu freuen.
- Ich gebe mir die Erlaubnis, aufrichtig, gesund und glücklich zu sein.
- Ich gebe mir jetzt die Erlaubnis, Tag für Tag das zu tun, was ich gerne tue.

14 In sich selbst zu Hause sein

Man muß sich selber lieben lernen […]
mit einer heilen und gesunden Liebe: daß man es
bei sich selber aushalte und nicht umherschweife.[31]

Friedrich Nietzsche

♡ **Loslassen und sich selbst spüren**

Bitte atmen Sie, wo immer Sie gerade sind, ein paarmal langsam und tief in Ihren Bauch, ein und aus. Spüren Sie Ihren ganzen Körper, von den Füßen bis ganz hinauf zum Scheitel und dann wieder hinunter bis in die Fingerspitzen. Bitte lassen Sie alle Anspannung los, die Sie spüren, und lassen Sie sich selbst so sein, wie Sie sind. Nutzen Sie jedes Einatmen, um den Körper zu öffnen und einen inneren Raum entstehen zu lassen, und jedes Ausatmen, um noch entspannter zu werden. Heißen Sie alles willkommen, was Sie hier und jetzt denken, fühlen und erleben. Nehmen Sie dabei Ihren Körper und Ihren Atem aufmerksam wahr.

Tief in unserem Innern sehnen wir uns danach, uns »willkommen« zu fühlen, »dazuzugehören« und so akzeptiert zu werden, wie wir sind. Wir wollen einfach auch deshalb geschätzt werden, weil es uns gibt, und nicht dafür, dass wir andere zufriedenstellen. Im Wesentlichen sehnen wir uns danach, in uns selbst zu Hause zu sein, denn wenn wir das sichere Gefühl haben, dass wir einfach wir selbst sein können, ohne von jemandem verurteilt zu werden, wir nicht auf der Hut zu sein brauchen und uns verletzlich zeigen können, öffnet sich unser Herz, sodass der Friede, die Freude und die Liebe in uns frei strömen können. Als menschliche Wesen kommen wir dann ganz zur Entfaltung, wenn wir uns von der Wärme einer bedingungsfreien Liebe umfangen fühlen, die die meisten von uns mit der Vorstellung eines »Zuhauses« verbinden. Auch wenn unsere eigenen Erfahrungen zu Hause, ob als Kinder oder Erwachsene, nie so voller Liebe und Wärme waren, wie wir sie uns gewünscht hätten, wissen wir tief in unserem Inneren, dass ein Leben in einem von Unterstützung, Güte, Respekt, Wohlwollen, Verständnis und Freude geprägten Umfeld keine Utopie ist.

Viele von uns haben, aus den verschiedensten Gründen, das Zuhause, das sie suchen, noch nicht gefunden oder sich noch nicht aufzubauen vermocht. Sie haben nicht erkannt, dass das eine wahre Zuhause, nach dem sie auf der Suche sind, längst in ihnen existiert und unmittelbar hinter den inneren Kämpfen verborgen liegt, denen sie unbewusst mit allen Mitteln, die ihnen zur Verfügung stehen, auszuweichen versuchen. Der einzige Grund, aus dem sie sich nicht in sich selbst und deshalb auch nicht in ihrem Leben zu Hause fühlen, ist der, dass sie auf unterdrückte und noch unverarbeitete Emotionen reagieren und ihnen zu entkommen versuchen. Sie rennen hier und jetzt vor dem Leben davon, weil sie Angst haben, sich jenen Aspekten ihrer selbst, ihres jetzigen Lebens und ihrer Vergangenheit zu stellen, die sie noch nicht mit bedingungsfreier Liebe betrachten können, weil sie sie noch nicht vollständig akzeptiert oder sich selbst noch nicht verziehen haben.

Das Zuhause, das wir alle ersehnen, ganz gleich, was »nach Hause kommen« oder »zu Hause sein« für uns persönlich genau bedeutet, werden wir in der Außenwelt niemals finden. Wir können uns eine liebevolle Umgebung voller Wärme schaffen, die aber immer davon abhängt und immer widerspiegelt, wie viel Liebe und Wärme wir in uns selbst und gegenüber uns selbst spüren. Manchmal denken wir, wir hätten das wahre Zuhause bei einem anderen Menschen oder an einem bestimmten Ort gefunden, doch wenn wir uns selbst nicht mit ganzem Herzen akzeptieren, wertschätzen und lieben, werden wir am Ende immer mit der Tatsache konfrontiert, dass wir keinen Frieden in uns selbst gefunden haben. Deshalb ist eine der wichtigsten Voraussetzungen dafür, dass wir uns selbst bedingungsfrei lieben, unser Leid transformieren und uns am Leben freuen können, dass wir zu uns selbst finden, an jedem Tag und in jedem Augenblick.

Es hat keinen Sinn, auf eine günstigere Phase unseres Lebens zu warten, denn wir können uns nicht in einer weit zurückliegenden Vergangenheit oder in einer fernen Zukunft selbst lieben oder unsere Seele befreien. Wir können uns nur jetzt lieben, im gegenwärtigen Augenblick, und uns heilen und befreien, indem wir in unserem Körper, Herzen und Geist ein liebevolles, Geborgenheit bietendes Umfeld schaffen. Es mag zunächst wenig hilfreich erscheinen, die Aufmerksamkeit derart auf den gegenwärtigen Moment zu verengen, doch irgendwann wird uns klar, wie viel von unserem Leben, unserer Zeit und unserer Kraft wir dafür vergeuden, über die Zukunft und die Vergangenheit nachzudenken.

Das Geheimnis der Gesundheit, sowohl für den Geist wie für den Körper, besteht nicht darin, der Vergangenheit nachzutrauern, oder sich um die Zukunft zu sorgen, oder kommende Schwierigkeiten vorwegzunehmen, sondern darin, in jedem Augenblick weise und aufrichtig zu leben.[32]

Buddhistische Weisheit

Wenn wir unsere Aufmerksamkeit fortwährend auf die Wahrheit im gegenwärtigen Augenblick richten, wird deutlich, was aus unserer Sicht nicht aufrichtig, liebevoll oder hilfreich ist. Wir lernen, die selbstschädigenden Gedanken und Gewohnheiten zu erkennen, die uns dazu bringen, immer wieder vor uns selbst wegzulaufen und nicht gut für uns zu sorgen. Indem wir uns dafür entscheiden, unsere Aufmerksamkeit auf das zu fokussieren, was wir im Augenblick empfinden, werden wir in die Lage versetzt, tief in unserem Sein eine liebende Präsenz verwurzeln zu können. Dies ist die einzige Möglichkeit, all das zu transformieren, was derzeit unsere Gesundheit, unsere Zufriedenheit oder unsere Fähigkeit zu echter Verbundenheit untergräbt. Wenn wir uns selbst mit solcher Güte und Aufrichtigkeit begegnen, gelangen wir schließlich zu der Einsicht, dass die innere Freiheit, nach der wir suchen, in diesem Augenblick schon greifbar für uns ist. Sie steht uns in dem Maße offen, wie wir unser Sprechen und Handeln auf unsere wahren Gefühle, Bedürfnisse und Wünsche gründen. Wir durchbrechen dann nicht nur den Teufelskreis, in dem wir uns befinden, wenn wir uns von der Vergangenheit blockiert fühlen und glauben, uns um die Zukunft sorgen zu müssen, sondern entdecken auch, indem wir im gegenwärtigen Augenblick zu unserem Atem und unserem Körper nach Hause kommen, dass jenseits der Anspannung, Unsicherheit, Angst, Verwirrung und Unzufriedenheit, die uns quälen, in uns seit jeher ein Ozean von Liebe, Friede, Freude und Weisheit existiert.

Der gegenwärtige Augenblick ist auch der Pfad, der uns nach Hause zu Gott führt, zu der grenzenlosen schöpferischen Kraft des Universums, die durch uns lebt und existiert. Wir erfahren, mit anderen Worten, im gegenwärtigen Augenblick auch unser Einssein mit der grenzenlosen liebenden Intelligenz, die alles Leben auf unserem Planeten und alles, was im ganzen Universum existiert, geschaffen hat und erhält. Wenn wir aufmerksam jeden Atemzug registrieren, kann unser innerer Quell der Weisheit sich tief aus unserem Inneren heraus ausbreiten und uns die Einsicht erschließen, die wir brauchen, um in unserem persönlichen Wachstum und unserer spirituellen Evolution vorwärtszugehen. Wenn wir mit unserem Sein in diese nie versiegende Quelle der Klarheit und der Erkenntnis eintauchen, öffnen wir uns damit zugleich auch für das gesamte universelle Feld von Bewusstsein und Energie, das alles durchdringt, was existiert. Dieses Feld, mit dem wir eins sind, doch dem wir uns meist verschlossen haben, durchströmt dann unser Sein, stützt uns und lenkt unseren Blick auf genau das, was wir transformieren, heilen und loslassen müssen, mit dem wir uns in uns selbst wohlfühlen und uns an jedem unserer Tage freuen können. Am Ende jeder spirituellen Übung – wenn jeder Gedanke den Weg zurück in das gestaltlose und grenzenlose Potenzial gefunden hat, aus dem er hervorgegangen ist – erkennen wir, dass der gegenwärtige Augenblick auf ewig als das eine und einzige Tor existiert, durch das wir nach Hause zu Friede, Gesundheit und liebender Verbundenheit finden. Das Leid, die Rastlosigkeit, die Unzufriedenheit und das Unbehagen, die wir erfahren, sind nur Erscheinungsformen des Heimwehs, das uns dazu bewegt, innezuhalten, lockerzulassen und uns einfach im Hier und Jetzt am Wunder unseres Lebens zu freuen.

Wenn du dich nur mir zuwenden und sorgfältig diese Eindrücke, die du in jedem Augenblick empfängst, beachten und betrachten willst, wenn du lernen willst, ihnen zu vertrauen und mir auf diese Weise zu dienen und in diesem vollen Vertrauen in mir zu ruhen, ja, dann will Ich dich auf all deinen Wegen leiten. Ich will alle deine Probleme für dich lösen, all dein Tun erleichtern, und du wirst inmitten grüner Auen an die stillen Wasser des Lebens geführt werden.[33]

Joseph Benner

Erkundungsfragen

- Was spüren Sie in diesem Augenblick in Ihrem Körper, Ihrem Herzen und Ihrem Geist? Fühlen Sie sich angespannt, eng und ängstlich oder entspannt, offen und gelassen?
- Wie ist Ihr Atem? Atmen Sie tief und langsam oder flach und schnell?
- Können Sie tief und langsam in den unteren Bauchraum und Rücken atmen?
- Probieren Sie dies bitte aus und beobachten Sie, was und wie Sie sich dabei fühlen.
- Wo in Ihrem Körper spüren Sie Schmerz, Anspannung oder Unbehagen?
- Können Sie die Aufmerksamkeit auf diesen Bereich fokussieren und dann tief in ihn hineinatmen und zulassen, dass er sich öffnet und entspannt?
- Glauben Sie, dass Ihr Selbst nur aus Ihren Gedanken und der Stimme in Ihrem Kopf besteht?
- Falls ja, wer und was ist dann die Instanz in Ihnen, die die Gedanken und Stimmen in Ihrem Kopf zu beobachten vermag? Können Sie durch Fokussierung auf den Atem den Raum, den Frieden und die Stille hinter Ihren Gedanken spüren?
- Was bedeutet für Sie »zu Hause«?
- Fühlen Sie sich in sich selbst und auch in Ihrer materiellen Behausung daheim?
- Fühlten Sie sich als Kind in der Wohnung oder dem Haus, wo Sie aufwuchsen, zu Hause? Falls nicht, warum nicht?
- Fühlen Sie sich bei den Menschen zu Hause, mit denen Sie heute leben?
- Fühlen Sie sich bei den Menschen heimisch, mit denen Sie arbeiten? Falls nicht, warum nicht?

- Falls Sie mit Ihrer Wohnung oder Ihrem Haus nicht ganz zufrieden sind, wie sieht dann das ideale Lebensumfeld für Sie aus und wie würden Sie sich dort fühlen?
- Bitte beschreiben Sie dieses Umfeld so detailliert wie möglich und engen Sie sich dabei in keiner Weise ein.
- Falls Sie mit Ihrem beruflichen Umfeld nicht ganz zufrieden sind, wie sieht dann die ideale Arbeitsumgebung für Sie aus und wie würden Sie sich dort fühlen? Bitte beschreiben Sie auch dieses Umfeld so detailliert wie möglich und engen Sie sich dabei in keiner Weise ein.

(Ich empfehle Ihnen nachdrücklich, die Antworten auf die letzten drei Fragen schriftlich festzuhalten, denn das wird Ihnen helfen, sich so bald wie möglich ein ideales Lebens- und Arbeitsumfeld zu schaffen.)

Schlüsselsätze

- Ich kann mich wohlfühlen, wo immer ich bin.
- Mein wahres Zuhause ist in meinem Körper, in meinem Herzen und in meiner Seele.
- Ich bin zu Hause. Willkommen zu Hause, [Ihr Name].
- Ich bin es wert und ich verdiene es, ein schönes Zuhause voller Liebe zu haben.
- Ich bin viel mehr als nur die Stimme in meinem Kopf.
- Jenseits meiner Gedanken bin ich frei, im Frieden mit allem und voller Liebe.
- Meine körperlichen Schmerzen und gesundheitlichen Probleme zeigen mir den Weg nach Hause zu meinem wahren Selbst.
- Der Atem ist für mich in jedem Augenblick der Pfad, der nach Hause führt.

15 Das Leben atmen, tief und langsam

Der Geist kann in tausend Richtungen treiben,
ich aber wandere friedvoll auf diesem schönen Pfad.
Mit jedem Schritt kommt ein sanfter Windhauch auf.
Eine Blüte öffnet sich mit jedem Schritt.[34]

Thich Nhat Hanh

♡ **Loslassen und sich selbst spüren**

Bitte atmen Sie, wo immer Sie gerade sind, ein paarmal langsam und tief in Ihren Bauch, ein und aus. Spüren Sie Ihren ganzen Körper, von den Füßen bis ganz hinauf zum Scheitel und dann wieder hinunter bis in die Fingerspitzen. Bitte lassen Sie alle Anspannung los, die Sie spüren, und lassen Sie sich selbst so sein, wie Sie sind. Nutzen Sie jedes Einatmen, um den Körper zu öffnen und einen inneren Raum entstehen zu lassen, und jedes Ausatmen, um noch entspannter zu werden. Heißen Sie alles willkommen, was Sie hier und jetzt denken, fühlen und erleben. Nehmen Sie dabei Ihren Körper und Ihren Atem aufmerksam wahr.

Wenn wir lernen, in jedem Augenblick in unserem Atem präsent zu sein, finden wir den Weg zurück zu der Stärke, dem Frieden und der Liebe, die schon in uns sind. Jedes Einatmen eröffnet einen Pfad, der in die Tiefen unseres Seins führt, wo Stille und ein unermesslicher Raum stets geduldig auf uns warten. Der Atem ist ein Anker, mit dem wir auch in höchst turbulenten Zeiten unsere Mitte wahren können. Wir werden unterhalb der Schicht dieser geistigen und emotionalen Schwingungen – wie machtvoll ein Gedanke oder eine Emotion in unserem auf den Augenblick zentrierten Erleben auch hervortreten mag – stets eine Fülle von Freude und Klarheit finden. Mithilfe des Atems können wir aus illusionären Gedanken über Vergangenheit und Zukunft geradewegs heraustreten und in die Wahrheit des Lebens im Hier und Jetzt eintauchen. Wenn wir uns darin üben, unser Gewahrsein aus dem Kopf heraus zu verlagern, indem wir dem Atem in die Tiefen des Körpers folgen, können wir in jedem Augenblick und in jeder Situation Wohlwollen, Harmonie und Mut in uns finden.

Die meisten Menschen atmen sehr flach, insbesondere in den Hals und den oberen Brustraum hinein. Dies liegt vor allem daran, dass wir tief in unserem Körper viele unangenehme Emotionen aufgestaut haben, die an uns heranzulassen wir uns fürchten. Wenn wir die Aufmerksamkeit aber bewusst darauf richten, dass wir langsam und tief atmen, insbesondere in Bauch, Rücken und Lungen hinein, lassen wir die Energie, die in Form von Verwirrung und zwanghaften Gedanken in unserem Kopf eingeschlossen ist, und die Energie, die in unserem Herzen als Angst und Stress festsitzt, gleichsam absinken und schmelzen, sodass sie den gesamten Körper in ausgewogener und harmonischer Weise füllen kann. Um die Weite, den Frieden und die Stille zu finden, die tief in unserem Inneren auf uns warten, müssen wir uns auf die anspruchsvolle, aber notwendige Reise machen, die vom Kopf hinab durch unser Herz in die tiefsten Schichten unseres Seins führt. An irgendeinem Punkt unserer Suche nach dauerhafter Zufriedenheit und Erfüllung müssen wir den Mut finden, all die Anspannung, Angst, Wut, Unsicherheit und Scham und all die Kränkungen und Schuldgefühle zu fühlen, die wir tief hinab in die Zellen, Organe und Räume unseres Körpers gedrängt haben. Je tiefer wir atmen, desto intensiver können wir das Leben in seiner ganzen Fülle spüren, und nur so können wir unseren Körper, unser Herz und unseren Geist wirklich heilen. Es besteht ein direkter Zusammenhang zwischen der Fülle unseres Atems und der Fülle unseres Lebens, denn in seiner ganzen Fülle öffnet sich das Leben uns nur, wenn wir bereit sind, die Lebensenergie selbst einzuatmen. Einfach gesagt: Je vollständiger wir die lebenspendende Energie des sauerstoffgesättigten Atems in uns aufnehmen, desto mehr freuen wir uns jeden Tag daran, am Leben zu sein.

Wenn du deine Gedanken ins Reine bringst, rückt auch dein übriges Leben in die rechte Ordnung.[35]

Laotse

Flaches oder angespanntes Atmen führt nicht nur dazu, dass unsere alten emotionalen Wunden nicht zur Ruhe kommen und sich gleichsam entzünden, sondern hat auch zur Folge, dass zu den unverarbeiteten Emotionen in uns noch weiteres Leid hinzukommt. Wenn wir den Prozess des Atmens unter diesem Aspekt betrachten, wird deutlich, dass uns jeder Augenblick eine Chance bietet, innerlich zu heilen und frei zu sein, indem wir uns bewusst darauf fokussieren, das Leben langsam und tief in all seiner Fülle einzuatmen. Wir alle wissen, dass menschliches Leben ohne Sauerstoff nicht möglich wäre. Wenn also irgendetwas mehr Macht hat, uns Vitalität zu spenden, als jeder andere Aspekt unserer Erfahrung, dann ist das sicherlich der Atem. Deshalb gibt das gezielte Hineinatmen in jeden Raum in Bauch, Rücken, Brust und Schultern (*sanft, ohne etwas zu erzwingen*) uns die Möglichkeit, diese Körperregionen mit den lebenspendenden und heilenden Energien zu füllen, die überall und zu jeder Zeit unbegrenzt verfügbar sind.

Wenn wir unsere Aufmerksamkeit darauf richten, tief und langsam einzuatmen, kann unser Gewahrsein sich weiten, sodass es nicht nur den Kopf, sondern auch jede Zelle und jeden Winkel unseres Seins erfasst. Die natürliche Folge dieses Prozesses ist eine klare, tiefe Einsicht in unser Einssein mit dem Ozean aus Sauerstoff und Energie, der alle Räume um uns herum füllt. Indem wir das Leben im Atmen so sanft und umfassend in uns aufnehmen wie nur möglich, beginnen wir uns zu entsinnen, dass wir von niemandem und von nichts getrennt sind. Achtsames tiefes Atmen führt uns zu einem Wiedererwachen, in dem wir unser Einssein mit dem Universum und mit allem Leben erkennen, sowie zur Wiederentdeckung des grenzenlosen Energiepotenzials und der lebenspendenden Kraft, die uns in jedem Partikel, Atom und Molekül umgibt und unserem Sein seine Gestalt verleiht.

> *Wenn Sie einmal erkannt haben, dass der Weg das Ziel ist und dass Sie immer auf dem Weg sind, nicht um das Ziel zu erreichen, sondern um die Schönheit und Weisheit des Weges zu genießen, dann ist das ... eine Ekstase.*[36]
>
> *Nisargadatta Maharaj*

Wir neigen dazu, uns das Leben viel schwerer zu machen, als es sein müsste, vor allem weil wir so viele unserer Gedanken und Gefühle ablehnen. Dies führt dazu, dass wir aus einer Abwehrhaltung heraus Dinge sagen und tun, die noch mehr Leid erzeugen und trennend wirken. Oft ist das Leben schon hart genug, auch ohne dass wir weiteren Schmerz oder Stress heraufbeschwören. Der emotionale Schmerz, dem auszuweichen wir alles in unserer Macht Stehende tun, staut sich mit der Zeit auf, sodass sich das Leben weit mühseliger *anfühlt*, als es wäre, wenn wir lernen würden, allen unseren Empfindungen Raum zu geben, sie willkommen zu heißen und zu artikulieren.

Wer sich in seiner Kindheit ungeliebt, missverstanden und nicht unterstützt fühlte, für den ist es in der Tat eine große Herausforderung, sich selbst lieben, achten und wertschätzen zu lernen. Glücklicherweise wird das Leben bedeutend einfacher, wenn wir aufhören, uns gegen den Strom von Energien und Emotionen zu sträuben, der im gegenwärtigen Augenblick durch unser Sein pulsiert. Sobald wir lernen, uns ganz dem zu öffnen, was wir denken, fühlen oder erleben, geben wir unsere innere Gegenwehr ganz von allein auf und akzeptieren das, was in uns und um uns herum geschieht, ohne uns weiter daran abzuarbeiten.

Der vielleicht wichtigste Schlüssel zu Gesundheit und Glück ist, dass wir lernen, das Leben tief und langsam einzuatmen. Indem wir uns täglich darin üben, werden wir fähig, das Leben so zu akzeptieren, wie es ist, und zuzulassen, dass es sich sanft und harmonisch in jedem Gedanken, jeder Emotion und jeder Erfahrung zu entfalten vermag. Ich selbst habe erfahren, dass unter all meinen Gedanken und Emotionen eine stetig sprudelnde Quelle von Frieden und lebendiger Energie verborgen liegt und dass ich, indem ich mich bewusst dafür entscheide, meinem Atem tief in meinen Körper hinein zu folgen, in jedem Augenblick und in jeder Situation den Weg zu der von mir ersehnten inneren Freiheit finden kann. Wenn wir unsere Erfahrung mittels unseres Atems in jedem Augenblick aus ganzem Herzen willkommen heißen, werden wir eins mit unserer Erfahrung und setzen so – ohne große Anstrengung – einem beträchtlichen Teil unseres Leids ein Ende. Indem wir uns mit jedem Atemzug dem Leben öffnen, anstatt uns dagegen zu verschließen, akzeptieren wir wie selbstverständlich unsere Einheit mit allem, was ist. Die direkte Folge davon ist, dass das Leiden daran, dass wir uns isoliert, unsicher, schlecht behandelt oder ungeliebt fühlen, schließlich hinwegschmilzt und sich in der liebenden Stille auflöst, aus der es hervorging, sodass nur die selige Freude darüber bleibt, am Leben zu sein.

Einfache Meditationsübung zur Tiefenatmung

Die folgende Übung ist eine der wirkungsvollsten Methoden, um zu lernen, wie Sie sich entspannen und das Leben in jedem Augenblick und in jeder Situation voll und ganz akzeptieren können.

1. Legen Sie die Zunge sanft gegen den Gaumen. Dies stellt zwischen zwei der wesentlichen Meridiane oder Energiekanäle im Körper (wie sie in der traditionellen chinesischen und östlichen Medizin beschrieben werden) eine Verbindung her. Die Verbindung ermöglicht im gesamten Körper einen harmonischen, ausgewogenen und stetigen Energiefluss.
2. Die Augen sind offen oder geschlossen, je nachdem wo Sie sind und was Sie tun. Bitte atmen Sie langsam, tief und intensiv durch die Nase ein und stellen Sie sich dabei vor, wie sich zunächst Bauch und unterer Rücken und dann Brustraum, oberer Rücken und Schulter füllen. Sie können auch fortfahren und sich vorstellen, wie Sie frische Luft in Hals und Kopf hineinströmen lassen, ehe Sie dann langsam und sanft durch die Nase ausatmen.
3. Ist Ihre Nase aus irgendeinem Grund verstopft, können Sie auch durch den Mund ein- und ausatmen. Bei dieser Übung eignet sich jedoch die Nasenatmung viel besser dazu, Sie zu dem Frieden, der Stille und der Weite zu führen, die tief in Ihrem Körper zu finden sind.
4. Wenn Sie beim Üben merken, wie die Gedanken abschweifen, sagen Sie bitte einfach »Das ist ein Gedanke« oder »Ich denke« zu sich selbst und lenken Sie dann wieder die Aufmerksamkeit zurück auf Ihren Körper und Atem. Wenn Sie merken, dass Sie über eine Person oder eine Sache nachdenken oder irgendeine Art von innerem Selbstgespräch führen, richten Sie Ihren Fokus einfach wieder sanft darauf, langsam, tief und intensiv ein- und auszuatmen.
5. Bitte beurteilen Sie Ihre Gedanken oder Emotionen nicht und kämpfen Sie nicht gegen sie an. Sagen Sie einfach freundlich »Ich denke« zu sich, wenn Sie merken, dass Ihre Aufmerksamkeit nicht auf den Körper oder den Atem gerichtet ist, und verlagern Sie sie dann wieder auf das langsame, tiefe und intensive Ein- und Ausatmen.

6. Sie können in jedem Augenblick die bewusste Entscheidung treffen, mit Ihrer Aufmerksamkeit zu Ihrem Körper und Atem zurückzugehen. Jenseits aller Gedanken und Emotionen werden Sie dann stets einen friedvollen und stillen inneren Raum vorfinden.
7. Geben Sie sich die Erlaubnis, loszulassen und sich zu entspannen. Erlauben Sie dem Körper, sich zu öffnen und allen Stress und alle Anspannung aufzulösen. Lassen Sie den Atem weich werden, sodass er alle Blockaden und Schmerzen, die Sie im Körper spüren, lösen kann.
8. Wiederholen Sie die Übung im Lauf des Tages so oft, wie es Ihnen möglich ist. Sie können sie im Sitzen, Stehen oder Liegen und so lange durchführen, wie Sie möchten. Sie eignet sich auch hervorragend dazu, am Morgen wach zu werden und am Abend Körper, Herz und Geist zu entspannen.

Weiterführende Hinweise: Falls Sie die Meditationsübung vertiefen möchten, bieten Ihnen die folgenden Punkte Hinweise und Anregungen dazu. Ich empfehle Ihnen eindringlich, sich einen ruhigen Ort zu suchen, an dem Sie sitzen können, ohne gestört zu werden.

1. *Sich Zeit nehmen für regelmäßiges Meditieren:* Bitte machen Sie sich vor dem Ausführen der Meditationsübung jedes Mal klar, mit welcher zeitlichen Länge Sie sich wohlfühlen. Ich empfehle Ihnen, mit 10 Minuten einzusteigen und die Dauer dann jede Woche um 10 Minuten zu erhöhen, bis Sie so weit sind, dass Sie 30 bis 60 Minuten lang entspannt dasitzen können. Bitte benutzen Sie einen Wecker oder ein entsprechendes Programm auf Ihrer Armbanduhr oder Ihrem Telefon, damit Sie nicht ständig auf die Zeit schielen müssen. Versuchen Sie, nachdem Sie mit der Übung begonnen haben, nicht auf die Uhr zu schauen, bis der Wecker klingelt. Immer wieder auf die Uhr zu schauen, lenkt Sie vom gegenwärtigen Augenblick ab. Stellen Sie bitte auch das Telefon oder die Telefone auf stumm, damit Sie nicht gestört werden. Schließlich empfehle ich Ihnen auch, regelmäßig am Morgen zu üben, ehe Sie aus dem Haus gehen, denn das ist die beste Möglichkeit, in einer gelassenen, positiven und klaren Haltung in den Tag zu starten. Die Muster, in denen Ihr Denken am Morgen verläuft, liefern

die Energie, mit der Sie den Tag angehen werden. Wenn in Ihrem Kopf also Chaos herrscht, werden Sie sich gestresst, durcheinander und überfordert fühlen. Mit einer einfachen, kurzen Morgenmeditation können Sie Ihre Gedanken und Ihre mentale Energie in ruhigere Bahnen lenken und sich dann wirkungsvoll darauf fokussieren, was Sie wollen und brauchen und was sich für Sie richtig anfühlt.

2. *Geeignete Sitzhaltung:* Achten Sie unabhängig davon, ob Sie nun auf einem Stuhl, einer Bank, einem Sofa, einem Meditationskissen oder auf dem Boden sitzen, bitte darauf, dass Sie aufrecht dasitzen und Ihre Haltung sich zentriert und gut ausbalanciert anfühlt. Auf einem Stuhl können Sie sich hinten anlehnen, falls sich das für Sie natürlich anfühlt. Bitte achten Sie aber darauf, dass Sie die Wirbelsäule sanft nach oben ausrichten, damit auf die Wirbel nicht zu viel Druck ausgeübt wird. Lassen Sie bitte zugleich alle Muskeln im unteren, mittleren und oberen Rücken locker, damit im Körper keine zusätzliche Anspannung entsteht. Hilfreich ist, sich eine am Scheitel befestigte Schnur vorzustellen, die den Kopf sanft nach oben zieht und Gewicht von der Wirbelsäule nimmt. Was die Kopfposition angeht, so schauen Sie am besten geradeaus und kippen dabei das Kinn ganz leicht nach unten.

   Falls Sie auf einem Stuhl, einem Sofa oder einer Bank sitzen, berühren Ihre Fußsohlen am besten ganz den Boden. Dies hilft Ihnen, Ihre Energie im Körper zu erden und auszubalancieren. Zu empfehlen ist auch, Ihre Knie in einem 90-Grad-Winkel auszurichten, damit Energie und Blut frei in den Beinen fließen können. Sind Ihre Knie zu hoch über Ihrem Becken positioniert, werden Energie und Blut um Ihre Hüften herum blockiert, sodass Sie sich beim Üben unwohl zu fühlen beginnen. Falls Sie besonders lange Beine haben oder auf einem niedrigen Stuhl sitzen, lässt sich das mit einem Kissen unter dem Gesäß leicht ausgleichen. Umgekehrt hilft ein Kissen unter den Füßen, wenn diese nicht bis zum Boden reichen. Falls Sie auf dem Boden oder auf einem Meditationskissen sitzen, empfiehlt sich der Schneidersitz. Die Knie sollten idealerweise niedriger als das Becken positioniert sein, damit Energie und Blut ungehindert fließen können. Gibt es in Ihrer Hüftbeuge- und Leistenmuskulatur jedoch

Verspannungen, setzen Sie sich am besten auf ein (Meditations-) Kissen, damit sich das Becken oberhalb der Knie befindet.
Die Hände sollten am besten entweder mit den Handflächen nach unten auf den Oberschenkeln ruhen oder beide im Schoß liegen. Wenn Sie Letzteres vorziehen, empfehle ich Ihnen, die Finger sanft zu verschränken. Die Hauptsache ist, eine Position zu finden, die sich für Sie gut anfühlt, sodass Sie während der gesamten Meditationsübung bewegungslos dasitzen können.

3. *Augen offen oder geschlossen:* Der letzte wesentliche Punkt für eine Vertiefung der Meditationsübung bezieht sich darauf, ob Sie Ihre Augen offen lassen oder schließen möchten. Beide Varianten sind sehr wirkungsvoll, und deshalb möchte ich auf beide näher eingehen. Mit offenen Augen zu üben, ist sehr wichtig, weil es uns hilft, die Fähigkeit zu entwickeln, bewusst »in der Welt« zu sein, ohne immer gleich zu reagieren. Letztlich wollen wir den Frieden, den wir in der Meditation finden, in unseren Alltag hineintragen. Mit offenen Augen zu meditieren, hilft uns, in jedem Augenblick, bei jeder Erfahrung und jeder Begegnung präsenter, bewusster und liebevoller zu sein. Mit geschlossenen Augen zu üben, ist ebenfalls wichtig, weil es uns dazu anhält, tiefer in den Frieden, die Stille, die Liebe und die Bewusstheit einzutauchen, die in uns sind. Es ist sehr kräftigend, sich einmal ganz von der Außenwelt abzuschotten und sich tief in das eigene Sein zu versenken.
Bei der Meditation mit offenen Augen blicken Sie am besten etwa 1,5 bis 1,8 Meter weit vor sich auf den Boden. Fixieren Sie nicht einen bestimmten Punkt, sondern nehmen Sie entspannt den gesamten Bereich vor Ihnen in den Blick. Den Blick auf einen bestimmten Punkt auf dem Boden zu heften ist ähnlich wie die Fixierung auf einen Gedanken. Wenn Sie also feststellen, dass Sie eine ganz bestimmte Stelle oder zum Beispiel einen Fleck am Boden (per »Hineinzoomen«) fixieren, gehen Sie damit um wie mit einem Gedanken und sagen Sie zu sich: »Ich denke.« Lockern Sie den Blick (per »Wegzoomen«) und richten Sie die Aufmerksamkeit dann wieder auf Ihren Atem und Ihren Körper. Wenn Sie mit offenen Augen meditieren, ist es ideal, 95 Prozent Ihrer Aufmerksamkeit

nach innen und nur 5 Prozent nach außen zu richten. Die Idee dahinter ist, dass Sie durchaus wahrnehmen, was in Ihrem Blickfeld ist, sich dabei aber voll und ganz Ihres Körpers, Atems und Ihrer Denkprozesse bewusst bleiben. Am Anfang wird Ihnen diese Technik vielleicht etwas sperrig vorkommen, doch mit der Zeit wird sie sich natürlicher anfühlen und Sie in sehr tiefe Schichten von Frieden und Selbstgewahrsein vordringen lassen.

Wenn Sie mit geschlossenen Augen meditieren, orientieren Sie sich an den im Folgenden skizzierten Hinweisen.

Abschließende Anmerkungen: Nachdem Sie die Meditationshaltung gefunden haben, die für Sie am besten funktioniert, und den Wecker gestellt haben, folgen Sie bitte den Schritten 1 bis 7 (Seite 158). Atmen Sie einige Minuten langsam, tief und intensiv ein und aus, und lassen Sie bitte zu, dass Ihr Atem gelöst und natürlich wird. Richten Sie Ihre Aufmerksamkeit ganz auf Ihren Atem und beobachten Sie jedes Ein- und jedes Ausatmen, während Sie zugleich den ganzen Körper spüren. Bitte konzentrieren Sie sich auf die Schritte 4 bis 7, um die Meditationsübung zu vertiefen, und lassen Sie Ihren Atem einfach fließen und natürlich werden. Wenn Sie feststellen, dass Ihr Geist abschweift und Sie über irgendetwas oder irgendjemanden nachdenken, sagen Sie zu sich selbst bitte wieder »Ich denke«. Lenken Sie die Aufmerksamkeit dann behutsam wieder zurück zum Ein- und Ausatmen und spüren Sie beim Atmen Ihren ganzen Körper.

Es gibt keine richtige oder falsche Form des Meditierens. Wesentlich ist, dass Sie sich bemühen, (1) stets aufmerksam alle Ihre Gedanken, Emotionen und Körperempfindungen zu registrieren, (2) bei jedem Atemzug wahrzunehmen, wie Luft ein- und ausströmt, und (3) alles, was in Ihnen geschieht, mit liebender Güte, Wohlwollen und Mitgefühl willkommen zu heißen.

Gut zu wissen ist, dass sich beim Üben oft körperliche Irritationen und Beschwerden einstellen, die die Selbststeuerung und Selbstliebe erschweren oder untergraben. In den meisten Menschen hat sich ein großes Arsenal an unterdrückten psychischen und emotionalen Irritationen und Beschwerden aufgestaut, das beim Meditieren dann in Form von körperlicher Unruhe und innerer Erregung an die Oberfläche tritt, ehe es verarbeitet und aufgelöst werden kann. Entscheidend ist daher, das körperliche Unbehagen anzunehmen, das sich einstellt, wenn Sie Ihre Übungszeit ausdehnen, denn das ist der einzige Weg, um das dahinterstehende psychische und emotionale Unbehagen zu heilen. Erst dann können Sie zu dauerhaftem innerem Frieden und zu Zufriedenheit finden. Es ist also wichtig, beharrlich und geduldig mit dem Üben fortzufahren, selbst wenn Ihnen Unbehagen, innerliche Erregung oder Irritationen dazwischenkommen.

Zum Schluss möchte ich Ihnen empfehlen, dieses Kapitel noch einmal zu lesen, nachdem Sie die Meditationsübung einige Male gemacht haben. Dies wird Ihnen helfen, sich klarer darüber zu werden, wie Sie sich selbst bedingungsfrei lieben und ganz im gegenwärtigen Augenblick zu Hause sein können.

Man sagt dir, du sollst deinen Nächsten lieben wie dich selbst. Wie geht das, sich selbst lieben? Wenn ich in mich hineinschaue, stelle ich fest, dass ich mich nicht in der Weise liebe, dass ich mich für einen netten Kerl halte oder mir selbst zärtliche Gefühle entgegenbringe. Ich glaube nicht, dass ich mich selbst liebe, weil ich besonders gut bin, sondern einfach nur, weil ich ich bin, und dass mein Charakter für mich dabei kaum eine Rolle spielt. Vielleicht verabscheue ich etwas, das ich getan habe. Trotzdem höre ich nicht auf, mich selbst zu lieben. Mit anderen Worten, die klare Unterscheidung, die Christen treffen, dass wir die Sünde hassen und den Sünder lieben sollen, ist eine, die Sie seit Ihrer Geburt auf sich selbst angewandt haben. Ihnen missfällt, was Sie getan haben, aber Sie hören nicht auf, sich zu lieben. Vielleicht denken Sie sogar, Sie hätten den Galgen verdient. Sie denken womöglich, Sie sollten eigentlich zur Polizei gehen, Ihre Vergehen gestehen und gehängt werden. Liebe ist keine zärtliche Regung, sondern ein beständiger Wunsch nach dem größtmöglichen Wohlergehen der geliebten Person, soweit es erreichbar ist.[37]

C. S. Lewis

16 Bedingungsfreie Selbstliebe

Was nützt es uns, zum Mond reisen zu können, wenn es uns nicht gelingt, den Abgrund zu überwinden, der uns von uns selbst trennt?[38]

Thomas Merton

Loslassen und sich selbst spüren

Bitte atmen Sie, wo immer Sie gerade sind, ein paarmal langsam und tief in Ihren Bauch, ein und aus. Spüren Sie Ihren ganzen Körper, von den Füßen bis ganz hinauf zum Scheitel und dann wieder hinunter bis in die Fingerspitzen. Bitte lassen Sie alle Anspannung los, die Sie spüren, und lassen Sie sich selbst so sein, wie Sie sind. Nutzen Sie jedes Einatmen, um den Körper zu öffnen und einen inneren Raum entstehen zu lassen, und jedes Ausatmen, um noch entspannter zu werden. Heißen Sie alles willkommen, was Sie hier und jetzt denken, fühlen und erleben. Nehmen Sie dabei Ihren Körper und Ihren Atem aufmerksam wahr.

Die meisten von uns werden, wenn sie ihre Beziehung zu sich selbst genau unter die Lupe nehmen, zu dem Schluss kommen, dass sie sich selbst nur lieben, falls und wenn sie bestimmten Bedingungen genügen, die sie selbst aufgestellt haben und die sich auf eine ferne Zukunft oder eine lange zurückliegende Vergangenheit beziehen:

- Ich werde mich selbst lieben, *wenn* ich in einer gelingenden Liebesbeziehung lebe.

- Ich werde mich selbst lieben, *wenn* ich Erfolge vorzuweisen habe.
- Ich werde mich selbst lieben, *wenn* ich abnehme.
- Ich werde mich selbst lieben, *wenn* ich mehr Geld verdiene.
- Ich werde mich selbst lieben, *wenn* ich diesen Abschluss geschafft habe.
- Ich werde mich selbst lieben, *wenn* ich das neue Auto oder das neue Haus besitze.
- Ich würde mich ja lieben, *wenn* ich keine Falten hätte.
- Ich würde mich ja lieben, *wenn* ich nicht diese Krankheit/ Behinderung hätte.

Kommen Ihnen diese Sätze vertraut vor?

Weil wir nie gelernt haben, wie wir uns so, wie wir sind, im Hier und Jetzt lieben und wertschätzen können, starren wir unentwegt auf eine Fantasierealität in der Zukunft, in der wir hoffentlich liebenswerter sein werden und uns selbst werden lieben können. Manchmal kehren wir dieses Muster auch um und blicken voller Bedauern auf die Vergangenheit zurück (»Ich konnte mich damals gut leiden, als ...«, »Ich würde mich ja mögen, wenn ich noch so aussehen würde wie damals«). In diesen Fällen bewirken die Bedingungen, die wir uns setzen, dass wir mit Schuldgefühlen, Reue oder Bitterkeit um Dinge kreisen, die gewesen und fort sind und nicht länger existieren. Ob wir unsere Selbstliebe nun an Bedingungen knüpfen, die auf die Vergangenheit oder die Zukunft gerichtet sind: Wir werden den in der Vergangenheit oder in der Zukunft liegenden Punkt niemals erreichen, an dem wir schließlich bereit wären, uns im gegenwärtigen Augenblick zu lieben. Wir müssen anfangen, uns im Hier und Jetzt zu lieben, um das finden, hervorbringen oder erreichen zu können, was wir uns im Leben am meisten wünschen. Es funktioniert niemals andersherum, so sehr wir davon auch überzeugt sein mögen.

Auf die Zukunft zu warten, um uns irgendwann selbst lieben zu können, hilft uns nicht, das an uns selbst, an unserem Leben oder an unserer Vergangenheit zu verwandeln, was wir bislang nicht zu lieben vermocht haben. Auch das Festhalten an Situationen, Beziehungen oder Bildern der Vergangenheit, die von Reue oder Nichtwahrhabenwollen geprägt sind, wird uns nicht helfen, unser Leben in der Gegenwart so zu gestalten, dass wir uns wohlfühlen und zufrieden sind. Was wir im gegenwärtigen Augenblick noch nicht zu lieben, zu akzeptieren oder anzuerkennen vermögen, wird unter der Oberfläche unseres Bewusstseins immer da sein, bis wir uns ihm aufrichtig stellen, es mit Verständnis und Nachsicht betrachten und es auf diese Weise heilen. Diese Dynamik wird uns, ganz gleich, wie beharrlich wir vor ihr die Augen verschließen und wie weit wir vor uns selbst davonzulaufen versuchen, daran hindern, Frieden, Gesundheit, Glück und wahre Liebe zu finden, und uns zugleich dazu anstacheln, weitere schmerzliche und verwirrende Situationen heraufzubeschwören.

Die an Bedingungen geknüpfte Liebe zu uns selbst wurzelt im Allgemeinen in tief sitzenden Empfindungen und einengenden Überzeugungen, wir würden nicht genügen und seien so, wie wir sind, nicht liebenswert. Deshalb leben wir ständig in der Vorstellung, wir müssten mehr sein, mehr tun oder mehr besitzen, um endlich für uns selbst und für andere liebenswert zu sein. Diese selbstdestruktive innere Dynamik rührt daher, dass unsere Eltern uns nicht bedingungsfrei so lieben konnten, wie wir waren, weil sie auch sich selbst nicht so zu lieben vermochten, wie sie waren. Wir haben von ihnen nicht nur liebesarme Überzeugungen, Emotionen und Gewohnheiten übernommen, sondern als Kinder auch alles versucht, um sie zufriedenzustellen oder glücklich zu machen, doch nichts konnte je »genügen« oder einen Ausgleich dafür schaffen, dass sie mit ihren eigenen Unsicherheiten, Unzulänglichkeiten, Enttäuschungen und unvernünftigen Erwartungen nicht zurechtkamen.

In Abhängigkeit davon, wie unglücklich oder enttäuscht unsere Eltern damals waren, entwickelten wir ein mehr oder weniger stark ausgeprägtes Bild von uns selbst, wir seien nicht gut genug, intelligent genug, erfolgreich genug, attraktiv genug, liebevoll genug oder selbstlos genug. Deshalb finden wir uns heute in Situationen wieder, in denen wir uns wie damals fühlen. Oft versuchen wir, andere glücklich zu machen und ihnen jeden Wunsch zu erfüllen, denn wir tragen die tief verwurzelte Überzeugung in uns, dies sei die einzig richtige Art zu leben. In Wahrheit ist uns nur nicht bewusst, dass uns eine andere Art zu leben offensteht, die jenseits der in der Kindheit ererbten Selbsteinschränkungen liegt.

Mit diesen Erläuterungen will ich Sie keineswegs dazu anhalten, Ihren Eltern Vorwürfe zu machen oder sich selbst leidzutun. Es geht einfach um einen nüchternen Blick auf die Grundursachen von vielen unserer inneren Nöte. Unsere Eltern haben diese Nöte selbst erlebt, denn auch ihre eigenen Eltern wussten es nicht besser. Von Generation zu Generation bleibt den meisten Menschen verschlossen, wie sie so leben könnten, dass sie sich als vollständige und wertvolle Wesen empfinden. Selbst als Erwachsene hören wir nur selten, dass wir unter allen Umständen liebenswert und – was uns aufgrund unserer einengenden Überzeugungen verborgen bleibt – in Wahrheit bereits reine Liebe sind. Deshalb haben wir eine derart tiefe Sehnsucht nach Liebe, und deshalb fühlt sich Liebe in ihren gesunden Formen auch immer so gut und befreiend an. *Wir suchen nach der Liebe, die wir sind, damit wir einfach nur die Liebe sein können, die wir sind. Intuitiv sind wir alle auf der Suche nach uns selbst, damit wir einfach nur wir selbst sein können.*

Weil uns das aber nicht klar ist, setzen wir uns nach wie vor ständig unter Druck und gestalten unser Leben aus dem Empfinden heraus, unzulänglich und wertlos zu sein. Um uns die Liebe anderer zu sichern, schaden wir uns im Bemühen, sie zufriedenzustellen, fortwährend selbst, weil wir glauben, das sei noch immer der beste Weg, um durchzukommen und nicht unterzugehen. Unsere wahren Bedürfnisse, Wünsche und Träume bleiben dabei die ganze Zeit auf der Strecke, weil wir denken, wir seien es nicht wert, das zu bekommen, was uns wirklich wichtig ist oder was wir uns erträumen. Glücklicherweise ist es die Lebensbestimmung eines jeden Menschen, aus dieser albtraumhaften Verkennung der Wirklichkeit zu erwachen und sich selbst zu heilen, indem er von den einengenden Bedingungen Abschied nimmt, von denen er seine Selbstliebe ständig abhängig gemacht hat. Entscheidend ist die Einsicht, dass hinter all diesen einengenden Bedingungen, die wir uns auferlegen, ganz einfach eine verdrängte innere Not steht, die aus all den Situationen herrührt, in denen wir uns selbst nicht mit der Aufrichtigkeit, dem Wohlwollen und der Güte begegnet sind, die wir brauchen.

Unsere einengenden Überzeugungen, wir seien in irgendeiner Weise unzulänglich oder wertlos, existieren paradoxerweise zu dem Zweck, uns vor den unangenehmen Emotionen zu schützen, die wir selbst hervorgebracht und in uns gespeichert haben. Sie existieren auch, um eine Kontrastfolie zu bieten, die uns eine Vorstellung davon gibt, wie das entgegengesetzte, angemessene Gefühl aussieht. All die Aspekte unseres Lebens, die schmerzlich und unangenehm waren – die wir verurteilen, ablehnen, leugnen, verbergen, meiden, fürchten, bereuen, die uns verunsichern, beschämen, uns ein schlechtes Gewissen oder wütend machen –, halten uns davon ab, unser wahres Wesen zu spüren und zu kennen, das niemals unzureichend, unzulänglich oder unvollständig ist. Sobald wir lernen, uns bei allem, was wir sagen und tun, treu zu bleiben und uns mit Güte zu betrachten, erzeugen wir nicht länger Verhärtungen und Blockaden in einem Körper, der für ein grenzenloses Maß an Lebendigkeit und Liebe gemacht ist.

Wenn wir unsere Liebe zu uns selbst an Bedingungen knüpfen, wirkt sich das auch darauf aus, wie viel innerer Friede und Glück für uns möglich sind. Hinter den Bedingungen, die wir uns auferlegen und die für uns erfüllt sein müssen, damit wir endlich Frieden und Glück finden dürfen, stehen die, die wir an uns stellen, damit wir für uns selbst und andere endlich liebenswert sein können. Das Erfüllen dieser Bedingungen bestimmt darüber, ob und wann dies möglich sein wird. Wenn wir mit der Vorstellung leben, dass wir nur liebenswert sein werden, wenn wir bestimmten Bedingungen genügen, die wir momentan nicht erfüllen, verraten wir unseren Frieden und unser Glück im Grunde an diese ungesunden Gedanken, was stets darauf hinausläuft, dass wir wenig Freude am Leben haben. So wie wir außerhalb von uns selbst nach Liebe suchen, weil wir nicht wissen, wie wir uns selbst lieben oder mit unseren tiefen Verletzungen umgehen können, so suchen wir auch außerhalb von uns selbst nach Glück und Frieden, wenn wir nicht glücklich, zufrieden oder im Reinen damit sind, *wer wir sind, wie es uns ergangen ist oder was wir aus unserem Leben gemacht haben.* Wir landen also, ob wir nun nach Liebe oder nach Glück und Frieden suchen, immer wieder bei der wichtigsten Aufgabe, die wir im Leben zu bewältigen haben: dass wir lernen müssen, uns zu akzeptieren, wertzuschätzen und uns treu zu sein, ganz gleich, wo wir stehen, was wir getan haben oder welchen Weg wir gehen wollen.

Es kommt nicht darauf an, wie viele Ziele wir erreichen, wie viel Geld wir verdienen, wie toll wir aussehen oder wie viel Gutes wir tun. Wir werden immer wieder mit denselben Aspekten unseres Selbst, unseres Lebens und unserer Vergangenheit konfrontiert, mit denen wir nicht zufrieden oder im Reinen sind. Probleme mit unserer Gesundheit, unserem Suchtverhalten, mit Geld oder in Beziehungen sind Appelle unserer Seele an uns, dass wir uns von unseren einengenden Bedingungen freimachen sollen, damit wir Heilung für uns Herz finden und uns von der Fixierung auf eine illusionäre Zukunft lösen können.

Sobald wir vor den Verletzungen aus der Vergangenheit nicht mehr weglaufen, ist für uns leicht zu durchschauen, wie wir in der Gegenwart selbstschädigende Konstellationen herstellen, um uns vor dem zu schützen und von dem abzulenken, was in uns bislang unaufgearbeitet geblieben ist. Wenn wir innerlich so weit zur Ruhe kommen, dass wir nicht mehr alles über das Denken zu kontrollieren versuchen, sondern in die Tiefe und Ganzheit unseres Seins eintauchen, entdecken wir zu unserem Erstaunen unter all den negativen Haltungen und Empfindungen gegenüber uns selbst einen Ozean aus liebender Weisheit und Stärke. Mit dieser Einsicht ist ein Verlangen nach tieferer Hingabe an unsere wahren Empfindungen verbunden, und so müssen wir es uns nicht länger verwehren, uns geborgen und vollständig zu fühlen. Sobald wir eine klare Vorstellung davon gewonnen haben, wie unsere Gewohnheit, unangenehme Empfindungen in uns aufzustauen, dazu führt, dass wir uns ausgeliefert, unzulänglich und im Teufelskreis einer an Bedingungen geknüpften Liebe gefangen fühlen, regt sich in uns von ganz allein der Wunsch, uns selbst nicht länger wehzutun. Wir erkennen, dass jede Bedingung, von der wir unseren inneren Frieden, unser Glück und unsere Selbstliebe abhängig machen, einfach nur ein von Angst gespeistes Denkmuster ist, das wir zum Vorwand nehmen, uns selbst nicht treu sein zu müssen, und das uns offensichtlich nicht länger von Nutzen ist.

Erkundungsfragen

- Von welchen Bedingungen machen Sie es abhängig, ob Sie sich irgendwann im Hier und Jetzt werden lieben können?
- Von welchen Bedingungen machen Sie es abhängig, ob und wann Sie irgendwann inneren Frieden, Glück und Erfüllung finden werden?
- Welche Geschichten fallen Ihnen dazu ein, warum Sie nicht liebenswert sein könnten?
- Welche negativen Vorstellungen haben Sie von sich selbst, die Sie hier und jetzt davon abhalten, sich selbst zu lieben?
- Was an Ihnen, an Ihrem Leben oder an Ihrer Vergangenheit rechtfertigt, dass Sie sich nicht liebenswert fühlen?
- Haben Sie andauernd das Gefühl, Sie müssten mehr aus sich machen, mehr tun oder mehr besitzen, um für sich und andere endlich liebenswert zu sein?
- Haben Sie andauernd das Gefühl, Sie müssten mehr aus sich machen, mehr tun oder mehr besitzen, um endlich im Frieden mit sich und Ihrem Leben und glücklich zu sein?
- Denken Sie, dass Ihre Mutter und Ihr Vater sich selbst vorbehaltlos liebten? Falls Sie das nicht annehmen, können Sie sich dann vorstellen, dass es für Ihre Eltern sehr schwer war, Sie bedingungsfrei zu lieben und Ihnen beizubringen, wie Sie sich bedingungsfrei lieben können?
- Hatten Sie stets das Gefühl, Sie müssten mehr aus sich machen, mehr tun oder mehr besitzen, damit Ihre Eltern Sie liebten oder damit sie zufrieden und glücklich waren? Können Sie sich daran erinnern, wie Ihre Selbstliebe schon sehr früh an Bedingungen geknüpft war?
- In welchen Situationen halten Ängste Sie heute davon ab, so zu reden und zu handeln, wie es Ihren wahren Gefühlen, Bedürfnissen und Wünschen entspricht?
- Können Sie sich heute, auch wenn es Ihnen Angst macht, lieben und wertschätzen, indem Sie sich selbst treu sind?

Schlüsselsätze

- Ich bin liebenswert, so wie ich bin.
- Damit ich mich vollständig und liebenswert fühle, muss ich in jeder Situation ehrlich mit mir und mir selbst treu sein.
- Ich muss nicht mehr sein, mehr tun oder mehr haben, um zufrieden mit mir selbst sein zu können.
- Ich bin es wert, in meinem Leben Liebe zu erfahren. Das war immer so und wird immer so sein.
- Ich vergebe meinen Eltern, dass sie mir nicht beigebracht haben, mich selbst bedingungsfrei zu lieben.
- Ich vergebe meinen Eltern, dass sie nicht in der Lage waren, mich bedingungsfrei zu lieben, zu akzeptieren und zu unterstützen.
- Ich entscheide mich dafür, mir in jedem Augenblick, in jeder Situation und in jeder Beziehung mit bedingungsfreier Liebe, mit Güte und Mitgefühl zu begegnen.
- Vergangenheit und Zukunft sind nicht real. Alles, was für mich wirklich ist, ist das Jetzt, und all die Liebe, die ich brauche, ist bereits in mir lebendig.
- Indem ich jetzt aufrichtig spreche und handle, liebe ich mich selbst.
- Ich werde nicht darauf warten, mich selbst wertzuschätzen oder glücklich zu sein.
- Damit ich mich in der Zukunft selbst lieben und respektieren kann, muss ich mir hier und heute treu sein.

17 Selbstverurteilung und Selbstablehnung überwinden

Ihr sagt, er scheint verrückt zu sein –
Das kommt daher, dass die Musik,
zu der er tanzt, für eure Ohren
nicht geschaffen ist.[39]

Dschalaluddin Rumi

♡ **Loslassen und sich selbst spüren**

Bitte atmen Sie, wo immer Sie gerade sind, ein paarmal langsam und tief in Ihren Bauch, ein und aus. Spüren Sie Ihren ganzen Körper, von den Füßen bis ganz hinauf zum Scheitel und dann wieder hinunter bis in die Fingerspitzen. Bitte lassen Sie alle Anspannung los, die Sie spüren, und lassen Sie sich selbst so sein, wie Sie sind. Nutzen Sie jedes Einatmen, um den Körper zu öffnen und einen inneren Raum entstehen zu lassen, und jedes Ausatmen, um noch entspannter zu werden. Heißen Sie alles willkommen, was Sie hier und jetzt denken, fühlen und erleben. Nehmen Sie dabei Ihren Körper und Ihren Atem aufmerksam wahr.

Wir alle urteilen über uns selbst und oft auch über andere. In beiden Fällen dienen unsere Urteile einzig und allein dem Zweck, uns vor den unangenehmen Emotionen zu schützen, die wir unser Leben lang unterdrückt haben. Wenn wir über andere urteilen, hat das, was wir an uns selbst nicht gut finden, vorübergehend weniger Gewicht, und wir fühlen uns vorübergehend besser. Wir verurteilen andere nur, um uns von dem in uns selbst und in unserem Leben abzulenken, was wir schlecht akzeptieren können. Doch unser wahres Selbst ist es immer wert, respektiert zu werden, ganz gleich, was uns an uns selbst nicht liebenswert vorkommen mag. Wenn wir uns selbst als unzulänglich und wertlos ablehnen, haben wir in Wirklichkeit nur die Verbindung zu dem inneren Raum der Bewusstheit verloren, der nicht nur unser Dunkel und unser Licht umschließt, sondern in dem wir beides auch wertzuschätzen und seinen Sinn zu würdigen vermögen.

Wir alle verlieren zeitweise aus dem Blick, dass unserem wahren Wesen keine Grenzen gesetzt sind, doch wenn wir unserer Bestimmung folgen, finden wir schließlich zu dieser tiefen inneren Wahrheit zurück. Um uns vom Leid zu befreien und uns am Leben freuen zu können, müssen wir die vielen verschiedenen Aspekte unseres Selbst und unserer Erfahrungen anerkennen und akzeptieren. Unsere Aufgabe ist es, auch dann zu unseren Emotionen, Gedanken, Wünschen und Erfahrungen zu stehen, wenn sie uns verletzlich machen und mit tiefer Scham verbunden sind.

Wenn wir aufrichtig prüfen, wie wir derzeit mit uns selbst umgehen, werden wir feststellen, dass es viele Dinge in uns gibt, die wir verurteilen, ablehnen, verbergen und meiden. Nicht alle unsere Gedanken, Gefühle, Wünsche und Bedürfnisse sind uns willkommen. Wie bereits erläutert, haben sich diese Muster der Verurteilung, Ablehnung und Verleugnung unserer wahren Empfindungen in unseren ersten Lebensjahren herausgebildet, weil wir den Verlust der Liebe und Unterstützung fürchteten, die wir damals brauchten. Vielen von uns bleibt vor ihrem Erwachen und ihrer Heilung völlig verborgen, wie weit sie sich davon wegbewegt haben, wer sie wirklich sind, denn sie haben nie gelernt, wie sie ihre Empfindungen zu jeder Zeit ernst nehmen und akzeptieren können.

Die Grundursachen von Selbstverurteilung und Selbstablehnung, so könnten wir sagen, liegen darin, dass wir schon bei unserer Empfängnis und im Mutterleib das Wesen der Liebe nur unter wenig hilfreichen, einengenden Umständen kennengelernt haben. Die meisten von uns wurden aus der Energie dessen heraus gezeugt, was ihre Eltern an jenem Punkt ihrer persönlichen Entwicklung als Liebe zu sich selbst und zu anderen verstanden und empfanden. Vermutlich war zum Zeitpunkt unserer Empfängnis die Dynamik, die im Verhältnis unserer Eltern zu sich selbst und in ihrer Selbstakzeptanz wirksam war, nicht die allergesündeste. Wir könnten sogar behaupten, dass biologisch, genetisch und spirituell gesehen die Wurzeln unseres jetzigen Verhältnisses zu uns selbst durch das Karma vieler Lebenszyklen hindurch in die Vergangenheit zurückreichen.

Dieses unser Leben trägt, ob wir nun an Reinkarnation glauben oder nicht, all das in sich, was wir brauchen, um zu lernen, wie wir vollkommen frei und glücklich sein können. Die Gegenwart birgt sowohl das unbewältigte Vergangene als auch den Keim unserer Zukunft in sich. Die Menschen, die uns auf die Welt gebracht und uns großgezogen haben, konnten uns nicht geben, was sie selbst nie bekommen und nie gelernt hatten. Unsere Eltern und die meisten Menschen, die auf unsere Entwicklung Einfluss nahmen, waren nicht in der Lage, sich selbst vollständig zu akzeptieren. Daraus folgt, dass sie auch uns nicht vollauf akzeptieren oder uns beibringen konnten, wie wir gütig und mitfühlend mit uns selbst umgehen können – selbst wenn sie das aufrichtig wollten. So ergeht es nun einmal den meisten Menschen. Doch wir können es uns nicht leisten, unsere Zeit und unsere Energie darauf zu verschwenden, die Eltern oder irgendjemanden sonst dafür verantwortlich zu machen, dass wir uns hier und jetzt nicht genug lieben. Unsere Eltern kämpften wie alle Menschen darum, sich selbst bedingungsfrei akzeptieren zu lernen, ob ihnen dieser innere Prozess nun bewusst war oder nicht. Zu einer liebevollen Beziehung zu uns selbst zu finden, ist für uns alle eine große Aufgabe, ob wir unsere innere Verletzlichkeit nun in Worte zu fassen vermögen oder nicht. Deshalb sind wir alle gefordert, in uns selbst einen Ort des mitfühlenden Verstehens zu finden, an dem wir uns von allen Schuldzuweisungen freimachen und uns so, wie wir jetzt sind, voll und ganz akzeptieren können.

Draußen, jenseits der Vorstellungen von Richtig und Falsch, liegt ein Feld. Dort werden wir uns treffen. Wenn die Seele sich daselbst ins Gras niederlässt, ist die Welt so voll, dass davon niemand mehr zu reden vermag. Vorstellungen, Sprache, selbst der Ausdruck einander – das alles ist dann sinnlos geworden.[40]

Dschalaluddin Rumi

Wir haben unbewusste Ängste davor entwickelt, dass andere uns verurteilen und ablehnen, und scheuen davor zurück, den mit diesen Erfahrungen verbundenen emotionalen Schmerz zu spüren. Den meisten Menschen ist aber nicht klar, dass der Schmerz, den wir uns dadurch zufügen, dass wir uns selbst ablehnen, noch viel tiefer geht und mehr Schaden anrichtet als der, dem wir zu entfliehen versuchen. Tatsächlich geht die Traurigkeit, die wir empfinden, wenn wir uns von anderen abgelehnt oder verurteilt fühlen, zum größten Teil auf all die Situationen zurück, in denen wir uns selbst nicht ernst genommen und akzeptiert haben. Wer uns verurteilt und ablehnt, tut das nur, weil er sich selbst verurteilt und ablehnt. Sein Verhalten uns gegenüber hat also wenig mit uns zu tun. Wenn wir lernen, uns selbst jeden Tag treu zu sein, was unter anderem bedeutet, dass wir uns selbst so akzeptieren, wie wir sind, lassen wir uns in unserem Verhältnis zu uns selbst immer weniger davon beeinflussen, ob andere uns akzeptieren oder verurteilen.

Bis uns wirklich klar wird, wie aufreibend ein angstgetriebenes Leben ist, gehen wir mit uns selbst genau in der ablehnenden und verletzenden Haltung um, die wir unbewusst von anderen Menschen fürchten. Diese selbstdestruktive Dynamik, die wir nicht bewusst mitbekommen, beschwört zahllose innere Kämpfe zwischen unserem wahren Selbst und der Person herauf, zu der wir im Laufe unseres Lebens geworden sind, um uns Akzeptanz, Anerkennung und Unterstützung zu sichern. Wir fürchten, uns die Liebe anderer Menschen zu verscherzen, doch in einer tieferen Schicht kreisen unsere weit größeren Ängste darum, dass wir all den verdrängten Schmerz nicht spüren wollen, der sich in all den Jahren angesammelt hat, während wir versuchten, jemand zu sein, der wir nicht sind, nur um andere zufriedenzustellen.

Je länger wir uns gestatten, unsere Gefühle, Bedürfnisse und Wünsche zu verleugnen, desto länger bleiben wir von unserem wahren Selbst abgeschnitten und desto frustrierter, deprimierter und verbitterter werden wir. Wenn wir wirklich inneren Frieden, Selbstachtung und Freude am Leben finden wollen, müssen wir uns verzeihen, dass wir uns selbst in der Vergangenheit nicht akzeptiert haben, und uns dafür entscheiden, uns nicht länger abzulehnen. Als Kinder wussten wir nicht, wie wir uns selbst akzeptieren oder für uns selbst eintreten konnten. Doch jetzt sind Sie und ich keine kleinen Kinder mehr, und wir verfügen über die notwendigen Fähigkeiten und die Bewusstheit, um uns all den Empfindungen zu stellen, von denen wir uns bislang abgeschottet haben. Wir haben in uns die Stärke und den Mut, um endlich all das, was uns ausmacht, Gestalt annehmen zu lassen.

In unserer Entwicklung als menschliche Wesen voranzugehen ist ein Prozess, in dem das, was in uns unbewusst oder fragmentiert vorhanden ist, bewusst gemacht und zusammengefügt werden kann. Diese Ausweitung der Bewusstheit und der Sensibilität für unseren inneren Raum ist notwendig, um über den reinen Überlebensmodus hinauszuwachsen und uns in Harmonie mit allen Aspekten unseres Lebens entfalten zu können. Es handelt sich um eine echte Anpassungsleistung, die es uns ermöglicht, uns frei durch unsere innere und äußere Umwelt zu bewegen, und die außerdem der Schlüssel dazu ist, uns einen guten Instinkt zu bewahren. Anders gesagt, unser persönliches Wachstum, unsere Gesundheit und unsere Zufriedenheit hängen von der Bereitschaft ab, all das willkommen zu heißen, was wir in der Vergangenheit verurteilt, abgelehnt und verborgen haben. Deshalb ist jeder Augenblick für uns eine Chance, unsere Gefühle, Gedanken, Wünsche und Bedürfnisse zu akzeptieren und nicht zuzulassen, dass unsere Ängste in weitere Selbstablehnung münden und uns somit mehr Leid bescheren. Unsere Selbstablehnung rührt weitgehend daher, dass wir unser wahres Selbst verleugnen und somit uns selbst und andere belügen. Dies nehmen wir uns dann übel. Wenn wir den Mut finden, in unserem Sprechen und Denken unseren wahren Gefühlen zu folgen, ist das der direkteste Weg, uns ganz so zu akzeptieren, wie wir sind, und Freude an unserem Leben zu finden.

Erkundungsfragen

- Welche Aspekte Ihres jetzigen Selbst lehnen Sie ab, welche verurteilen, verleugnen oder verbergen Sie?
- Welche Aspekte Ihres heutigen Lebens lehnen Sie ab, welche verurteilen, verleugnen oder verbergen Sie?
- Welche Aspekte Ihres früheren Selbst lehnen Sie ab, welche verurteilen, verleugnen oder verbergen Sie?
- Welche Aspekte Ihres vergangenen Lebens lehnen Sie ab, welche verurteilen, verleugnen oder verbergen Sie?
- Wenn Sie sich bei Begegnungen mit anderen beobachten, was sind dann typische Urteile, die Sie über sie fällen? Können Sie erkennen, wie sich darin Ihre eigenen Urteile über Sie selbst spiegeln?
- Was sind derzeit Ihre zentralen Ängste und Verunsicherungen?
- Bei welchen Aspekten Ihrer selbst, Ihres Lebens oder Ihrer Vergangenheit haben Sie Angst, dass andere davon erfahren könnten? Gibt es Dinge, die Sie vor bestimmten oder vor allen Menschen geheim halten? Falls ja, vor wem haben Sie Geheimnisse und warum?
- Wenn Sie eine Zeitreise in die Vergangenheit machen und mit sich selbst als Kind sprechen könnten, was würden Sie ihm dann zum Thema »sich selbst immer treu bleiben« sagen?
- Worauf können Sie heute Ihre Energie ausrichten, um deutlich zu machen, dass Sie all das, was Sie gerne tun, was Sie gern tun würden oder was Sie tun müssen, wirklich akzeptieren?

Schlüsselsätze

- Manchmal ein Urteil über mich selbst zu fällen, ist in Ordnung.
- Wenn ich über mich selbst oder andere urteile, schütze ich mich damit nur vor Schmerz.
- Ich akzeptiere all das, was ich bin. Ich heiße mein Dunkel und mein Licht willkommen.
- Ich muss keine Aspekte meiner selbst verleugnen, um geliebt zu werden.
- Ich bin liebenswert, so wie ich bin. Ich verdiene es, dafür geliebt zu werden, wie ich wirklich bin.
- Ich kann mein eigenes Leben leben. Ich bin nicht dafür da, es anderen recht zu machen oder sie zufriedenzustellen.
- Ich bin hier, um ich selbst zu sein und mich an meinem Leben zu freuen.
- Mich selbst zu akzeptieren bedeutet, meine Gefühle, Gedanken, Bedürfnisse und Träume zu achten und anzunehmen.

18 Sich im Hier und Jetzt selbst vergeben

Du, der du Frieden willst, kannst ihn nur durch vollständige Vergebung finden.[41]

Ein Kurs in Wundern

Loslassen und sich selbst spüren

Bitte atmen Sie, wo immer Sie gerade sind, ein paarmal langsam und tief in Ihren Bauch, ein und aus. Spüren Sie Ihren ganzen Körper, von den Füßen bis ganz hinauf zum Scheitel und dann wieder hinunter bis in die Fingerspitzen. Bitte lassen Sie alle Anspannung los, die Sie spüren, und lassen Sie sich selbst so sein, wie Sie sind. Nutzen Sie jedes Einatmen, um den Körper zu öffnen und einen inneren Raum entstehen zu lassen, und jedes Ausatmen, um noch entspannter zu werden. Heißen Sie alles willkommen, was Sie hier und jetzt denken, fühlen und erleben. Nehmen Sie dabei Ihren Körper und Ihren Atem aufmerksam wahr.

Auch wenn wir alle im Kern gute und liebevolle Menschen sind, leben wir mit Dingen, die wir gesagt oder getan haben und die wir uns nur schwer verzeihen können. Doch wir müssen, ganz gleich, ob wir uns wegen Situationen oder Entscheidungen der Vergangenheit schlecht und schuldig fühlen oder wütend, zerknirscht und voller Scham sind, irgendwann begreifen, dass jede Erfahrung letztlich dazu diente, uns zu unserem wahren Selbst und unserer Lebensbestimmung erwachen zu lassen. Wenn wir uns unbewusst so verhalten haben, dass anderen

Leid widerfuhr, so liegt das stets daran, dass wir bestimmte Dinge zu lernen hatten, um uns in unserer liebenden Präsenz und Bewusstheit weiterentwickeln zu können. Scham, Gewissensbisse, Wut und Reue, die im Körper gespeichert und unbewusst noch immer da sind, halten Schätze der Weisheit für uns bereit, die darauf warten, uns etwas über die wichtigsten Dinge im Leben beizubringen – über Wahrheit, Aufrichtigkeit, Vergebung, Akzeptanz und bedingungsfreie Liebe.

Solange wir uns nicht öffnen und uns jene Dinge nicht verzeihen, die noch immer Scham, Schuldgefühle, Wut oder Reue in uns auslösen, werden diese Aspekte unseres Lebens uns weiterhin davon abhalten, inneren Frieden und Zufriedenheit zu finden. Die toxischen Emotionen, die sich an das knüpfen, was unverziehen bleibt, werden uns dazu anstacheln, Erfahrungen zu kreieren, in denen wir uns selbst und unserem Leben erneut negative Empfindungen entgegenbringen. Auf diese Weise werden wir fortfahren, uns selbst in unangenehme Situationen zu bringen, bis wir schließlich zu der Einsicht kommen, dass wir dazu bestimmt sind, uns selbst zu verzeihen, damit wir in unserem Leben vorwärtsgehen können.

Wir sind zur Vergebung fähig und verdienen sie auch, ganz gleich, wie übel wir uns unser früheres Verhalten auch nehmen mögen. Uns steht Vergebung für das Leid zu, das wir anderen Menschen gebracht haben, doch werden wir diese Vergebung erst wirklich empfangen und annehmen können, wenn wir verstehen, warum wir seinerzeit so gehandelt haben. Selbst wenn die Person, die wir verletzt haben, uns nicht vergeben hat, können wir uns selbst vergeben, uns dem schlechten Gewissen oder der Scham stellen und an der Erfahrung wachsen. Alles, was wir in diesem Leben tun und erfahren, ist dazu da, dass wir daraus lernen. Dazu gehören gerade auch die Fehler, die wir uns selbst vorhalten. Sie sind für uns die wichtigsten Lektionen, um Bewusstheit, Demut und Mitgefühl zu lernen. Damit wir glücklich sein und unsere Wunden heilen können, müssen wir die Botschaften begreifen, die in den von uns selbst herbeigeführten unangenehmen Situationen stecken. Diese Bewusstwerdung versetzt uns am Ende in die Lage, die Knoten von Scham, Schuld, Wut und Reue zu lösen, die mit jenen Erfahrungen der Vergangenheit verquickt sind.

Uns selbst zu vergeben kann sehr schwer sein, wenn wir geliebte Menschen verletzt haben, ohne das eigentlich zu wollen. Besonders schwierig kann Selbstvergebung auch dann sein, wenn uns mehr Schuld an einer unangenehmen Situation zugeschrieben wird, als dies unserer wirklichen Verantwortung dafür entspricht. Irgendwann jedoch müssen wir, ganz gleich, wie viel Leid wir tatsächlich oder aus Sicht der anderen verursacht haben, an einen Punkt kommen, an dem wir uns selbst vergeben. Denn wenn wir unsere mit der Situation verknüpften Gefühle weiterhin unterdrücken, lähmen sie uns, machen uns unglücklich und setzen in jeder Zelle unseres Körpers und in jeder Situation unseres Lebens toxische Prozesse in Gang. Indem wir uns selbst vergeben, ebnen wir den Weg dafür, dass in unserem Denken, Handeln und Sprechen liebende Güte aufscheinen kann. Wir tun der Welt damit einen viel besseren Dienst, als wenn wir in Scham, Schuldgefühlen oder Reue gefangen bleiben. So nehmen wir an Weisheit zu und hören von ganz allein auf, unbewusst so zu reagieren oder zu handeln, dass daraus Leid für uns oder andere erwächst.

Beim Jüngsten Gericht wird der Mensch Rechenschaft ablegen müssen über all die guten Dinge, die er hätte genießen können und nicht genossen hat.

Talmud (Baba Kama, 92)

Wir müssen lernen, uns nicht nur das Leid zu vergeben, das wir anderen zugefügt haben, sondern auch das Leid, das den Ursprung allen Leids bildet, das wir in unserem Leben je heraufbeschworen haben. Wir müssen auf jede Phase unseres Lebens zurückblicken und uns selbst verzeihen, dass wir, um die an Bedingungen geknüpfte Liebe, Akzeptanz, Anerkennung und Unterstützung anderer zu bekommen, schlechte Kompromisse eingegangen sind und uns selbst betrogen und uns Schaden zugefügt haben. Wir müssen in der Zeit zurückgehen und uns vergeben, dass wir missachtet haben, wer wir wirklich sind, denn eben dieses Leid, das wir uns seit unserer Kindheit selbst angetan haben, ist der eigentliche Grund all des Leids, das wir seitdem selbst verursacht oder zugelassen haben.

Um zu dauerhaftem innerem Frieden, Gesundheit und Glück finden zu können, müssen wir uns selbst vergeben, dass wir unser wahres Selbst verworfen haben, um andere zufriedenzustellen, und dass wir so hart, unbarmherzig und aggressiv mit uns selbst umgesprungen sind. Wir müssen uns vergeben, dass wir uns vorgehalten haben, mit uns stimme etwas nicht, und dass wir immer wieder vor unseren wahren Empfindungen davongelaufen sind. Dieser Prozess geht noch tiefer, wenn wir uns vergeben, dass wir es von äußeren Umständen abhängig gemacht haben, ob und wann wir uns selbst wirklich in unserer Ganzheit lieben werden. Wir müssen uns all den Schmerz, die Verwirrung und die Enttäuschung vergeben, die wir uns zugemutet haben, indem wir uns von unseren Ängsten bestimmen ließen. Und schließlich stehen wir vor der Herausforderung, uns in jeder Situation zu akzeptieren, wertzuschätzen, zu respektieren und uns treu zu sein, damit wir uns nicht länger Schaden zufügen, sondern zu einem gesunden und glücklichen Leben finden, das unserem wahren Wesen entspricht und in dem es nichts mehr gibt, was wir uns selbst verzeihen müssten.

Das zentrale Prinzip, das uns verstehen hilft, *wie wir uns selbst vergeben können*, ist dieses: Ich höre auf, mir selbst zu schaden, und lasse nicht mehr zu, dass mir andere schaden. Wenn Sie in jeder Situation mit Güte und Aufrichtigkeit sprechen und handeln, betrügen Sie sich nicht länger und setzen Sie sich nicht länger Situationen aus, die Ihnen nicht guttun. Dann kann die liebende Wahrheit in Ihrem Sprechen und Handeln alte Wunden von innen heraus heilen, ohne dass sich neues, selbst verursachtes Leid dazwischendrängt.

Erkundungsfragen

- Was löst in Ihrem jetzigen Leben Gewissensbisse, Scham, Wut oder Reue in Ihnen aus?
- Welche Dinge aus der Vergangenheit lösen noch immer Gewissensbisse, Scham, Wut oder Reue in Ihnen aus?
- Ist für Sie erkennbar, dass der einzige Grund, warum Sie anderen Leid zugefügt haben, der ist, dass Sie selbst verletzt oder verwirrt waren und deshalb in irgendeiner Weise der Wahrheit auswichen?
- Wo gehen Sie noch immer schlechte Kompromisse ein und rücken von Ihren wahren Gefühlen, Bedürfnissen und Wünschen ab?
- Wann haben Sie sich in der Vergangenheit selbst verraten?
- In welchen Punkten fällen Sie nach wie vor harte Urteile über sich selbst?
- In welchen Situationen springen Sie nach wie vor hart mit sich selbst um?
- Worauf können Sie heute Ihre Energie ausrichten, um deutlich zu machen, dass Sie sich selbst wertschätzen und somit ernst nehmen, was Sie gern tun, gern tun würden oder was Sie tun müssen?

Schlüsselsätze

- Tief in meinem Inneren weiß ich, dass ich ein guter Mensch bin.
- Alles, was geschieht, hat einen Grund.
- Ich vergebe mir, dass ich anderen Leid gebracht habe.
- Ich vergebe mir, dass ich [Name/n der Person/en] Leid zugefügt habe.
- Die Fehler in meinem Leben hatten einen Sinn und waren nötig.
- Ich vergebe mir, dass ich nicht wusste, wie ich mich selbst lieben kann.
- Ich vergebe mir, dass ich Leid und Missachtung zugelassen habe.
- Ich vergebe mir, dass ich mir selbst nicht treu war und mich nicht wertgeschätzt habe.

19 Schmerz, Wut und Hass verwandeln

Nicht wegen deines Zorns wirst du bestraft, sondern durch deinen Zorn. Am Zorn festzuhalten ist, als ob man eine glühende Kohle anfasst, um einen anderen damit zu bewerfen – dabei bist du selbst derjenige, der sich verbrennt.

Buddhistische Weisheit

♡ **Loslassen und sich selbst spüren**

Bitte atmen Sie, wo immer Sie gerade sind, ein paarmal langsam und tief in Ihren Bauch, ein und aus. Spüren Sie Ihren ganzen Körper, von den Füßen bis ganz hinauf zum Scheitel und dann wieder hinunter bis in die Fingerspitzen. Bitte lassen Sie alle Anspannung los, die Sie spüren, und lassen Sie sich selbst so sein, wie Sie sind. Nutzen Sie jedes Einatmen, um den Körper zu öffnen und einen inneren Raum entstehen zu lassen, und jedes Ausatmen, um noch entspannter zu werden. Heißen Sie alles willkommen, was Sie hier und jetzt denken, fühlen und erleben. Nehmen Sie dabei Ihren Körper und Ihren Atem aufmerksam wahr.

Wir alle haben andere schon mit unseren Worten und Handlungen verletzt. Wenn wir lernen, uns selbst zu vergeben, nimmt auch unsere Fähigkeit zu, anderen zu vergeben. Wenn wir uns aber nicht aufrichtig dem gestellt haben, was wir als unsere Fehler betrachten, und somit auch die bedeutsamen Botschaften nicht aufgenommen haben, die in solchen Erfahrungen stecken, dann werden wir uns auch weiterhin damit schwertun, anderen die Unvollkommenheiten zu vergeben, die wir bei ihnen zu erkennen meinen, vor allem wenn wir unter ihnen zu leiden haben. Erst wenn wir uns selbst wirklich verzeihen, können wir uns der Einsicht öffnen, dass wir alle dazulernen und uns weiterentwickeln. Indem wir immer besser verstehen, wie und warum wir in der Vergangenheit Situationen geschaffen haben, in denen wir entweder uns selbst oder anderen Leid zugefügt haben, wächst unser Mitgefühl für andere Menschen.

An einem bestimmten Punkt wird uns klar, dass der einzige Grund, warum wir anderen Menschen Leid zufügen, der ist, dass wir tief in unserem Inneren verletzt, verwirrt und in Verteidigungshaltung sind. Wenn wir ein tieferes Verständnis für die eigenen Entscheidungen und Verhaltensweisen entwickeln, können wir auch besser nachvollziehen, warum andere sich so verhalten haben oder verhalten, dass wir darunter zu leiden haben. Diese neue Stufe der Einfühlung eröffnet uns die Chance, den anderen zu vergeben, vor allem wenn wir erkennen, dass sie Angst hatten oder nicht wussten, was sie taten.

Wer wirklich ehrlich mit sich selbst ist, dem wird mit der Zeit klar, dass er nicht anders und nicht besser als andere ist. Über jemanden das Urteil zu fällen, dass er aus irgendeinem Grund »schlecht« ist oder dass mit ihm »etwas nicht stimmt«, ist einfach eine Form von unbewusstem destruktivem Verhalten. Alle Menschen, Sie und ich eingeschlossen, streben letztlich nur nach Liebe, Verbundenheit, Geborgenheit, Verständnis und Glück, auch wenn sie dabei beträchtliches Chaos und Leid anrichten mögen.

Wenn wir anderen vergeben, ist das ganz in unserem eigenen Interesse, denn es trägt zu unserem eigenen Wohlbefinden weit mehr bei als das Festhalten an Wut, Groll oder Hass, denn diese negativen und aggressiven Regungen zehren an unserer Gesundheit und Zufriedenheit. Sie hindern uns auch daran, in unserem Leben voranzugehen. Deshalb ist es so wichtig, sich der Bitterkeit, der Wut, dem Groll und dem Hass und allen Regungen in uns zu stellen, die sich gegen Menschen oder Gruppen von Menschen richten, denn wenn wir zulassen, dass wir über lange Zeiträume hinweg mit diesem Leid leben, lassen wir uns durch die Opferrolle, in die es uns bringt, unsere Lebensfreude wegnehmen. Wir legen uns Rechtfertigungen zurecht, warum wir hier und heute nicht die volle Verantwortung für unsere Zufriedenheit und unseren inneren Frieden übernehmen können, und machen uns letztlich noch kränker und unglücklicher, während die anderen, denen wir die Verantwortung zuschieben wollen, sich vielleicht gar nicht schuldig fühlen. Wenn wir schließlich die Stärke, Weisheit und Demut finden, anderen zu vergeben und in unserem Leben voranzugehen, werden wir rasch wieder Kraft schöpfen können, um uns auf all das zu konzentrieren, was uns am Herzen liegt, und unser Leben zu genießen.

Wenn ein anderer Mensch Sie leiden lässt,
dann tut er es, weil er selbst innerlich tief leidet
und sein Leid überläuft. Er braucht keine Bestrafung,
er braucht Hilfe.[42]

Thich Nhat Hanh

Am Ende wird für Sie klar auf der Hand liegen, dass Sie, um sich selbst mit ganzem Herzen lieben und sich am Leben freuen zu können, der bedingungsfreien Liebe, die Sie selbst sind, Ausdruck verleihen müssen, indem Sie wahre Vergebung in die Welt tragen. Anderen zu vergeben führt uns stets geradewegs zur Selbstvergebung zurück. Das Leid, das wir in zwischenmenschlichen Beziehungen erfahren haben, ist fast immer deshalb geschehen, weil wir das zugelassen haben. Fast immer waren wir mehr oder weniger unachtsam, sind höchstwahrscheinlich schlechte Kompromisse eingegangen oder haben uns selbst in irgendeiner Weise vernachlässigt oder verraten, um andere zufriedenzustellen.

Wenn uns eine tiefe Kränkung, die uns jemand zugefügt hat, nach längerer Zeit noch nachgeht, wird uns das Kernproblem immer wieder einholen, solange wir nicht wissen, wie wir uns selbst wertschätzen und uns treu sein können. Wir werden nur vorankommen, wenn wir aus einer Haltung der Aufrichtigkeit, Güte und Selbstachtung heraus sprechen und handeln, denn auf diese Weise heilen wir die Wunden der Vergangenheit. Bitte vergeben Sie sich also, dass Sie das, was geschehen ist, zugelassen haben. Sie wussten es noch nicht besser. Bitte öffnen Sie sich auch dafür, denen zu vergeben, die Ihnen in irgendeiner Weise wehgetan haben. Auch sie sind noch im Prozess des Lernens. Wie schon erwähnt ist der Schlüssel dazu, uns selbst und anderen vergeben zu können, dass wir uns niemals wieder selbst ablehnen oder betrügen. Als Erwachsene sind Sie in der Lage, für sich selbst einzutreten, Verantwortung für Ihr Leben zu übernehmen und nie wieder zuzulassen, dass Sie Opfer des Unbewussten eines anderen Menschen werden. Sobald Sie sich vollkommen treu bleiben, selbst wenn Sie dabei Angst haben, wird alles verziehen sein, und Sie werden endlich frei sein und sich an Ihrem Leben freuen können. Sie können wählen, ob Sie glücklich sein oder in Bitterkeit, Wut und Hass verharren wollen. Wofür werden Sie sich entscheiden?

Erkundungsfragen

- Gibt es in Ihrem Leben Menschen, von denen Sie sich in irgendeiner Weise verletzt, betrogen, missachtet oder ungerecht behandelt fühlen? Wer sind diese Menschen, gegen die sich Ihre Wut, Ihr Groll oder Ihr Hass richtet, und woher rühren diese Empfindungen?
- Haben Sie diesen Menschen all das Leid verziehen, das Sie durch sie erlitten zu haben glauben? Falls nicht, warum nicht? Sind Sie bereit, ihnen zu vergeben, sich selbst zu vergeben und in Ihrem Leben voranzugehen?
- Hat jemand Ihnen das Herz gebrochen, und Sie haben es ihm nicht verziehen?
- Hassen Sie jemanden oder etwas? Falls ja, wen oder was und warum?

- Wollen Sie sich von den Menschen, von denen Sie einst verletzt oder nicht wertgeschätzt wurden, wirklich Ihre Gesundheit, Ihr Glück und Ihren Frieden wegnehmen lassen?
- Ist für Sie erkennbar, dass Sie sich in jeder Situation und in jeder Beziehung, in der Sie sich schlecht behandelt oder ausgenutzt fühlten, in gewisser Weise auch selbst verraten haben? Können Sie sich verzeihen, dass Sie nicht wussten, wie Sie aus Ihren wahren Empfindungen heraus sprechen und handeln konnten?
- In welchen Situationen müssen Sie hier und heute Ihr Sprechen und Handeln auf Ihre wahren Empfindungen, Bedürfnisse und Wünsche gründen, damit Sie sich nicht mehr selbst schaden oder zulassen, dass Ihnen Leid zugefügt wird?

Schlüsselsätze

- *Bitte legen Sie eine Liste von allen Menschen an, gegenüber denen Sie Wut, Groll, Bitterkeit oder Hass empfinden. Bitte sagen Sie den folgenden Satz zu sich und fügen Sie jeweils den Namen von einer dieser Personen ein:* Ich vergebe [Name der Person], und ich werfe eine Last ab.
- Ich vergebe mir, dass ich unachtsam war. Ich vergebe mir, dass ich mich selbst nicht geliebt habe.
- Ich bin Liebe, und es liegt im Wesen der Liebe, zu vergeben.
- Auch ich habe Dinge getan, mit denen ich anderen Leid zugefügt habe. Warum sollte ich mich also nicht um Vergebung bemühen?
- Ich kann vergeben, ohne dass ich deswegen naiv sein müsste. Ich kann vergeben und dabei auch würdigen, dass ich Schritte nach vorn tue.
- Ich bin bereit, zu vergeben und auf dem Weg meiner Lebensbestimmung voranzugehen.
- Ich vergebe mir, dass ich zu meinem eigenen Schaden auf die Liebe, Akzeptanz, Anerkennung und Unterstützung anderer fixiert war.

20 Dem Herzen folgen

Wenn alle gutheißen, was du tust,
lege ich dir nahe, zu überdenken, was du tust.

Saint Germain

♡ Loslassen und sich selbst spüren

Bitte atmen Sie, wo immer Sie gerade sind, ein paarmal langsam und tief in Ihren Bauch, ein und aus. Spüren Sie Ihren ganzen Körper, von den Füßen bis ganz hinauf zum Scheitel und dann wieder hinunter bis in die Fingerspitzen. Bitte lassen Sie alle Anspannung los, die Sie spüren, und lassen Sie sich selbst so sein, wie Sie sind. Nutzen Sie jedes Einatmen, um den Körper zu öffnen und einen inneren Raum entstehen zu lassen, und jedes Ausatmen, um noch entspannter zu werden. Heißen Sie alles willkommen, was Sie hier und jetzt denken, fühlen und erleben. Nehmen Sie dabei Ihren Körper und Ihren Atem aufmerksam wahr.

Aus jedem Wunsch unseres Herzens spricht der auf Höherentwicklung drängende Impuls des Lebens und der Natur, der uns vorantreibt zu dauerhaftem innerem Frieden, zu Glück und Entfaltung unseres gesamten Potenzials. Die Wünsche in unserem Herzen sind in Wahrheit die Wünsche Gottes oder mit anderen Worten: das Verlangen der Intelligenz des Universums, sich in unserem Leben selbst zu erkennen und in ihm Gestalt anzunehmen. Unsere einengenden Überzeugungen verstellen uns den Blick dafür, dass wir durchaus in der Lage sind,

Wünsche zu erzeugen, zu hegen und Wirklichkeit werden zu lassen, die dann über lange Zeit hinweg in unserem Herzen lebendig sind. Wir müssen einfach lernen, uns selbst anzuerkennen und unseren eigenen Wert zu schätzen, anstatt uns mit weniger zu begnügen. Jeder starke Wunsch, der sich in uns regt, enthält eine wichtige Botschaft, die wir aufnehmen müssen, damit wir den Mut finden, uns selbst treu zu sein, bedingungsfreie Liebe in die Welt zu tragen und uns einfach jeden Tag am Leben zu freuen.

Manche Lehrmeinungen besagen, dass Wünsche Leid verursachen und deshalb zurückgehalten oder nicht ins Handeln umgesetzt werden sollten. Nach meiner Erfahrung ist das aber nicht die ganze Wahrheit. Wünsche führen dann zu Leid, wenn wir uns davon abhängig machen, zu bekommen, was wir wollen, weil wir versuchen, uns selbst, unserem Leid oder einer bestimmten Situation auszuweichen. Wünsche rufen auch dann Leid hervor, wenn wir eine entscheidende Lernerfahrung machen müssen, die uns später eine große Hilfe sein wird. Wir können einen Wunsch, bestimmte Dinge hervorzubringen, zu erreichen und zu genießen, aber auch verspüren, ohne dass er Leid zur Folge hat, sofern wir uns zugleich unseren wahren Empfindungen in der Gegenwart und unseren unverarbeiteten emotionalen Wunden aus der Vergangenheit stellen.

Ist ein Wunsch ungetrübt von Verleugnung und Angst, kann er uns zu Freude, gesundem kreativem Selbstausdruck und innerem Frieden hinführen. Die evolutionäre Kraft des Universums, die in jeder unserer Zellen lebendig ist, weist uns stets den Weg zu Gesundheit und Glück, zu denen wir *kraft unserer Wünsche* hinstreben. Der Wunsch des Universums, sich mittels unserer materiellen Existenz Ausdruck zu verschaffen, lässt sich, so sehr wir uns auch sträuben mögen, nicht aufhalten, denn Sie und ich sind aus dieser kreativen Macht und Intelligenz, die dem tiefen Verlangen folgt, sich selbst in allen Dingen und Wesen, die ins Dasein treten, zu erkennen und zu erfahren, hervorgegangen und mit ihr eins. Wir können also nicht verhindern, dass ein Wunsch in uns aufsteigt. Selbst wenn er uns anfangs Schmerzen bereitet, ist es paradoxerweise der Wunsch selbst, der uns am Ende zwingt, den Blick auf die Ursachen der Schmerzen zu richten. Wenn wir eine Zeit lang nur deshalb nach vielen angenehmen Erfahrungen streben, weil wir dem, was in unserem Leben schwierig ist, aus dem Weg gehen wollen, werden wir irgendwann merken, dass diese Ausrichtung nicht wie erhofft Erleichterung, Glück oder anhaltenden inneren Frieden bringt. Sobald wir uns dieser Situation aber wirklich stellen, können wir die unangenehmen Emotionen, die wir gemieden oder gegen die wir uns abgestumpft haben, schließlich heilen. In diesem Prozess entsteht ganz von selbst eine reinere Form des Wunsches, die uns dann den Weg weist, auf dem wir uns mit innerem Frieden und Wahrheit in unserem Herzen am Leben und an der Liebe freuen können.

Wenn wir unsere Wünsche fortwährend verleugnen, unterdrücken wir damit das Leben und die Liebe, die sich durch uns Ausdruck zu schaffen versuchen. Indem wir die Wünsche ablehnen, verweigern wir uns den Lern- und Heilerfahrungen, zu denen sie uns hinführen wollen. Oft wollen wir auch einfach nichts von der Wahrheit wissen und richten uns mit einer Lebenslüge ein. Es ist aus verschiedensten Gründen stets zu unserem Besten, uns Klarheit darüber zu verschaffen, was wir uns wirklich wünschen, damit wir die für uns notwendigen Lernerfahrungen machen und dem, was uns wirklich entspricht, aufrichtig und aus ganzem Herzen Ausdruck verleihen können. Falls unsere Wünsche sich zunächst auf Essen, Alkohol, Drogen, Sex, Geld, Aufmerksamkeit, Anerkennung, Ruhm, Liebe oder Freiheit richten, sollten wir diese innere Wahrheit besser ernst nehmen, selbst wenn sie in uns Leid verursachen, anstatt die Existenz der Wünsche fortwährend zu verleugnen. Denn nur wenn wir dem überstarken Verlangen nach einer Sache oder einer Person zunächst einmal Raum geben, können wir schließlich zu einem Gleichgewicht finden und Mäßigung und Selbstdisziplin schätzen lernen. Ähnlich wie ein Vogel, der immer wieder gegen eine Fensterscheibe fliegt und sich verletzt, weil er das Glas nicht sieht, müssen wir nach Dingen, die uns Leid bescheren, zunächst einmal streben, ehe wir aus einem natürlichen Impuls heraus von ihnen ablassen können. Auf diese Weise lernen wir, unserer Zeit und Energie einen höheren Wert beizumessen, und fühlen uns bei unserer Entscheidung im Einklang mit uns selbst.

Um zu tiefer Freude am Leben zu finden, müssen wir zunächst nach dem trachten, was wir uns wünschen, ehe wir die Illusion, es werde uns für immer glücklich machen oder Erfüllung bringen, zu durchschauen vermögen. Daran führt kein Weg vorbei, sofern wir uns nicht in einer Höhle verkriechen – wobei selbst dort die meisten Menschen nicht finden würden, was sie suchen. Indem wir unserem Herzen folgen, gelangen wir schließlich genau zu den für uns notwendigen Einsichten in das, was unserem Wohlbefinden und der Liebe zu uns selbst förderlich ist und was nicht. Nur durch Versuch und Irrtum lernen wir, uns auf eine Weise am Leben zu freuen, mit der wir uns selbst nicht schaden. Dieses Wechselspiel zwischen unseren Wünschen und den damit verbundenen Freuden und Leiden führt stets zu einer klareren Vorstellung von dem vollkommenen Plan, den das Universum verfolgt, um uns aufzuwecken und uns daran zu erinnern, dass wir Frieden, Glück, Freiheit und Liebe, die wir ersehnen, nur in uns selbst finden werden.

Liebe hat keinen anderen Wunsch,
als sich zu erfüllen.[43]

Kahlil Gibran

Wir können das Leid niemals loswerden, indem wir es ausblenden. Zu wahrem Glück finden wir nur, indem wir mutig und mit bedingungsfreier Selbstliebe in den Kern unseres Schmerzes vorstoßen. Das Schwierige dabei ist stets, unserer inneren Stimme zu folgen. Gelingt uns dies, schließt die Liebe in uns ganz von selbst von innen heraus die tiefsten Wunden und lässt sie heilen. Unsere Wünsche werden uns, auch wenn dies durch das Streben nach Ersatzbefriedigungen zunächst verdeckt sein mag, am Ende schließlich dazu bringen, dass wir uns demütig einer höheren Wahrheit beugen. Denn unser Herz leitet uns fortwährend dazu an, uns selbst, andere und alles Leben bedingungsfrei zu lieben, auch wenn wir uns dabei selbst manchen

Schmerz zufügen mögen. Am Ende wird uns jeder Wunsch näher zu Weisheit, Friede und Freiheit führen.

Wir sehnen uns alle danach, dass es uns in einem gesunden Körper gut geht und wir unser wahres Selbst zur vollen Entfaltung bringen können. Sie werden mir sicherlich zustimmen, dass Ihre tiefsten Wünsche darauf zielen, Wohlbefinden, Liebe, Freude, Frieden, Geborgenheit, Inspiration, Verbundenheit, Wertschätzung, Respekt zu erfahren und dafür anerkannt zu werden, wer Sie wahrhaft sind. Jeder Moment, in dem wir *diese Elemente in unserem Leben nicht spüren können*, ist ein deutliches Signal, dass wir in dem einen oder anderen Aspekt unseres Lebens uns selbst mehr wertschätzen, aufrichtiger sein und mehr auf unser Herz hören sollten. Jedes Mal, wenn wir unglücklich, verunsichert, ängstlich oder frustriert sind, uns unzulänglich, schuldig, einsam oder unwohl fühlen oder uns schämen, ist das ein Appell unserer Seele an uns, uns treu zu sein und uns auf die Dinge zu fokussieren, bei denen wir uns lebendig fühlen.

Angst vor bestimmten Personen oder Dingen ist der Hauptgrund, aus dem wir nicht jederzeit unserem Herzen folgen. Doch auch wenn uns Zweifel und Sorgen plagen, wird unser Herz uns immer den Weg weisen und zeigen, wo wir sein und was wir tun sollen. Die unbekannten Territorien, in die es uns geleitet, schüchtern uns ein, denn um vorwärtszukommen, müssen wir uns ändern und unsere Komfortzone hinter uns lassen. Oft fürchten wir uns sogar davor, positive Erfahrungen zu machen, weil sie etwas Neues und Unbekanntes für uns wären. Wir haben eine unbewusste Angst davor, auf Dauer gesund und glücklich zu sein, denn diese Erfahrung wäre uns nicht nur fremd, sondern könnte anderen auch zurückspiegeln, wie unglücklich sie doch sind, und uns dann ein schlechtes Gewissen machen.

Vielleicht haben wir Gewissensbisse, eine Arbeitsstelle aufzugeben oder uns aus einer Beziehung zu lösen, in der wir uns nicht mehr wohlfühlen oder die nicht mehr dem entspricht, was wir wollen. Vielleicht fühlen wir uns schuldig, weil wir an einem bestimmten Tag gern etwas anderes tun möchten, als andere von uns erwarten. Zu anderen Zeiten scheuen wir uns, die Trauer wegen eines Verlusts oder das schmerzliche Gefühl, allein auf der Welt zu sein, in uns zuzulassen. Oft fürchten wir, andere zu verletzen, falls wir uns dafür entscheiden, uns selbst treu zu sein und unserem Herzen zu folgen, denn manchmal schlagen wir in unserer Entwicklung dann eine Richtung ein, die uns von Menschen wegführt, die uns sehr wichtig sind oder waren. Wesentlich ist hier die Einsicht, dass hinter all dem eine tiefer sitzende Angst davor steht, den emotionalen Schmerz zu spüren, den wir uns in der Vergangenheit selbst zugefügt haben, indem wir uns selbst im Stich gelassen und unsere innere Wahrheit verraten haben.

Anstatt uns diesen Emotionen zu stellen, wenn sie in uns aufsteigen, verharren wir oft in Situationen und Beziehungen, in denen wir nicht glücklich sind, weil wir entweder nicht bereit sind, Verantwortung für unsere wahren Empfindungen zu übernehmen, oder nicht wissen, wie wir das machen sollen. Wir neigen dazu, es denen um uns herum weiterhin recht machen zu wollen, damit wir kein schlechtes Gewissen bekommen und damit diejenigen, die verfehlte Erwartungen an uns haben, keine Kritik an uns üben. Wir müssen uns unbedingt klarmachen, dass hinter der Angst, andere zu verletzen, oft ganz einfach die Angst vor dem steckt, was in uns hochkommen könnte, wenn wir uns mit dem auseinandersetzen, was sich an einem bestimmten Punkt in unserem Leben nicht gut oder authentisch anfühlt. Unsere Ängste steigen in uns auf, woraufhin sich unser Verstand einschaltet, um scheinbar vernünftige Gründe dafür zu finden, warum wir da bleiben sollten, wo es uns schlecht geht. Wir wollen letztlich nur vermeiden, dass wir uns den Konsequenzen einer Entscheidung, ehrlich mit uns selbst zu sein, stellen müssen. Aus Gewohnheit weisen wir unsere wahren Empfindungen zurück, um das Gefühl zu wahren, jeden Aspekt unseres Lebens unter Kontrolle zu haben.

Welchen Kurs du auch einschlägst, immer wird dir jemand sagen, dass es der falsche ist. Es werden immer wieder Schwierigkeiten auftauchen, die dich glauben lassen, dass deine Kritiker recht haben. Seinen Kurs festzulegen und ihn bis ans Ende zu verfolgen erfordert Mut.[44]

David C. Cook

Eines der größten Hindernisse, die uns davon abhalten, unserem Herzen zu folgen, ist die Angst davor, was andere von uns denken und wie sie über uns urteilen werden. Wenn wir dieser Angst Raum geben, erlauben wir ihr, Kontrolle über unser Leben auszuüben, und richten uns selbst zugrunde. Unsere von Angst beherrschten Gedanken und Gewohnheiten bringen uns dazu, uns als Opfer wahrzunehmen und uns selbst leid zu tun, während wir in Wirklichkeit in unserem Sprechen und Handeln im Hier und Jetzt ganz einfach nicht ehrlich mit uns selbst sind. Uns ist oft nicht bewusst, dass das ständige Bemühen, alle um uns herum zufriedenzustellen, der direkteste Weg in Depression, Verbitterung und Krankheit ist. Indem wir uns fortwährend selbst ablehnen und das Urteil anderer fürchten, fügen wir dem Leid, von dem wir uns zu befreien versuchen, nur noch ungemein größeres hinzu. Doch wir sind nicht verantwortlich dafür, was andere von uns denken, wie sie auf uns reagieren oder wie sie über uns urteilen. Solange wir unsere Gefühle, Bedürfnisse und Wünsche aufrichtig und gütig zum Ausdruck bringen, ist es allein unsere Sache, was wir mit unserem Leben anfangen.

Es wirkt sehr befreiend, zu erkennen, dass der einzige Grund dafür, dass jemand überhaupt negative Urteile über uns fällt, der ist, dass sie über sich selbst genauso urteilen. Und der einzige Grund dafür, dass sie sich selbst verurteilen, ist der, dass sie mit irgendetwas in ihrem eigenen Leben nicht zufrieden sind. Indem sie uns verurteilen, versuchen sie, sich unbewusst vor dem zu schützen, was bislang in ihnen selbst unaufgelöst und ungeliebt geblieben ist. Also ist alles, was Sie zu tun haben, wenn Sie sich geringgeschätzt fühlen oder sich vor Geringschätzung fürchten, dass Sie sich selbst treu bleiben und sich vor Augen halten, dass die Urteile der anderen über Sie eigentlich nicht auf Sie persönlich zielen. Bedingungsfreie Selbstliebe zu lernen bedeutet auch, unserem Herzen zu folgen, ohne uns darum zu sorgen oder Angst davor zu haben, was andere darüber denken werden. Wenn wir die Macht des Herzens in uns wirklich respektieren, haben wir nicht nur mehr Respekt vor uns selbst, sondern erkennen auch, dass eine Weigerung, unserem Herzen zu folgen, nur in Lügen und Unglück endet. Irgendwann begreifen wir, dass unsere negativen Urteile über uns selbst und unsere Ängste die einzigen Hindernisse sind, die uns wirklich im Weg stehen, und dass alles Übrige nur Vorwände sind, um uns beklagen oder die Opferrolle einnehmen zu können. Wenn wir aufhören, uns selbst abzulehnen, und uns von unseren Ängsten lösen, werden wir bei Weitem nicht so viel Kritik auf uns ziehen wie bisher, und falls die anderen uns doch verurteilen, sind wir zu sehr damit beschäftigt, das Leben zu genießen, um an ihre Kritik Energie zu vergeuden.

Alle Menschen träumen, aber nicht alle gleich. Die in der Nacht in den staubigen Winkeln ihres Gehirns träumen, wachen am Tag auf und wissen, daß es nur Schäume waren; aber die Tagträumer sind gefährliche Menschen, denn sie können ihre Träume mit offenen Augen leben, um sie in die Tat umzusetzen.[45]

Thomas E. Lawrence

Unsere Angst vor Kritik hängt auch mit unserer Angst vor Versagen zusammen. Wir leugnen die Stimme unseres Herzens immer wieder, weil wir befürchten, wir könnten uns »falsch« entscheiden oder müssten nach einiger Zeit umschwenken: *Was werden sie von mir denken?*

Was ist, wenn ich das nicht bis zum Ende durchziehe oder durchhalte? Was ist, wenn ich es mir anders überlege und etwas anderes will? Was ist, wenn ich nicht gut genug, geschickt genug oder stark genug bin? Auch wenn wir Angst haben, etwas nicht zu schaffen, werden wir uns doch besser fühlen, wenn wir es wenigstens versucht haben, ganz gleich, wie die Sache ausgeht. Wahres Scheitern heißt, es überhaupt nicht zu versuchen und nicht mit ganzem Herzen und ganzer Seele nach dem zu streben, was wir ersehnen und lieben. Am Ende misst Erfolg sich nicht daran, ob wir ein Ziel erreichen, sondern daran, inwieweit wir in uns den Mut und die Stärke finden, die zu innerem Frieden, Erfüllung und Selbstachtung hinführen. Indem wir Tag für Tag unserem Herzen folgen, festigen wir unseren Glauben an uns selbst, denn je konsequenter wir unserem inneren Leitstern Beachtung schenken, desto mehr vertrauen wir darauf, dass er uns hilft, unseren Weg zu finden. Dieser Prozess lässt unser Selbstwertgefühl mit jedem Schritt weiter wachsen und stärkt so die wahre Freude am Leben.

Ich habe festgestellt, dass ich mit dem Finger am Puls des Universums bleibe, wenn ich im gegenwärtigen Augenblick meinem Herzen folge, das mich nie in eine falsche Richtung lenkt. Wir können also, wenn wir unserem Herzen folgen, keine falsche Entscheidung treffen, denn wir erfahren jedes Mal genau das, was wir für unser persönliches Wachstum und unsere Weiterentwicklung brauchen. Wenn wir an irgendeinem Punkt feststellen, dass unsere Wünsche sich inzwischen auf etwas anderes richten, spricht überhaupt nichts dagegen, dass wir einen neuen Weg einschlagen, denn indem unser Bewusstsein sich weitet, werden wir uns klarer darüber, was wir wollen, brauchen und wichtig finden. Es ist immer besser, ein Risiko einzugehen, den Sprung zu wagen, Neues auszuprobieren, zu lernen und zu wachsen, als sich von seinen Ängsten lähmen zu lassen. Es ist immer besser, aufrichtig zu sein und zu leben, neugierig zu sein und zu lieben, als in stiller Reue zu leiden. Es geht im Leben eigentlich nicht darum, wo unsere Reise endet, sondern darum, wie intensiv und authentisch wir jeden Tag und jeden Augenblick leben und wie viel echte Liebe wir in die Welt tragen. Wenn wir ein Ziel erreichen, aber irgendwo auf dem Weg dorthin unsere innere Wahrheit verraten haben, werden wir den Erfolg und die Selbstachtung, auf die wir aus sind, nie *wirklich spüren*. Unser Leben kann nur gelingen, wenn wir unserem Herzen folgen und deshalb in jeder Zelle unseres Körpers wissen, dass wir uns selbst und anderen treu waren und sind. Wenn unser Leben auf dem inneren Erfolg aufbaut, der aus wahrer Selbstliebe und einem Leben in Aufrichtigkeit erwächst, befreien wir uns nicht nur von Leid, sondern werden auch feststellen, dass die Fundamente unseres Daseins so stark geworden sind, dass wir keine Angst haben müssen, jemals wieder bei etwas zu scheitern, zu dem unser Herz uns inspiriert.

Erkundungsfragen

- Was sagt Ihnen Ihr Herz? Was wollen und brauchen Sie im gegenwärtigen Augenblick?
- Was wollen Sie spüren, erleben, schaffen, tun, erreichen?
- Welchen Personen oder Dingen erlauben Sie, Sie aufzuhalten?
- Vor wem oder was haben Sie Angst? Wessen Urteil fürchten Sie?
- Wessen Billigung suchen Sie und schaden sich damit selbst?
- Welche Geschichten erzählen Sie sich, die eigentlich nur Vorwände sind, um die Angst vor Versagen, die Angst vor Verurteilung durch andere oder die Angst vor dem Hochkommen emotionalen Leids zu überdecken?
- Sind Sie bereit, diese Geschichten und Ihre Ängste hinter sich zu lassen?
- Wenn nicht, wann werden Sie so weit sein?
- Wollen Sie ein Leben im Zeichen der Reue leben?

Schlüsselsätze

- Wenn ich meinem Herzen folge, kommt für mich immer das Beste heraus.
- Die Wünsche in meinem Herzen sind Gott und das Universum, sie weisen mir den Weg.
- Ich lasse mit Leichtigkeit alle meine Wünsche wahr werden.
- Mein Herz ist eins mit Gottes Herz.
- Mein Herz ist eins mit dem Herz jedes Menschen.
- Liebe ist mein innigster Wunsch.
- Wenn ich meinem Herzen folge, heile ich es und finde die Liebe, nach der ich suche.
- Ich muss mich nicht darum sorgen, was andere von mir denken.
- Ich habe alles in mir, was ich brauche, um mir ein erfülltes Leben zu erschaffen, das ich liebe.
- Nur ich selbst kann mir die Erlaubnis dafür geben, glücklich zu sein.

21 Sich von der Angst lösen

Unsere tiefste Angst ist nicht die, daß wir unzulänglich sind. Unsere tiefste Angst ist die, daß wir über die Maßen machtvoll sind. Es ist unser Licht, nicht unsere Dunkelheit, das uns am meisten erschreckt. Wir fragen uns: Wer bin ich denn, daß ich so brillant, talentiert, fabelhaft sein sollte? Aber wer sind Sie denn, daß Sie es ›nicht‹ sein sollten? Sie sind ein Kind Gottes. Wenn Sie sich kleinmachen, dient das der Welt nicht. Es hat nichts von Erleuchtung an sich, wenn Sie sich so schrumpfen lassen, daß andere Leute sich nicht mehr durch Sie verunsichert fühlen. Wir sollen alle so leuchten wie die Kinder. Wir sind dazu geboren, die Herrlichkeit Gottes in uns zu manifestieren. Sie existiert in allen von uns, nicht nur in ein paar Menschen. Und wenn wir unser eigenes Licht leuchten lassen, erlauben wir auch unbewußt anderen Menschen, das gleiche zu tun. Wenn wir von unserer eigenen Furcht befreit sind, befreit unsere Gegenwart automatisch auch andere.[46]

Marianne Williamson

Loslassen und sich selbst spüren

Bitte atmen Sie, wo immer Sie gerade sind, ein paarmal langsam und tief in Ihren Bauch, ein und aus. Spüren Sie Ihren ganzen Körper, von den Füßen bis ganz hinauf zum Scheitel und dann wieder hinunter bis in die Fingerspitzen. Bitte lassen Sie alle Anspannung los, die Sie spüren, und lassen Sie sich selbst so sein, wie Sie sind. Nutzen Sie jedes Einatmen, um den Körper zu öffnen und einen inneren Raum entstehen zu lassen, und jedes Ausatmen, um noch entspannter zu werden. Heißen Sie alles willkommen, was Sie hier und jetzt denken, fühlen und erleben. Nehmen Sie dabei Ihren Körper und Ihren Atem aufmerksam wahr.

So wie kein Mensch krank oder unglücklich sein will, so will auch niemand in Furcht leben. Wenn Sie Ihre grundlegenden Ängste nicht direkt angehen, werden diese sich ständig über Ihre Vorstellungen von der Zukunft legen, sodass Sie sich ein Leben erschaffen, das von dem bestimmt ist, was Sie fürchten, und nicht von dem, was Sie lieben. Solange wir uns der Angst nicht ehrlich stellen und sie nicht umwandeln, wird sie uns stets dazu antreiben, so zu sprechen und zu handeln, dass wir genau die Situationen und Erfahrungen herbeiführen, die wir am meisten fürchten. Wenn wir zulassen, dass dieser Prozess unbewusst weiterläuft, festigen wir unsere einengenden Überzeugungen und untergraben zugleich unsere Gesundheit, unsere Zufriedenheit und alles andere potenziell Positive in unserem Leben.

Indem wir uns genauer anschauen, vor wem und vor was wir uns hier und heute fürchten, beginnen wir zu verstehen, woher die Ängste rühren und welche Gedanken und Emotionen uns bremsen, krank machen und im Unglück verharren lassen. Dabei geht uns auf, dass die Wurzeln unserer aktuellen Ängste in der Vergangenheit liegen und dass wir uns von der unwillkürlichen Erwartung lösen können, dass dieselben negativen oder schmerzlichen Ereignisse erneut eintreten. Wenn wir unser angstgetriebenes Denken bewusster wahrnehmen, erkennen wir, wie unsere unaufgearbeiteten Erfahrungen uns in unseren Vorstellungen davon, wie unsere künftigen Erfahrungen aussehen werden, beeinflussen und einschränken. Der Schmerz in unserem Herzen und die Angst vor neuem Schmerz lösen negative Zukunftserwartungen aus. Doch daran können wir etwas ändern, indem wir unsere angstbeherrschten Gedanken und Gewohnheiten hier und heute bewusster wahrnehmen. Wir müssen den staunenswerten Möglichkeiten, die sich jeden Tag für uns auftun, nicht länger Grenzen setzen.

Indem wir lernen, wie wir mit unseren Ängsten umgehen können, sobald sie in uns aufsteigen, können wir sie auflösen und sind somit nicht länger unseren Befürchtungen ausgeliefert, dass sie sich bewahrheiten werden. Auf diese Weise lassen wir auch die Überzeugung hinter uns, die Zukunft werde so hart und schlimm sein wie die Vergangenheit. Dies eröffnet uns mehr Freiraum und Energie dafür, uns hier und heute am Leben zu freuen.

> *Die Höhle, in die vorzudringen du dich fürchtest, birgt den Schatz, nach dem du suchst.*[47]
>
> *Joseph Campbell zugeschrieben*

Es gibt zwei Hauptmöglichkeiten, wie Sie Ihre Angst transformieren können. Beide Herangehensweisen setzen voraus, dass Sie im Hier und Jetzt ehrlich mit sich selbst sind, anstatt vor dem wegzulaufen, wovor Sie Angst haben, indem Sie beispielsweise Ihre Aufmerksamkeit auf die Zukunft richten oder sich mit Arbeit zudecken, um sich so von der Wahrheit ablenken.

1. *Die erste Möglichkeit, Ihre Ängste zu transformieren, besteht darin, ihnen Ausdruck zu verleihen, indem sie über sie schreiben oder mit einem vertrauten Menschen über sie sprechen.* Nur selten offenbaren wir jemandem unsere tiefsten Ängste, weil wir entweder abstreiten, dass sie überhaupt existieren, oder uns ihretwegen verachten. Wenn wir uns selbst dafür geringschätzen, dass wir Ängste

haben, trauen wir dieses Urteil wahrscheinlich auch anderen zu, sodass wir wiederum befürchten, von ihnen verurteilt zu werden. Wenn wir unsere Ängste nicht wahrhaben wollen oder uns deswegen verachten, rumoren sie in uns weiter, steuern in jedem Augenblick unbewusst unsere Entscheidungen und bescheren uns so zusätzliches Leid. Je mehr wir uns ihnen widersetzen, desto mehr werden sie sich im Dunkel unseres Körpers und unseres Unbewussten festsetzen. Das heißt, die Ängste gehen nicht weg, wenn wir sie ausblenden, sondern ihre Macht und ihr zerstörerischer Einfluss nehmen weiter zu. Wenn wir schriftlich über unsere Ängste reflektieren oder über sie mit einer Person, der wir vertrauen, sprechen, beginnen wir, sie zu durchschauen, und setzen auf diese Weise die Lebensenergie frei, die durch die sich ständig weiterdrehende Angstspirale in uns gebunden ist. Sobald wir unsere Ängste offen zum Ausdruck bringen, durchbrechen wir diesen Teufelskreis und sind in der Lage, die Energie zurückzugewinnen, die im Muster des Verschleierns unserer wahren Empfindungen gebunden ist.

2. *Die zweite Möglichkeit, Ihre Ängste zu transformieren, besteht darin, die Liebe in den Mittelpunkt zu rücken, das heißt sich jeden Tag so oft wie möglich bewusst für die Liebe zu entscheiden.* Das eigene Denken, Handeln und Sprechen auf die Liebe zu fokussieren ist ein oft übersehener Schlüssel zu Glück und Wohlbefinden. Wir verwenden viel Zeit und geistige Energie auf die Dinge in unserem Leben, die wir nicht lieben oder vor denen wir Angst haben, und sorgen damit unwillentlich dafür, dass sie für uns an Bedeutung zunehmen. Wenn wir unseren Geist darin schulen, die Aufmerksamkeit auf die Personen zu richten, die wir lieben, und uns auf die Dinge zu konzentrieren, die wir gerne tun, dann fokussieren wir damit unsere Energie auf Aspekte, durch die wir uns wohl- und lebendig fühlen. So wie sich unsere Ängste umso mehr festsetzen, je mehr wir uns ihnen widersetzen, so wächst auch das Positive, wenn die Aufmerksamkeit darauf gerichtet bleibt. Indem wir uns auf das konzentrieren, was wir lieben, lenken wir die Energie in uns so um, dass sich mehr angenehme Erfahrungen einstellen können. Obwohl niemand sich jemals bewusst dafür ent-

scheiden würde, mehr von dem zu erleben, was er nicht will oder was er fürchtet, sind viele Menschen in selbstschädigenden Mustern gefangen, weil sie es nicht anders kennen. Da Sie aber nun diesen Prozess durchschauen, werden Sie einen Weg finden, Ihre Ängste zum Ausdruck zu bringen, und können sich dafür entscheiden, jeden Tag das, was Sie lieben, so oft wie möglich in den Mittelpunkt zu stellen.

Dadurch, dass wir immer wieder den Kontrast zwischen den Gefühlen des Wohlbefindens und der Angst erleben, lernen wir, was wir wissen müssen, um uns der Angst zu stellen und sie zu überwinden, damit wir uns am Leben freuen und unsere Fähigkeit zu lieben voll entfalten können. Ohne die Erfahrung der Angst wüssten wir nicht, wie befreiend es wirklich ist, uns selbst, andere Menschen und das Leben zu lieben. Unsere Angst ist also in Wahrheit ein Geschenk, das uns auffordert, den Mut und die Stärke aufzubringen, uns selbst unter allen Umständen treu zu sein. Paradoxerweise sind es stets unsere größten Ängste, die sich in eine Brücke hin zu Freiheit und Freude verwandeln. Am Ende tragen sie stets dazu bei, dass wir uns unserer Lebensbestimmung und unserer Integrität stärker verpflichtet fühlen, denn sie zeigen uns fortwährend, dass die Entscheidung für Liebe statt Angst der einzige Weg zu einem Leben voller Aufrichtigkeit, Friede, Gesundheit, Glück und tiefer Verbundenheit von Herz zu Herz ist.

22 Selbstwertschätzung, Selbstbewusstsein und Vertrauen ins Leben

Sobald du dir vertraust, sobald weißt du zu leben.[48]

Johann Wolfgang von Goethe

♡ **Loslassen und sich selbst spüren**

Bitte atmen Sie, wo immer Sie gerade sind, ein paarmal langsam und tief in Ihren Bauch, ein und aus. Spüren Sie Ihren ganzen Körper, von den Füßen bis ganz hinauf zum Scheitel und dann wieder hinunter bis in die Fingerspitzen. Bitte lassen Sie alle Anspannung los, die Sie spüren, und lassen Sie sich selbst so sein, wie Sie sind. Nutzen Sie jedes Einatmen, um den Körper zu öffnen und einen inneren Raum entstehen zu lassen, und jedes Ausatmen, um noch entspannter zu werden. Heißen Sie alles willkommen, was Sie hier und jetzt denken, fühlen und erleben. Nehmen Sie dabei Ihren Körper und Ihren Atem aufmerksam wahr.

Wenn Ihr scheinbar bester Freund oder Ihr Partner Sie jahrelang Tag für Tag betrogen hätte, würden Sie ihm dann noch trauen? Natürlich nicht, und das ist genau der Grund, warum Sie zu sich selbst kein Vertrauen haben. Kritik, Geringschätzung, Aggression und Verrat, mit denen Sie sich selbst zusetzen, sind die Grundursache eines Mangels an Selbstwertgefühl, Selbstachtung und Vertrauen in das Leben, das Universum und in Gott. Unser Vertrauen in uns selbst, in unsere Bestimmung, in das Leben, in die ganze Welt oder in Gott ist vor allem deshalb so gering, weil wir wissen, dass wir uns selbst in der Vergangenheit nicht in einer Haltung von bedingungsfreier Liebe, Güte und Aufrichtigkeit begegnet sind. Vielmehr haben wir uns selbst Schaden zugefügt, indem wir schlechte Kompromisse eingegangen sind, uns belogen, im Stich gelassen und nicht wertgeschätzt haben und indem wir uns nach außen hin nicht so gezeigt haben, wie wir wirklich sind. Wir vertrauen uns selbst nicht, weil wir uns aus Angst tagtäglich hintergehen. Wir geben immer wieder unsere Handlungsmacht, unser Glück und unsere Geborgenheit auf, um uns die an Bedingungen geknüpfte und oft toxische Liebe anderer, ihr Wohlwollen, ihre Anerkennung und ihre Unterstützung zu sichern.

Im Idealfall sind wir selbst unser bester Freund oder unsere beste Freundin, doch wenn wir uns allzu oft verraten und verletzen, machen wir es uns schwer, uns selbst noch vertrauen zu können. Wie wir gesehen haben, hängt es ganz von unserem Verhältnis zu uns selbst ab, wie wir die Außenwelt wahrnehmen und zu ihr in Beziehung treten. Wenn wir also kein Vertrauen in das Leben, das Universum oder zu Gott haben, ist das eigentlich ein Symptom dessen, dass wir es uns selbst nicht zutrauen, mit unseren wahren Gefühlen, Bedürfnissen und Wünschen gütig, aufrichtig und respektvoll umzugehen. Dies ist auch der Grund, warum Affirmationen oder Schlüsselsätze wie »Ich liebe mich selbst« oder »Ich glaube an mich selbst« sich oft nicht passend oder wahr anfühlen. Wir wissen, dass wir mit uns selbst fürchterlich umgesprungen sind, und können deshalb natürlich nicht glauben, dass wir tüchtig oder liebenswert sind.

Der einzige Weg, um das Vertrauen in uns selbst und damit den Glauben an das Leben, das Universum und Gott wiederzuerwecken, ist der, dass wir in jeder Situation ehrlich mit uns selbst und anderen sind und uns selbst treu bleiben. Mir ist klar geworden, dass wir alle mit einem Glauben geboren werden, der nicht ausgelöscht oder zerstört werden kann. Er ist wie ein Keim des Wissens und der Zuversicht, der in uns darauf wartet, zu erblühen und unser Sein und unser Leben auszufüllen. Sobald wir aufhören, uns um der Liebe, Akzeptanz, Anerkennung und Unterstützung anderer Menschen willen zu verbiegen, wachsen unser Glaube an uns selbst und unsere Selbstachtung, und wir entsinnen uns, dass wir alle Erfahrungen, die wir machen, selbst ausgewählt und geschaffen haben, um die Liebe, den Frieden und die Freude in uns zur vollen Entfaltung bringen zu können. Wenn wir lernen, uns nicht länger selbst zu betrügen, werden wir fähig, uns selbst die liebende Aufmerksamkeit und Zuwendung zuteilwerden zu lassen, die wir brauchen, damit der Glaube und das Vertrauen in uns unbegrenzt wachsen können. So öffnen sich die Knospen der Klarheit, Gewissheit und Zuversicht weit und füllen Herz und Geist. Wenn wir uns selbst in jedem Wort und in jeder Handlung treu sind, entsinnen wir uns schließlich, dass alles so, wie es ist, vollkommen war, ist und sein wird – uns selbst eingeschlossen.

»… ich schlief, verzückt vom süßen Hauch der kühlen Luft,
Bis mich eine graue Taube in den Zweigen eines Dickichts rief;
Sie trällerte wunderschön mit lang gezogenen Seufzern. […] und ich sagte:
›Der Vorzug gebührt dem, der auf dem Pfade vorausgeht.‹«[49]

Adī ebn al-Riqā

Das Vertrauen in uns selbst, in unsere Lebensbestimmung, in das Leben an sich, in das Universum und in Gott wird jeden Tag auf die Probe gestellt. Wir sind fortwährend dazu aufgerufen, der Stimme unseres Herzens zu folgen und Ängste, Zweifel und selbst auferlegte Beschränkungen hinter uns zu lassen. Unser Verstand sagt vielleicht: »Aber wie soll das denn gehen?«, »Das ist zwar das, was ich will und brauche, aber ich glaube, es ist unerreichbar« oder »Das verdiene ich nicht«. Aber selbst in diesen Augenblicken weiß ein Teil von uns dennoch, dass es möglich ist, zu tun, zu haben, zu erschaffen und zu erfahren, was wir im Leben am meisten ersehnen. Tief in unserem

Inneren weiß unser wahres Selbst, dass die Liebe in uns stark genug ist, um jede innere und äußere Barriere zu durchbrechen, die unserer Freude am Leben im Weg steht.

Unser Leben wäre erheblich einfacher, wenn wir gelernt hätten, dass die Natur und das gesamte Universum von einer fundamentalen Vollkommenheit durchdrungen sind. Wir alle wären durchaus in der Lage, uns selbst zu akzeptieren, uns nicht länger von Ängsten beherrschen zu lassen und ganz im Frieden mit uns zu sein, wenn uns wirklich klar wäre, dass alles immer so ist, wie es sein soll, selbst wenn es uns nicht gefällt oder wir es nicht ganz verstehen. Wenn wir nicht sehen und spüren können, wie sich diese Vollkommenheit hier und heute in unserem Leben entfaltet, liegt das nur daran, dass wir uns selbst auf die eine oder andere Weise verraten. Infolgedessen haben wir den emotionalen Schmerz, der in unseren Ängsten und einengenden Vorstellungen noch immer wirksam ist, nicht zu verstehen oder zu stillen vermocht. Er ist das einzige Hindernis, das dem in uns bereits lebendigen unerschütterlichen Vertrauen im Weg steht. Für mich ist die befreiendste Sichtweise auf uns selbst die, dass wir aus Liebe zu uns selbst unser Leben so gestaltet haben, dass wir eines Tages lernen werden, uns jeden Tag auf gesunde Weise an der Fülle des Lebens zu erfreuen. Dies schließt auch die Vorstellung ein, dass unsere Unzufriedenheit, Angst und Krankheit sich zu hundert Prozent auf all die Situationen zurückführen lassen, in denen wir nicht wohlwollend, gütig und respektvoll mit uns selbst umgegangen sind, sondern uns im Stich gelassen haben.

Jede Schwierigkeit, mit der wir in unserem gegenwärtigen Leben zu kämpfen haben, ist also genau das Hindernis, mit dem wir uns auseinandersetzen müssen und das wir verwandeln müssen, um Heilung zu finden und in der Erfüllung unserer Lebensbestimmung voranzugehen. Was wir über die bedingungsfreie Liebe zu uns selbst zu lernen haben, ist in den Aspekten unseres Lebens zu finden, mit denen wir unzufrieden oder nicht im Reinen sind. Sobald wir akzeptieren können, dass alles immer genau so ist, wie es sein soll, ist es uns möglich, darauf zu vertrauen, dass wir genau da sind, wo wir sein müssen, und genau das tun, was wir tun müssen, um die notwendigen Erfahrungen zu machen, durch die wir Angst, Schuldgefühle, Scham und Unsicherheit überwinden lernen. Man hat uns nie beigebracht, dass wir Teil einer umfassenden, universellen Geschichte sind, die viel größer ist als unser Leben als Individuen. Sobald wir aber unseren Blick auf das Leben weiten und uns der allgegenwärtigen Vollkommenheit des Universums öffnen, sind wir schließlich bereit, aus ganzem Herzen dem Leben *so, wie es ist*, zu vertrauen, ohne dass es uns fortwährend Angst macht oder falsch vorkommt, gut für uns selbst zu sorgen.

Es ist sehr befreiend zu wissen, dass alles, was in unserem Leben geschieht, ausnahmslos genau dann geschieht, wenn es geschehen soll. Wir überwinden eine Angst, sobald wir bereit dafür sind. Wir hören auf, uns selbst zu verraten, wenn wir bereit dafür sind. Wir geben uns die Erlaubnis, uns am Leben zu freuen, wenn wir bereit dafür sind.

Alles, das jemals geschehen ist, und alles, das jemals geschehen wird, ist Teil einer umfassenden natürlichen Ordnung, die wir akzeptieren lernen und mit der wir zusammenwirken müssen, wenn wir dauerhaften inneren Frieden, Gesundheit und Glück finden wollen. So wie der Keimling eines Rosenstrauchs Wurzeln bildet, in die Höhe wächst und schließlich Blüten hervorbringt, wenn für ihn genau die richtige Zeit gekommen ist, tun wir die Schritte, die für unsere Heilung und Befreiung wichtig sind, genau dann, wenn wir dafür bereit sind. Ähnlich wie sich ein Schmetterling erst dann aus seinem Kokon befreien kann, wenn er stark genug ist, diesen ganzen Prozess durchzustehen, so braucht auch ein Kind im Mutterleib seine Zeit, bis es von seinen Körperorganen und seiner ganzen Verfassung her bereit für sein neues Leben außerhalb des Mutterleibes ist. Nur wenn wir einen organisch ablaufenden Prozess nicht forcieren, kann er zu einem positiven, harmonischen Ergebnis führen. Alles Leben trägt ein inneres Gewahrsein in sich, das genau weiß, wann es Zeit ist, den nächsten Entwicklungsschritt zu gehen. Und doch können wir hier und heute etwas tun, nämlich dass wir aufhören, uns selbst untreu zu sein. Vielleicht haben wir Angst davor, doch wir können den Mut finden, aufrichtig und gütig zu sprechen und zu handeln, und auf diese Weise wieder Vertrauen zu uns selbst fassen.

Erkundungsfragen

- Fällt es Ihnen schwer, an sich selbst zu glauben? Falls ja, warum?
- Fällt es Ihnen schwer, sich selbst zu vertrauen? Falls ja, warum?
- Fällt es Ihnen schwer, anderen zu vertrauen? Falls ja, warum?
- Welche Person in Ihrem Leben spiegelt Ihnen Ihre Selbstzweifel zurück? Mit anderen Worten, wer zweifelt an Ihrem Können und an Ihren Fähigkeiten?
- Wo in Ihrem Leben verraten Sie sich selbst? Ist für Sie nachvollziehbar, dass dies dazu führt, dass Sie kein Vertrauen zu sich selbst haben?
- Wo sind Sie in Ihrem Leben nicht ehrlich mit sich?
- Wo sind Sie in Ihrem Leben derzeit nicht ehrlich zu anderen?
- Bei welchen Situationen tun Sie sich schwer, sie als hilfreich und notwendig für Ihre Heilung und Entwicklung zu akzeptieren? Ist für Sie erkennbar, wie Sie diese Situationen unabsichtlich erzeugt oder zugelassen haben, dass sie entstehen? Können Sie sich das verzeihen?
- Wobei brauchen Sie derzeit Unterstützung in Ihrem Leben? Schreiben Sie, falls Sie Zeit dafür erübrigen können, einen Brief an das Universum oder an Gott, um für die Situationen und Beziehungen in Ihrem Leben, die für Sie besonders schwierig, verwirrend, überfordernd oder beängstigend sind, Hilfe zu erbitten.
- Worauf können Sie heute Ihre Energie in einer Weise ausrichten, die deutlich macht, dass Sie sich selbst wertschätzen und lieben und somit ernst nehmen, was Sie gern tun, gern tun würden oder was Sie tun müssen?

Schlüsselsätze

- Ehrlich mit mir selbst zu sein, ist für mich der Schlüssel zur Freiheit.
- Ehrlich mit anderen zu sein, ist der Pfad zum Frieden.
- Ich vergebe mir, dass ich mich selbst verraten habe.
- Ich vergebe mir, dass ich andere verraten habe.
- Ich bin entschlossen, mich selbst zu lieben, zu achten und wertzuschätzen.
- Ich möchte mir selbst wieder vertrauen können.
- Um in der Begegnung mit anderen meiner Intuition vertrauen zu können, muss ich zuerst Vertrauen in mich selbst haben.
- Um mit anderen ehrlich sein zu können, muss ich zuerst ehrlich mit mir selbst sein.
- Damit andere an mich glauben können, muss ich zuerst an mich selbst glauben.
- In meiner Außenwelt spiegelt sich stets meine Innenwelt.
- Ich habe immer Beistand, bin geschützt und geborgen.
- Alles ist genau so, wie es sein soll.

23 Liebe deinen Körper, aber sei dir bewusst, du bist viel mehr

Schön zu sein, heißt du selbst zu sein.
Du musst nicht von anderen angenommen werden.
Du musst dich selbst annehmen.[50]

Thich Nhat Hanh

♡ Loslassen und sich selbst spüren

Bitte atmen Sie, wo immer Sie gerade sind, ein paarmal langsam und tief in Ihren Bauch, ein und aus. Spüren Sie Ihren ganzen Körper, von den Füßen bis ganz hinauf zum Scheitel und dann wieder hinunter bis in die Fingerspitzen. Bitte lassen Sie alle Anspannung los, die Sie spüren, und lassen Sie sich selbst so sein, wie Sie sind. Nutzen Sie jedes Einatmen, um den Körper zu öffnen und einen inneren Raum entstehen zu lassen, und jedes Ausatmen, um noch entspannter zu werden. Heißen Sie alles willkommen, was Sie hier und jetzt denken, fühlen und erleben. Nehmen Sie dabei Ihren Körper und Ihren Atem aufmerksam wahr.

Unseren Körper akzeptieren und lieben zu lernen und gut für ihn zu sorgen, ist zweifellos eine wesentliche Voraussetzung dafür, in unserem Leben Friede und Freude zu finden. Viele Menschen betrachten den eigenen Körper zweifelnd, überkritisch oder geringschätzig. Wie wir unsere äußere Erscheinung wahrnehmen, hat oft mehr als alles andere Einfluss darauf, was wir von uns selbst denken und welche Empfindungen wir uns selbst entgegenbringen. Leider ist uns nie wirklich vermittelt worden, dass der Körper zwar Teil dessen ist, was uns ausmacht, aber dass zu uns viel mehr gehört als das, was wir vor uns im Spiegel sehen. Wenn wir lernen, uns auf einer nichtkörperlichen Ebene mit bedingungsfreier Liebe zu begegnen, beginnen wir uns zu entsinnen, dass in uns stets eine innere Schönheit gegenwärtig ist, die niemals unzureichend oder fehlerhaft ist. Ehe wir aber dahin kommen, dass wir die Kostbarkeit und wundersame Wahrheit unseres Lebens erkennen, kreisen unsere Gedanken womöglich darum, dass wir gern anders aussehen würden. Das heißt, wir akzeptieren uns nicht so, wie wir sind, und fügen uns auf diese Weise selbst viel Leid zu.

Nach meiner Erfahrung spiegeln sich in allem, was wir an unserem Körper nicht voll und ganz akzeptieren können, Aspekte einer tieferen Schicht unseres Selbst wider, die wir noch nicht willkommen zu heißen und zu respektieren wissen. Die Wahrnehmung einer körperlichen Unvollkommenheit oder Unsicherheit ist nur ein Symptom, ein Appell unserer Seele an uns, einen Aspekt unseres nichtkörperlichen Seins in umfassenderer Weise zu akzeptieren und wertzuschätzen. Eine der befreiendsten Einsichten hierzu war für mich, dass wir, wenn wir unsere Emotionen, Bedürfnisse und Wünsche nicht wichtig nehmen, das Gefühl haben, dass sie auch denen um uns herum nicht wichtig sind, und dies führt dann zu dem Empfinden, dass wir als Person nicht wichtig sind: *Warum sollte ich meinen Körper akzeptieren oder mich gut um ihn kümmern, wenn es auf mich doch gar nicht ankommt? Wenn ich mich in meinem Leben und in meinem Körper nicht wohlfühle, warum sollte ich dann gut für den Körper sorgen, der das Werkzeug dieses Lebens ist?*

Weil wir als Kinder lernen, unsere Gefühle, Bedürfnisse und Träume abzulehnen, entwickeln wir eine Einstellung zu unserer Innenwelt, mit der wir diese inneren Wahrheiten für wertlos und unwichtig erklären. Sie sind aber essenzielle Bestandteile unseres Selbst, die wir mit Wertschätzung betrachten müssen, damit wir das Gefühl haben können, dass wir so, wie wir sind, wertvoll und kostbar sind. Der verunsicherte Blick auf den eigenen Körper wurzelt in unserer geistigen und emotionalen Unsicherheit. Diese ist der wahre Grund dafür, dass wir unseren Körper kritisch beäugen und ablehnen. Unsere Mangel an emotionaler Selbstakzeptanz schlägt um in Abwertung, Geringschätzung und Ablehnung des Körpers: Wenn wir uns auf emotionaler Ebene vorhalten, dass mit uns etwas nicht stimmt, fühlen wir uns körperlich unwohl dabei, und die Folge ist dann, dass wir mit unserem Körper nicht zufrieden sind. Wenn wir uns damit schwertun, unsere Gedanken und Emotionen zu akzeptieren, geht es uns mit unserem Körper zwangsläufig genauso. Und wenn wir es versäumen, uns um unser Herz zu kümmern, und unsere Emotionen, Bedürfnisse und Träume für unwichtig halten, nehmen wir es uns dann irgendwann übel, dass wir nicht den Mut finden, so zu leben, wie es uns wirklich entspricht, und verlieren die Motivation, gut für unseren Körper zu sorgen.

Welchen Sinn hat es, den Körper so gesund wie möglich zu erhalten, wenn wir keine Freude am Leben haben?

Die Frage macht deutlich, warum es vielen von uns derart schwerfällt, die gesunden Lebensgewohnheiten aufzubauen, die zu einem optimalen körperlichen Wohlbefinden beitragen. Wenn wir in unserem Herzen nicht spüren, dass wir liebenswert sind, werden wir uns schwerlich dazu inspiriert fühlen, gut mit unserem Körper umzugehen. Es gibt allerdings auch Menschen, die sich zwar dazu zwingen, sorgsam auf ihren Körper zu achten, sich aber auf einer tieferen emotionalen Ebene nicht wertschätzen und deshalb oft sehr unglücklich oder einsam sind. Wer regelmäßig Sport treibt und sich sehr gesund ernährt, ist also unter Umständen genauso verunsichert wie ein anderer, der das nicht tut. Das Problem besteht bei beiden darin, dass sie ihre wahren Empfindungen oft nicht wertschätzen, entweder weil sie nie gelernt haben, wie das geht, oder weil sie Angst haben, verletzlich zu sein und sich eine Blöße zu geben. Wenn wir derart hart mit uns umspringen, liegt das daran, dass wir die tieferen Ebenen unseres nichtkörperlichen Selbst nicht ernst nehmen und nicht auf sie hören.

Die vollkommensten Menschen, die wir kennen, sind diejenigen, die Niederlagen, Leiden, Kämpfe und Verluste kennengelernt haben und ihren Weg aus den Tiefen heraus fanden. Diese Menschen verfügen über eine Wertschätzung, eine Sensitivität und ein Verständnis für das Leben, die sie mit Mitleid, Freundlichkeit und tiefer, liebevoller Teilnahme erfüllen. Vollkommene Menschen gibt es nicht durch bloßen Zufall.[51]

Roy Nichols und Jane Nichols

Die meisten Menschen definieren ihre Identität nur über das, was sie im Spiegel vor sich sehen. Wenn wir aber einmal innehalten und darüber nachdenken, ob wir nur aus unserem Körper bestehen, wird die Schlussfolgerung, zu der wir gelangen, wohl immer ein Nein sein. In Wahrheit ist unser Körper eine energetische Manifestation unseres nichtkörperlichen Selbst, ebenso wie unsere Gedanken und Emotionen energetische Manifestationen unserer Seele sind. Sie ist umfassender als diese und reicht in tiefere Schichten. So wie Zweige, Blätter und Früchte natürliche Manifestationen sind, die aus dem Stamm oder Kern eines Obstbaums hervorgehen, so sind unsere Gedanken, unsere Emotionen und unser Körper natürliche Manifestationen eines viel tiefer reichenden Bewusstseins im Herzen unseres Seins.

Unser wahres Wesen ist eigentlich ein dynamisches Energiefeld aus pulsierender Energie, in dem die elementaren Bestandteile, die unser körperliches und nichtkörperliches Selbst ausmachen, vereint sind mit allem Leben, mit der Natur und mit dem ganzen Universum. Auch wenn wir dessen nicht gewahr sein mögen, so ist doch das, was sowohl die Struktur unseres Körpers als auch seine lebenspendenden Funktionen durchströmt, prägt und antreibt, unser nichtkörperliches Selbst. Unsere Wahrnehmung des Körpers und unsere Beziehung zu ihm ist »gezeichnet« von den spezifischen Einflüssen, die Familie, Erziehung, Kultur und Medien in unseren ersten Lebensjahren auf uns ausgeübt haben. Hinter all den einengenden Vorstellungen von unserer äußeren Erscheinung verbergen sich letztlich immer unterdrückte, mit früheren Erfahrungen verknüpfte Emotionen, die unbearbeitet geblieben sind.

Wie wir in vorangegangenen Kapiteln gesehen haben, werden die in uns schwelende Unsicherheit und Unzufriedenheit uns immer zu den Situationen zurückführen, in denen wir uns selbst nicht mit Güte, Aufrichtigkeit und Mut begegnet sind, entweder weil wir davor zurückscheuten oder weil wir gar nicht wussten, wie das möglich ist. Diese innere Dynamik bringt uns stets dazu, geringschätzig über uns selbst und über unseren Körper zu urteilen, um uns davor zu bewahren, die in uns abgespeicherten unaufgelösten Emotionen spüren zu müssen. Dabei definieren wir uns entweder ganz über unser Körperbild, was niemals hilfreich ist, oder wir machen uns abhängig von einengenden Vorstellungen, die wir von unserem Äußeren haben und die keineswegs die Gesamtheit unseres wahren Selbst widerspiegeln.

Ob wir nun finden, dass wir über- oder untergewichtig sind, dass irgendein Teil unseres Körpers zu klein oder zu groß ist, dass wir unattraktiv oder in irgendeiner anderen Weise unzulänglich sind – die Wahrheit ist, dass wir als Kinder eine sehr eingeschränkte Sicht auf uns selbst erlernt haben, die unser nichtkörperliches Selbst außer Acht lässt. Wir müssen uns darüber klar werden, dass inneres Wohlbefinden stets der Schlüssel zu körperlichem Wohlbefinden ist. Dieselbe Dynamik findet sich bei jeder Form von Sucht, die Einfluss auf unser Aussehen und unser körperliches Befinden nimmt. Unseren selbstschädigenden Gewohnheiten liegen – ob wir nun süchtig nach Essen, Alkohol, Nikotin, Drogen, Sex, Geld oder Aufmerksamkeit sind oder danach, unglücklich oder krank zu sein – stets unterdrückte Emotionen zugrunde, vor denen wir davonlaufen oder gegen die wir uns unbewusst abschotten, um sie nicht fühlen zu müssen. Wenn wir das Gefühl haben, dass wir selbst und unsere Gefühle, Bedürfnisse und Wünsche unwichtig und wertlos sind, suchen wir uns Aktivitäten oder Substanzen, mit denen wir uns betäuben können, um uns kurzzeitig besser zu fühlen, was aber körperliche Symptome nach sich zieht, die uns ein schlechtes Gewissen machen.

Um unseren Körper akzeptieren zu lernen, müssen wir uns den Emotionen stellen, die (1) uns dazu bringen, unseren Körper geringzuschätzen, (2) dazu führen, dass wir schlecht mit ihm umgehen, und (3) unseren körperlichen Symptomen zugrunde liegen. Wenn wir die Emotionen aufarbeiten, die wir bislang zurückgedrängt haben, und lernen, uns in jeder Situation treu zu sein, stellt sich schließlich das Empfinden ein, dass es durchaus auf uns ankommt und dass sowohl unser körperliches als auch unser nichtkörperliches Selbst wertvoll sind, und wir können beginnen, jederzeit mit Güte zu unserem Körper zu sprechen und gut für ihn zu sorgen. Wenn wir uns ein Leben erschaffen, das sinnerfüllt ist und dem entspricht, was uns wirklich wichtig ist, fühlen wir uns buchstäblich viel wohler in unserer Haut und entwickeln von ganz allein Interesse an einer gesünderen Lebensweise. Im Hier und Jetzt so zu sein, wie wir sind, ist der Weg, auf dem wir unsere emotionale Verunsicherung auflösen und unser Selbstwertgefühl stärken können. Dieser Prozess der emotionalen Selbstakzeptanz hilft uns, von Tag zu Tag zufriedener mit uns zu sein, was es uns wiederum erleichtert, Gewohnheiten zu entwickeln, die unsere Lebenszufriedenheit und unser Wohlbefinden fördern. Wenn wir schließlich so weit sind, dass wir nicht mehr gegen unsere wahren Empfindungen ankämpfen müssen und sie von ganzem Herzen akzeptieren können, werden wir fähig, die emotionale Erfahrung des Abgelehntwerdens aufzuarbeiten und so die Geringschätzung des eigenen Körpers hinter uns zu lassen. Dadurch wird der Weg frei dafür, zielstrebig das zu ermöglichen und zu erreichen, was wir wollen oder brauchen, um uns gut zu fühlen und auch gut auszusehen.

Nichts verschwindet, bis es uns das gelehrt hat, was wir wissen müssen.[52]

Pema Chödrön

Jede Verunsicherung angesichts des eigenen Körpers und jedes negative Urteil über ihn führt uns zurück zu unserer Sehnsucht nach Liebe. Da die meisten von uns unter Menschen aufgewachsen sind, die sich selbst nicht bedingungsfrei akzeptierten und liebten, haben sie nicht gelernt, wie sie in einer gesunden Weise für sich selbst sorgen können. Vielmehr haben sie vielfältige Strategien der Selbstsabotage von ihren Eltern übernommen, weil diese nicht anders konnten, als ihre ungelösten Schwierigkeiten mit sich selbst an die Kinder weiterzugeben. Wenn beispielsweise unsere Mutter mit ihrem Aussehen haderte, wuchsen wir wahrscheinlich mit derselben einengenden Wahrnehmung unserer selbst auf, die in unserem Bewusstsein bereits aktiviert war. Und wenn unsere Eltern sehr hart mit sich selbst umgingen, dann gingen sie höchstwahrscheinlich auch mit uns so um. Im Lauf der Zeit verinnerlichen wir die Kritik und die Urteile unserer Eltern und gehen buchstäblich mit ihren Stimmen im Kopf durch die Welt.

Hinter jeder Geringschätzung unseres Körpers und jedem verunsicherten Blick auf ihn verbirgt sich letztlich eine emotionale Not, die zunächst an uns weitergegeben wurde und die wir dann sehr früh in unserem Leben durch unsere erlernten Muster der Selbstschädigung weiter vertieft haben. Es ist beruhigend zu wissen, dass es nicht nur uns selbst, sondern sehr vielen Menschen so vorkommt, *als hätten sie sich schon von Geburt an unzulänglich, unattraktiv, unvollkommen, unsicher und nicht liebenswert gefühlt.* Denn diese Form des Leids und der Selbstdestruktivität war zum Zeitpunkt unserer Empfängnis in unseren Eltern präsent, und sie haben sie unbewusst an uns weitergegeben. Deshalb ist es so wichtig, hier und heute in uns selbst den Teufelskreis zu durchbrechen, damit wir künftigen Generationen viel Leid ersparen können.

Die negative Grundhaltung, die wir überwinden müssen, resultiert daraus: (1) dass wir im Mutterleib, zwischen Empfängnis und Geburt, bestimmte Emotionen und Vorstellungen in uns aufgenommen haben, (2) dass wir als Kinder nicht wussten, wie wir unsere Emotionen zum Ausdruck bringen sollten, (3) dass unsere Eltern nicht zu bedingungsfreier Selbstliebe in der Lage waren und (4) uns nicht bedingungsfrei zu lieben vermochten, (5) dass wir in der Gegenwart bestimmten

Mustern der Unterdrückung von Gefühlen folgen und (6) dass sich, aus spiritueller Sicht, aus dem Karma unserer Seele bestimmte Lernaufgaben ergeben, die wir in diesem Leben zu bewältigen haben.

Zum Glück muss niemand für immer mit negativen Empfindungen gegenüber dem eigenen Körper leben, denn indem wir uns hier und jetzt selbst lieben, können wir all das in uns transformieren, was verhindert, dass wir uns in unserer Haut wohlfühlen. Die positiven Gefühle, nach denen wir uns sehnen, erschließen sich uns in dem Maße, wie wir bereit sind, uns selbst und unser Leben aufrichtig und unvoreingenommen zu betrachten. Wenn wir willens sind, uns im Hier und Jetzt treu zu sein, komme, was da wolle, gibt es nichts, was wir nicht zum Positiven hin verwandeln könnten. Wir können die volle Verantwortung dafür übernehmen, jeden Tag mit Geduld und Hingabe auf unseren Körper und auf eine gesunde, ausgewogene und vorausschauende Lebensweise zu achten, während wir zugleich daran arbeiten, unsere emotionalen Wunden zu heilen und unser Leben neu zu gestalten.

Wenn sich jemand damit begnügt, nur halbherzig für den eigenen Körper zu sorgen, den er nicht wirklich akzeptiert, ist das oft ein Anzeichen dafür, dass er einfach nur darauf wartet, von einem anderen Menschen bedingungsfrei geliebt zu werden. Er gibt sich unbewusst der Erwartung hin, dass er irgendwann die Akzeptanz, Bestätigung und Unterstützung erfahren wird, die ihm als Kind versagt blieben. Hier ist die Einsicht hilfreich, dass es, solange wir uns nicht selbst von ganzem Herzen annehmen, gar nicht von Belang ist, wie sehr andere uns lieben oder akzeptieren. Von anderen geschätzt zu werden tut gut, doch wir müssen uns darüber klar werden, dass wir selbst die Person sind, auf deren Liebe wir warten. Irgendwann müssen wir in unserem Fühlen und Denken dahin kommen, dass wir nicht länger auf das fixiert bleiben, was wir als unsere Unzulänglichkeiten begreifen, und uns selbst die Erlaubnis geben, Freude am Leben zu haben. Indem Sie Ihrem Herzen folgen, das aussprechen, was wirklich in Ihnen vor sich geht, das in den Fokus rücken, was Ihnen guttut, und Situationen aufsuchen, in denen Ihr wahres Selbst zur Geltung kommen kann, werden Sie schließlich die begrenzte Sichtweise, sich nur über Ihren Körper oder über einen bestimmten Aspekt davon zu definieren, hinter sich lassen. Sobald Sie sich der emotionalen Wahrheit stellen, der Sie sich bislang verweigert haben, wird die tiefere Wahrheit, dass Ihr Körper und Ihr Leben ein Wunder sind, alle aufkommende Selbstablehnung oder Verunsicherung überstrahlen.

Erkundungsfragen

- Bei welchen Aspekten Ihres Körpers tun Sie sich schwer, sie zu mögen oder zu lieben?
- Was an Ihrem Körper löst in Ihnen Verunsicherung aus?
- Ist für Sie spürbar, dass Ihr Selbst viel mehr umfasst als Ihren Körper? Können Sie das Vibrieren der Lebensenergie in sich spüren?
- Können Sie, wenn Sie sich im Spiegel in die Augen blicken, erkennen, dass zu Ihnen viel mehr gehört als nur Ihr Körper?
- Worauf warten Sie, um nach dem streben zu können, was Sie sich wünschen und was Sie begeistert? Worauf warten Sie, um sich endlich selbst treu sein zu können? Auf wessen Liebe, Verständnis, Anerkennung, Wohlwollen oder Unterstützung warten Sie? Was passiert, wenn Sie das alles nie bekommen?
- Ist für Sie, falls Sie zu viel essen, zu erkennen, dass Sie sich damit betäuben, um unangenehme Emotionen nicht wahrnehmen zu müssen? Ist für Sie erkennbar, dass Sie sich auf ungesunde Weise angenehme Empfindungen verschaffen, weil Sie es sich versagen, Ihr Sprechen und Handeln an Ihren wahren Empfindungen auszurichten?
- Ist es für Sie, falls Sie annehmen, dass Sie extrem übergewichtig sind, eine plausible Vorstellung, dass Sie sich unbewusst einen Körperpanzer aufgebaut haben, um sich vor emotionalem Leid zu bewahren?
- Ist für Sie, falls Magersucht für Sie ein Thema ist, zu erkennen, dass Sie sich zu sehr über den Körper definieren und außerhalb von sich nach Liebe suchen?
- Können Sie, falls Bulimie für Sie ein Thema ist, bei sich erkennen, (1) wie sehr Sie sich nach Liebe, Wohlbefinden und Freude sehnen und (2) dass Sie sich gegen Ihre Emotionen abzustumpfen versuchen?
- Sind Sie bereit dafür, sich aus dem innersten Kern Ihres Wesens heraus zu lieben und glücklich zu sein?

- Was hätte jemand in Ihrer Kindheit zu Ihnen über Ihr Aussehen sagen sollen, das Sie nie zu hören bekommen haben? Wenn Sie Ihrem jüngeren Selbst jetzt etwas mitteilen könnten, was würden Sie ihm gern mit auf den Weg geben?
- Denken Sie an Erlebnisse zurück, bei denen Sie sich unsicher, ungeliebt oder unattraktiv fühlten: Was hätte Ihr jüngeres Selbst hören oder wissen müssen, um sich in der damaligen Situation selbst zu mögen?
- Wenn Sie in die Vergangenheit reisen und sich für sich selbst als Kind einsetzen könnten, was würden Sie sagen und zu wem?
- Sind Sie bereit, sich konsequent um Ihren Körper zu kümmern? Sind Sie bereit, Entscheidungen über Ihre Lebensweise zu treffen, ohne deswegen ein schlechtes Gewissen zu bekommen? Sind Sie bereit, sich gesund zu ernähren, sich regelmäßig Bewegung zu verschaffen und Ihre Emotionen, Bedürfnisse und Wünsche offen und ehrlich zu äußern?

Schlüsselsätze

- Ich darf mich schön finden.
- [Ihr Name], du bist schön, so wie du bist.
- Ich bin meinem Körper dankbar und liebe ihn, weil er mich in diesem Leben unterstützt.
- Ich bin nicht nur mein Körper. Ich bin sehr viel mehr.
- Danke, Körper. Danke, Knochen. Danke, Organe. Danke, Zellen.
- Danke für meinen gesunden, anpassungsfähigen, schönen Körper.
- Danke für mein starkes Immunsystem. Danke für mein starkes Verdauungssystem. Danke für mein starkes Kreislaufsystem. Danke für mein starkes Fortpflanzungssystem.
- Ich akzeptiere meinen Körper so, wie er ist, und werde mich konsequent Tag für Tag um seine Gesundheit kümmern.
- Der Körper ist der Tempel meiner Seele. Er ist mein zeitweiliges Zuhause.
- Ich bin eins mit dem unendlichen Universum.
- Ich bin eine Zelle im Körper des Universums.

- Mein wahres Selbst ist unvergänglich. Ich wurde nie geboren und werde nie sterben.
- Um gut für meinen Körper zu sorgen, muss ich auf meine wahren Empfindungen achten.
- Damit mein Körper mir in einer gesunden Weise wichtig sein kann, muss ich meine wahren Gefühle, Bedürfnisse und Wünsche ernst nehmen.

Übung

Immer wieder in einer positiven, liebevollen und gütigen Haltung zum eigenen Körper zu sprechen kann Sie dabei unterstützen, negative und selbstabwertende Gedanken durch andere zu ersetzen. Viele meiner Klientinnen und Klienten haben es als hilfreich empfunden, sich beim Eincremen nach dem Duschen oder Baden die vorhergehenden Schlüsselsätze vorzusagen. Bitte haben Sie, falls Ihnen die Übung zunächst befremdlich vorkommt und Sie das, was Sie da sagen, nicht ganz glauben, Geduld mit sich und fahren Sie unbeirrt fort, denn mit der Zeit werden Sie zulassen können, dass Sie sich öffnen, und so die eigene liebevolle Unterstützung erfahren.

24 Hinweise für eine gesunde Ernährung und Lebensführung

*Seien Sie vorsichtig mit Gesundheitsbüchern –
Sie könnten an einem Druckfehler sterben.*

Mark Twain zugeschrieben

♡ **Loslassen und sich selbst spüren**

Bitte atmen Sie, wo immer Sie gerade sind, ein paarmal langsam und tief in Ihren Bauch, ein und aus. Spüren Sie Ihren ganzen Körper, von den Füßen bis ganz hinauf zum Scheitel und dann wieder hinunter bis in die Fingerspitzen. Bitte lassen Sie alle Anspannung los, die Sie spüren, und lassen Sie sich selbst so sein, wie Sie sind. Nutzen Sie jedes Einatmen, um den Körper zu öffnen und einen inneren Raum entstehen zu lassen, und jedes Ausatmen, um noch entspannter zu werden. Heißen Sie alles willkommen, was Sie hier und jetzt denken, fühlen und erleben. Nehmen Sie dabei Ihren Körper und Ihren Atem aufmerksam wahr.

*Ein amerikanischer Affe, ein ›Ateles‹, wollte,
nachdem er einmal von Branntwein trunken
geworden war, nie mehr solchen anrühren;
er war daher weiser als viele Menschen.*[53]

Charles Darwin

Da es Tausende von Büchern über Ernährung, Bewegung und Körperpflege gibt, erübrigt es sich hier, näher auf die Aspekte einzugehen, die mit der Liebe zu unserem Körper zu tun haben. Ich bin sicher, Sie haben recht klare Vorstellungen, um was es dabei geht. Deshalb werde ich nur stichwortartig darlegen, was aus meiner Sicht die wichtigsten und wirkungsvollsten Elemente sind, die zu einer gesunden, ausgewogenen, in bedingungsfreier Selbstliebe gründenden Lebensweise hinführen. Was für Sie am besten ist, hängt bis zu einem gewissen Grad von Ihrem Körpertyp, Ihrer Persönlichkeit und auch von der Klimazone ab, in der Sie leben. Es gibt aber einige zentrale Leitlinien, die nach meiner Erfahrung für jeden Menschen hilfreich sind. Ich möchte im Folgenden eine Reihe von Prinzipien nennen, an denen ich mich selbst orientiere und die einer bedingungsfreien Liebe zum eigenen Körper entsprechen.

- Trinken Sie jeden Tag recht viel pures Wasser (mindestens zwei bis drei Liter), um Toxine aus dem Körper herauszuspülen und für genügend Flüssigkeit im Gewebe zu sorgen. Nehmen Sie möglichst nur natürliches Quellwasser oder gefiltertes Leitungswasser zu sich. Im Handel sind verschiedene Filter erhältlich, die Sie bei sich zu Hause einbauen können, um so Ihr Leitungswasser aufzubereiten.
- Trinken Sie am Morgen, bevor Sie irgendetwas anderes essen oder trinken, mindestens zwei Gläser Wasser. Dies sorgt dafür, dass genug Flüssigkeit in die Körperzellen kommt, weckt die Organe auf, spült Toxine aus, aktiviert das Verdauungssystem und unterstützt den Körper dabei, den ganzen Tag über optimal zu funktionieren.
- Ziehen Sie so weit wie möglich biologische Vollwertkost vor, mit Gemüse, Obst, Hülsenfrüchten, Vollkornprodukten und, falls Sie das brauchen oder wollen, mageres Fleisch und Süßwasser- oder Meeresfisch aus Wildfang (also nicht aus Fischzucht oder Aquakultur). Da die Menschen unterschiedlich sind, müssen Sie herausfinden, welche Kombinationen von Lebensmitteln für Sie selbst am besten funktionieren.
- Versuchen Sie gentechnisch veränderte Lebensmittel zu meiden.
- Versuchen Sie auch Lebensmittel zu meiden, die Konservierungsstoffe und künstliche Farb- und Süßstoffe enthalten.

- Lassen Sie sich von einem Heilpraktiker ein qualitativ hochwertiges Multivitaminpräparat für die tägliche Einnahme empfehlen. Andere Nahrungsergänzungsmittel, deren tägliche Einnahme den meisten Menschen guttut, unabhängig von Alter und Gesundheitszustand, sind hochwertiges Fisch- oder Pflanzenöl mit Omega-3-, Omega-6- und Omega-9-Fettsäuren, Probiotika und grünes »Superfood« wie zum Beispiel Spirulina, auch Blaualgen genannt.
- Meiden Sie größere Mengen von raffiniertem Mehl in Brot, Nudeln, Kuchen und Gebäck. Falls Sie Brot und Nudeln nicht missen möchten, ist es besser, sie selbst herzustellen.
- Meiden Sie so weit wie möglich Fast Food und verarbeitetes Fleisch.
- Konsumieren Sie nicht zu viel Milch, Käse und andere Milchprodukte, weil sie schleimbildend wirken und es durch sie im Energiesystem des Körpers zu Stagnation und Blockaden kommt. Sie mindern auch die geistige Klarheit und Wachheit.
- Konsumieren Sie nicht zu viel Zucker in Form von Süßwaren, Limonaden und Fruchtsaftgetränken.
- Vermeiden Sie übermäßigen Alkoholkonsum.
- Versuchen Sie möglichst, das Rauchen ganz sein zu lassen.
- Meiden Sie illegale Drogen und hüten Sie sich vor Medikamentenmissbrauch.
- Bauen Sie Sport und Bewegung in Ihren Tagesablauf ein, seien es auch nur ein paar kurze Spaziergänge in Ihrer Wohngegend. Spazierengehen, Joggen, Wandern, Radfahren, Yoga, Qigong, Tai-Chi, Hanteltraining, Tanzen und Schwimmen sind hervorragende Möglichkeiten, sich Bewegung zu verschaffen, den Blut- und Energiefluss zu fördern und den Körper zu kräftigen und gesund zu erhalten. Suchen Sie sich Aktivitäten, die Ihnen Spaß machen, um sie regelmäßig auszuüben.
- Arbeiten im Haushalt verlangen uns zweifellos einige Energie ab, sind aber nicht damit vergleichbar, dass Sie sich bewusst Zeit dafür nehmen, sich liebevoll um Ihren Körper und Ihre Gesundheit zu kümmern.
- Sexuelle Intimität ist für die meisten Menschen etwas sehr Wichtiges. Falls Sie nicht aus religiösen oder spirituellen Motiven ein Leben in Enthaltsamkeit gewählt haben, ist regelmäßige sexuelle Intimität

gesund für Ihren Körper, Ihr Gefühlsleben und Ihre Seele. Uns diesem Aspekt unseres Lebens mit großer Aufmerksamkeit und Bewusstheit sowie mit Gesprächsbereitschaft und Respekt zu widmen, ist für den gesamten Prozess unserer Heilung und unseres spirituellen Erwachens von großer Bedeutung.

- Nehmen Sie sich Zeit dafür, einfach nur zu *sein* – falls möglich, draußen in der Natur. Meditieren, Lesen, Tagebuch schreiben, ein Bad nehmen, Musik hören oder sich zwischendurch eine Tasse Tee machen sind ausgezeichnete Möglichkeiten, um zur Ruhe zu kommen. Gönnen Sie sich Freiräume, in denen Sie einfach nur *sein* können, ohne etwas erledigen, jemanden zufriedenstellen oder an einem bestimmten Ort sein zu müssen.
- Versuchen Sie, jede Nacht zwischen sieben und neun Stunden guten Schlaf zu bekommen.
- Falls Sie gern Kaffee trinken, sollten Sie ihn in den fünf Stunden vor dem Schlafengehen meiden.
- Versuchen Sie sich beim Anziehen selbst Respekt zu erweisen. Wie Sie sich anziehen, nimmt Einfluss darauf, wie Sie sich fühlen, ob Sie nun zur Arbeit gehen oder mit Freunden, Angehörigen oder Ihrem Partner ausgehen. Tragen Sie Kleidung, die Ihnen ein wirklich gutes Körpergefühl gibt.
- Viele Deos und Zahnpasten enthalten Substanzen wie Parabene oder Aluminium, die sehr gesundheitsschädlich sind. Suchen Sie sich ein Deo und eine Zahnpasta mit natürlichen Inhaltsstoffen.
- Viele Shampoos, Haarspülungen und andere Körperpflegeprodukte sind voller chemischer Substanzen, die unserer Gesundheit nicht förderlich sind. Zu diesen Stoffen gehören: Natriumlaurylsulfat, Natriumlaurylethersulfat, Propylenglykol, Triethanolamin, Pestizide, Fluorid, Blei, Methylquecksilber, Bisphenole, Phthalate, Butylhydroxytoluol, Phenoxyethanol, künstliche Duftstoffe, Organophosphate, Dioxine, DDT, Diethylstilbestrol, Polychlorierte Biphenyle, Quecksilber, Glycolether, Homosalat, Phosphate, Chlor, Triclosan, Methylisothiazolinon, Natriumfluorid, Octocrilen, Diethanolamid von Kokosfettsäuren und Diazolidinylharnstoff.

… die größte aller Torheiten ist,
seine Gesundheit aufzuopfern,
für was es auch sei …[54]

Arthur Schopenhauer

Bitte bedenken Sie, wenn Sie sich mit den obigen Hinweisen zur Sorge um Ihren Körper befassen, dass die beste Herangehensweise immer Maßhalten ist. Manchmal ist es sogar gesund, es mit dem Maßhalten nicht zu übertreiben. Das Optimale ist in der Regel der »Mittelweg«, denn Extreme aller Art bringen uns aus dem Gleichgewicht und führen dann oft dazu, dass das Pendel genauso heftig in die andere Richtung ausschlägt. Bitte vergessen Sie nicht, dass oberste Priorität für Sie hat, freundlich mit sich selbst umzugehen, ganz gleich, welche Entscheidungen Sie zu Ihrer Ernährung und Ihrer Lebensweise treffen. Falls Sie eine Weile brauchen, um ein wirklich liebevolles Verhältnis zu Ihrem Körper zu entwickeln, dann soll das eben so sein. Es besteht keine Notwendigkeit, mehr Stress und Leid zu erzeugen. Dafür ist das Leben zu kurz. Jedenfalls können Sie durchaus etwas für Ihre Gesundheit tun. Die Entscheidung liegt bei Ihnen.

25 Selbstliebe in einer Paarbeziehung

Wenn ich mich selbst lieben lerne, strömt mir automatisch die Liebe und Wertschätzung zu, die ich mir von anderen wünsche. Meine Bereitschaft, meinen eigenen innersten Gefühlen nahe zu sein, schafft den Raum, mit anderen Nähe zu empfinden. Indem ich fühle, wie die Kraft des Universums mich durchströmt, schaffe ich ein leidenschaftliches, erfülltes Leben, das ich mit anderen teilen kann.[55]

Shakti Gawain

♡ **Loslassen und sich selbst spüren**

Bitte atmen Sie, wo immer Sie gerade sind, ein paarmal langsam und tief in Ihren Bauch, ein und aus. Spüren Sie Ihren ganzen Körper, von den Füßen bis ganz hinauf zum Scheitel und dann wieder hinunter bis in die Fingerspitzen. Bitte lassen Sie alle Anspannung los, die Sie spüren, und lassen Sie sich selbst so sein, wie Sie sind. Nutzen Sie jedes Einatmen, um den Körper zu öffnen und einen inneren Raum entstehen zu lassen, und jedes Ausatmen, um noch entspannter zu werden. Heißen Sie alles willkommen, was Sie hier und jetzt denken, fühlen und erleben. Nehmen Sie dabei Ihren Körper und Ihren Atem aufmerksam wahr.

Gesunde, liebevolle und unterstützende zwischenmenschliche Beziehungen aufzubauen, ist eines der wichtigsten Elemente eines glücklichen und erfüllten Lebens. Heutzutage legen viele Menschen aber mehr Wert darauf, beruflich erfolgreich zu sein, immer recht zu haben, viel Geld zu verdienen oder anderen ein bestimmtes Bild von sich zu vermitteln. Indem wir diesen offenbar einfacher zu verwirklichenden Aspekten des Lebens Vorrang vor unseren kostbaren Beziehungen zu anderen einräumen, drücken wir uns nicht nur vor den wichtigsten Lernerfahrungen, die uns das Leben bietet, sondern lassen uns auch einige der berührendsten und für unsere Seele bereicherndsten Erfahrungen entgehen, die uns Menschen offenstehen. Die Beziehungen zu anderen verlangen uns zwar oft sehr viel ab, bieten aber unschätzbare Chancen für die Heilungs- und Wachstumsprozesse, die wir irgendwann wirklich zu schätzen lernen. Jede Begegnung mit anderen hilft uns, ganz gleich, welche äußere Form sie annimmt, etwas über Liebe, Güte und Mitgefühl zu lernen, aufrichtiger zu werden, Wunden der Vergangenheit zu heilen und letztlich zu bedingungsfreier Selbstliebe zu finden, sodass wir uns mehr und mehr die Fähigkeit erschließen können, andere in einer reinen und gesunden Art und Weise zu lieben.

Jede Beziehung in unserem jetzigen Leben ist dazu da, unsere einengenden Vorstellungen zu transformieren und die Mauern niederzureißen, die unser Herz umschließen. Wenn wir in einer Beziehung aus einem Reflex heraus in Verteidigungshaltung gehen, spiegelt sie uns dadurch die Verletzungen, Ängste und Schuldgefühle, die Unsicherheit, Wut und Scham zurück, die in unserem Körper gespeichert sind und uns von der Aufrichtigkeit, der Güte, dem Verständnis und der Freude abschneiden, durch die wir uns eigentlich gern mit anderen verbunden fühlen würden. Irgendwann kommen wir zu der Einsicht, dass wir auf uns allein gestellt keine Heilung finden können. Wir existieren nicht getrennt von den anderen, selbst wenn wir uns einsam fühlen mögen. Die meisten unserer heutigen Schwierigkeiten ergeben sich aus Gewohnheiten, die wir als Kinder entwickelt haben, um in unseren Beziehungen zu anderen zurechtzukommen. Die Menschen, mit denen wir uns heute umgeben, haben wir uns ausgesucht, damit sie uns zum einen zeigen, was wirklich wichtig ist im Leben, und zum anderen, in welchen Punkten wir uns selbst noch nicht wichtig und ernst genug nehmen. Sie lassen nicht nur unsere einengenden Vorstellungen und unseren ungestillten emotionalen Schmerz an die Oberfläche treten, sondern bringen auch machtvoller als jeder andere Aspekt unseres Lebens die Liebe in uns zur Geltung. Mit diesem Erblühen der Liebe zu anderen geht aber auch ein anderer Prozess einher, nämlich dass die Aspekte in uns hervortreten, die wir an uns selbst bislang noch ablehnen. Denn die Liebe in uns bringt alles ans Licht, was verwandelt und geheilt werden muss. Die Menschen, die uns am meisten auf die Probe stellen, sind, so schwierig die Beziehung zu ihnen sich auch gestalten mag, unsere größten Lehrer. Sie bringen uns bei, zu vergeben, unser Herz zu öffnen, die Reaktionen anderer Menschen zu verstehen und uns selbst in jedem Augenblick wertzuschätzen. Paradoxerweise müssen wir, weil die meisten von uns umgeben von ungesunden Beziehungen aufwuchsen, die zur Entstehung einer ungesunden Beziehung zu uns selbst beitrugen, oft erst einmal innerlich Abstand zu unseren engen Beziehungen gewinnen, um klar denken und eine gesunde Beziehung zu uns selbst aufbauen zu können.

Selbstliebe ist das Fundament unserer Liebespraxis. Ohne sie scheitern unsere anderen Anstrengungen, zu lieben. Indem wir uns selbst Liebe geben, eröffnen wir unserem inneren Sein die Möglichkeit, die bedingungsfreie Liebe zu erleben, die von einem anderen Menschen zu bekommen wir uns vielleicht immer sehnlich gewünscht haben.[56]

Bell Hooks

Unsere Beziehungen positiv zu sehen ist unter Umständen nicht so einfach, weil unsere engen Bindungen oft mit großem Leid verbunden waren oder es immer noch sind. Unsere derzeitigen Beziehungen können, auch wenn das schwer zu akzeptieren sein mag, immer nur so gesund sein wie die Beziehung zu uns selbst. Oft spiegeln unsere engen Beziehungen die aggressive, überkritische, verunsicherte, abwertende und selbstdestruktive Beziehung zu uns selbst wider. Und umgekehrt sind Liebe, Respekt, Güte, Anerkennung und Zufriedenheit, die wir in unseren Interaktionen mit anderen erleben, eine direkte Widerspiegelung von Liebe, Respekt, Güte, Anerkennung und Zufriedenheit, mit denen wir uns selbst begegnen.

Demnach spiegelt uns jeder Mensch in unserem Leben einen Aspekt unserer selbst zurück, der uns vor die Aufgabe stellt, ihn ehrlich zu prüfen, anzunehmen und wertzuschätzen. Dies zeigt sich auch darin, dass die meisten Menschen in unserem Leben, solange wir uns nicht selbst akzeptieren, anerkennen oder respektieren und nicht an uns glauben, mit uns genauso umgehen werden. Doch wenn wir lernen, uns selbst zu würdigen, zum Ausdruck zu bringen, was in uns wirklich vor sich geht, und Tag für Tag gut für uns selbst zu sorgen, werden wir erleben, dass die Menschen in unserem Leben uns den liebevollen Respekt zurückspiegeln, den wir uns selbst gegenüber kultiviert haben. Wir werden auch feststellen, dass unser Beispiel andere dazu anregt, es uns gleichzutun und sich selbst mehr zu lieben. Es kann allerdings sein, dass manche um uns herum zunächst abwehrend reagieren, vor allem die, die daran gewöhnt sind, dass wir sie zufriedenzustellen versuchen. Mit der Zeit werden sie sich aber durch unsere aufrichtige und liebevolle Haltung uns selbst gegenüber dazu ermuntert fühlen, sich selbst genauso aufrichtig und liebevoll zu behandeln. Sobald Abwehrreflexe und Manipulationsversuche abebben, ergibt es sich von ganz allein, dass diejenigen, mit denen für uns eine gesunde Beziehung möglich ist, Teil unseres Lebens bleiben werden.

Der Prozess, in dem wir lernen, uns in unseren engen Beziehungen ohne Wenn und Aber selbst zu lieben und wertzuschätzen, geht mit einer wichtigen Einsicht einher, die sich manchmal aber nur zögerlich einstellt: Andere Menschen können nur insoweit problematische Empfindungen in uns auslösen, als wir in entsprechender Weise auf ihr Verhalten oder auf ihre Worte reagieren. Letztlich kann uns, wenn unser Selbstwertgefühl und Selbstvertrauen stark genug sind, niemand zu problematischen Reaktionen provozieren. Durch Aufrichtigkeit, bewusste Verletzlichkeit und genaue Selbstwahrnehmung können wir lernen, so zu leben, dass wir die volle Verantwortung für unsere Emotionen und für unsere Reaktionen auf andere Menschen übernehmen. Um des eigenen Wohlergehens willen müssen wir herausfinden lernen, welche Botschaft in den Empfindungen steckt, die ein anderer in uns zu bewirken scheint, während sie doch in Wirklichkeit nur abgerufen oder von uns selbst zugelassen werden.

Wenn die Worte oder Handlungen eines Gegenübers in uns Schuldgefühle, Angst, Unsicherheit, Wut oder Schmerz auslösen, müssen wir uns klarmachen, dass es in unserer Verantwortung liegt, diesen Emotionen unsere Aufmerksamkeit zu widmen und ihre Bedeutung zu ergründen. Stellen wir uns eine Situation vor, in der unsere Intuition uns sagt, dass jemand uns belügt, und wir uns ihm gegenüber unsicher zu fühlen beginnen. Wenn wir dann den Mut aufbringen, die Situation offen anzusprechen, und zugleich dafür, dass wir mit Verunsicherung reagieren, die Verantwortung übernehmen, wird dies zu einer wichtigen Lernerfahrung, die unsere Selbstwertschätzung stärkt. Ähnliches gilt auch für typische Situationen wie die, dass wir uns von einer Person geringgeschätzt fühlen oder dass jemand versucht, uns ein schlechtes Gewissen zu machen, weil wir uns selbst treu sind. Manchmal ist es schwer, Klarheit über die Situation zu gewinnen, doch ziehen wir genau die Erfahrungen an, die notwendig sind, um Enttäuschung, Selbstzweifel, Schuldgefühle und andere Regungen, die der Heilung bedürfen, in uns an die Oberfläche zu bringen. Der einzige Weg, zu einem umfassenden Vertrauen zu uns selbst zu gelangen, das uns eine aufrichtige, gesunde Beziehung zu einem anderen Menschen ermöglicht, besteht darin, dass wir damit aufhören, uns selbst abzulehnen und uns vorzuhalten, mit unseren Gefühlen stimme etwas nicht.

Bitte halten Sie jetzt inne, um sich zu fragen, ob es sich lohnt, einen so hohen Preis zu bezahlen, um so wenig zu bekommen. Stellen Sie sich vor, wie Sie zu der Person sagen, von der Sie in besonderer Weise geliebt werden möchten: »Lass mir die Freiheit, ich selbst zu sein, meine Gedanken zu denken, Dinge nach meinem Geschmack zu tun, meinen Neigungen zu folgen und mich so zu verhalten, wie es mir gefällt.« In dem Augenblick, in dem Sie diese Worte aussprechen, werden Sie begreifen, dass Sie um das Unmögliche bitten. Jemanden darum zu bitten, dass Sie ihm sehr viel bedeuten, heißt im Wesentlichen, sich dazu zu verpflichten, anziehend auf ihn zu wirken. Und somit Ihre Freiheit aufzugeben. […]

Vielleicht sind Sie jetzt so weit, dass Sie sagen: »Ich möchte lieber meine Freiheit haben als deine Liebe.« Wenn Sie die Wahl hätten, entweder im Gefängnis, aber nicht allein zu sein oder ganz allein in Freiheit auf der Erde zu wandeln, wie würden Sie sich entscheiden?

Sagen Sie Ihrem Gegenüber nun: »Ich lasse dir die Freiheit, du selbst zu sein, deine Gedanken zu denken, Dinge nach deinem Geschmack zu tun, deinen Neigungen zu folgen und dich so zu verhalten, wie es dir gefällt.« Sobald Sie diese Worte zu einem anderen Menschen, zu irgendeinem anderen Menschen, zu Ihrem Geliebten sagen – sobald Sie diese Worte aussprechen, schenken Sie sich selbst die Freiheit.

Jetzt sind Sie bereit zu lieben. Denn wenn Sie sich an den anderen klammern, bieten Sie ihm nicht Liebe an, sondern eine Kette, die Sie und ihn fesselt. Liebe kann nur in Freiheit existieren. Der wahre Liebende sucht nur das Wohl des Geliebten, das vor allem die Befreiung des Geliebten vom Liebenden voraussetzt.[57]

Anthony de Mello

Wenn wir uns wirklich am Leben freuen und das Leid, das ungesunde Beziehungen hervorbringen, überwinden wollen, kommen wir um die Erkenntnis nicht herum, dass wir in der Beziehung zu anderen uns selbst gegenüber entweder eine Haltung der Wertschätzung und des Respekts einnehmen können oder eine Haltung, die von Angst, Unsicherheit und Minderwertigkeitsgefühlen bestimmt ist. Wenn wir anderen in einer Haltung begegnen, in der wir uns selbst wertschätzen und respektieren, strahlen wir Klarheit, Integrität und Gelassenheit aus und geraten nicht in einen inneren Konflikt, ob wir nun großzügig sein und den anderen helfen sollen oder nicht. Das heißt, wir geben aus freiem Herzen, ohne die Erwartung zu haben, dass wir dafür etwas zurückbekommen, und ohne das, was wir geben oder tun, an Bedingungen zu knüpfen oder für Manipulationsversuche zu nutzen.

Uns in einer Beziehung selbst wertzuschätzen bedeutet auch, dass wir unser Handeln und Sprechen nicht darauf ausrichten, nur den anderen zu gefallen oder sie zufrieden zu stimmen. Es beinhaltet außerdem, dass wir Tag für Tag unser Bestes geben, um vollkommen ehrlich mit uns selbst und allen anderen zu sein, selbst wenn sie von uns etwas anderes oder mehr wollen oder erwarten. Wenn wir anderen dagegen in einer von Angst, Unsicherheit oder Minderwertigkeitsgefühlen geprägten Haltung zu helfen versuchen, lassen wir uns eher von der Vorstellung einer gegenseitigen Verpflichtung leiten oder von Befürchtungen, ihre Liebe zu verlieren, sie zu verletzen, von ihnen verletzt zu werden oder ein schlechtes Gewissen zu bekommen, weil wir

Nein sagen. In einer solchen von Angst geprägten Haltung sind unser Handeln und Sprechen nur darauf fokussiert, es den anderen recht zu machen; wir missachten dabei unsere wahren Empfindungen, was nur in Schmerz, Enttäuschung, Wut und Bitterkeit enden kann.

Ein großer Teil unseres Leids rührt daher, dass wir uns selbst in Beziehungen nicht treu sind. Wir fügen uns in der Interaktion mit anderen selbst Schaden zu, denn das ist es, was wir in unserer Kindheit von den ungesunden Beziehungen, die uns umgaben, gelernt haben. Auch wenn Ihnen in Ihrer jetzigen Lebensphase wahrscheinlich bewusst ist, dass sich daran etwas ändern muss, lassen Sie sich vielleicht von der irrigen Vorstellung leiten, dass die anderen, sofern Sie sie glücklich zu machen versuchen, umgekehrt Sie zufriedenstellen und glücklich machen werden. Irgendwann wird uns aber klar, oft nach viel Schmerz und Verwirrung, dass niemand uns je dauerhaftes Glück oder Erfüllung verschaffen kann. Das können nur wir selbst. Wir sehen dann auch ein: So sehr wir uns auch für andere einsetzen oder uns bemühen mögen, sie zufriedenzustellen, so wird es am Ende doch nie genug sein.

Daran wird deutlich, dass sich die Vorstellung von Liebe, die viele haben, mit subtilen Formen der Manipulation und ungesunden Kompromissen vermischt. Uns selbst zu verraten, um den Bedürfnissen eines anderen Menschen zu genügen, nur damit er unsere Liebe erwidert, ist keine wahre Liebe. Ebenso ist die Erwartung, dass jemand sich uns anpasst, um allen unseren Vorlieben zu entsprechen und so die Voraussetzungen dafür zu erfüllen, dass wir ihm zugeneigt sind und ihn lieben, völlig fehl am Platz, wenn die Art von Liebe entstehen soll, nach der wir tatsächlich suchen. Es ist nach meiner Erfahrung hilfreich, sich vor Augen zu halten, dass sich uns, wenn wir uns selbst konsequent mit Wertschätzung begegnen, wesentlich gesündere und aufrichtigere Möglichkeiten eröffnen, wie wir unsere Liebe zeigen können.

Auch wenn es uns manchmal so vorkommen mag, sind die Menschen in unserem Leben nicht nur dazu da, unsere Bedürfnisse und Wünsche zu erfüllen, und umgekehrt existieren wir nicht nur dafür, den ihrigen zu genügen. Dies war zwar ein Teil der Rolle, die einst unseren Eltern zukam, liegt aber heute nicht in der Verantwortung unseres

Partners, unserer Freunde oder unserer Kinder. Es ist unsere Bestimmung, zu lernen, wie wir die eigenen Bedürfnisse stillen können, indem wir uns selbst die liebende Aufmerksamkeit und Unterstützung zuteilwerden lassen, die wir als Kinder nicht erfahren haben und nun unbewusst von anderen zu bekommen hoffen. An irgendeinem Punkt reift in uns die Erkenntnis, dass es stets von der Liebe und Aufrichtigkeit im Verhältnis zu uns selbst abhängt, ob und inwieweit wir zu Erfüllung und dauerhaftem Glück finden. Wenn wir wirklich gesunde, unterstützende, aufmerksame und dauerhafte Beziehungen zu anderen aufbauen wollen, müssen wir zuerst eine gesunde, unterstützende und aufmerksame Beziehung zu uns selbst entwickeln. Und wenn wir wirklich bedingungsfreie wahre Liebe mit einem anderen Menschen erleben wollen, müssen wir zuerst alles dafür tun, die Quelle dieser Liebe in uns selbst zu finden, was nur möglich wird, wenn wir uns in jedem Augenblick und in jeder Situation treu sind.

Erkundungsfragen

- In welchen Beziehungen tun Sie sich schwer, sich selbst wertzuschätzen, und scheuen sich deshalb, über Ihre wahren Gefühle, Bedürfnisse und Wünsche zu sprechen? Woher kommt das?
- Welche Personen in Ihrem Leben sind für Sie nur schwer als jemand zu akzeptieren, von dem Sie etwas lernen können?
- Von welchen Menschen erwarten Sie, dass sie Sie glücklich machen, heilen oder retten, sich um Sie kümmern oder Sie wieder in die richtige Spur bringen?
- Wen versuchen Sie glücklich zu machen, zufriedenzustellen, zurechtzubiegen, zu heilen oder zu retten?
- Gibt es Menschen, denen zuliebe Sie sich selbst untreu werden und von denen Sie ebensolches im Gegenzug erwarten?
- Worauf können Sie heute Ihre Energie in einer Weise ausrichten, die deutlich macht, dass Sie sich selbst wertschätzen und somit ernstnehmen, was Sie gerne tun, was Sie gern tun würden oder was Sie tun müssen?

Schlüsselsätze

- Meine Beziehungen sind nur so gesund, wie ich selbst es bin.
- Meine Gesundheit und mein Glück liegen in meiner Hand.
- Tief in meinem Innern weiß ich, dass ich mich nach aufrichtigen Beziehungen sehne, in denen ich mich wohlfühle.
- Ich will so geliebt werden, wie ich bin, und nicht für das, was ich tue, oder weil ich es anderen recht mache.
- Jeder Mensch in meinem Leben lehrt mich etwas.
- Es ist nie zu spät, neu anzufangen.
- Es ist nie zu spät für eine neue Liebe. Für Liebe und Romantik bin ich nie zu alt.
- Ich bin es wert, Intimität und tiefe Verbundenheit zu erleben.
- Wenn ich in mir selbst gesund und glücklich bin, ergibt sich daraus wie von selbst, dass ich gesunde und glückliche Beziehungen aufzubauen vermag.
- Ich bin es wert, dass ich in meinem Leben gesunde, glückliche und liebevolle Beziehungen erfahre.

Übung: Finde einen Lebens-/Seelengefährten

1. Bitte legen Sie eine Liste mit allen Eigenschaften an, die Sie sich von einer Lebensgefährtin oder einem Lebensgefährten wünschen. Zählen Sie alle Persönlichkeitsmerkmale und körperlichen Eigenschaften auf, die Ihnen gefallen würden. Listen Sie dann alles auf, was Sie mit diesem Menschen tun, aufbauen, spüren und erleben möchten. Zuletzt benennen Sie die Dinge, die Ihnen im Leben am wichtigsten sind und von denen Sie wollen, dass Sie auch für Ihre Partnerin oder Ihren Partner einen hohen Stellenwert haben.
2. Wenn Sie die Liste erstellt haben, formulieren Sie sie bitte zu einem Brief oder einem Gebet an das Universum oder an Gott um und bitten Sie um das, was Sie sich wünschen: »Lieber Gott / Liebes Universum, bitte schicke meine Seelengefährtin / meinen Seelengefährten zu mir, die/der ... Ich danke dir für meine Seelengefährtin / meinen Seelengefährten, die/der ...«

3. Nachdem Sie Schritt 1 und 2 erledigt haben, schließen Sie bitte die Augen und stellen Sie sich vor, wie das Leben aussehen und sich anfühlen wird, wenn Sie die Person treffen, nach der Sie suchen. Visualisieren Sie, was Sie mit ihr tun, aufbauen, spüren und erleben werden. Danken Sie dann von Herzen dem Universum, dass es Ihnen die Wunschperson schickt, mit der Sie Liebe, Wissen und Freundschaft teilen. Das mag Ihnen erst etwas befremdlich vorkommen, ist aber eine sehr wirksame Technik, die Ihnen hilft, wie ein Magnet das anzuziehen, was Sie sich wünschen.
4. Bitte richten Sie, nachdem Sie die Schritte 1 bis 3 ausgeführt haben, den Aufmerksamkeitsfokus darauf, sehr gut für sich selbst zu sorgen und in jeder Begegnung mit einem Menschen geduldig und offen zu sein. Tun Sie jeden Tag die Dinge, bei denen Sie sich am wohlsten, lebendigsten und zufriedensten fühlen. Dann sind Sie vor jeder neuen Begegnung mit sich und ihrem Leben so weit im Einklang, wie es möglich ist. Wenn Ihnen dies gelingt, werden Sie an Ihren künftigen Partner nicht die Erwartung haben, dass er Sie glücklich macht. Vielmehr wird er das i-Tüpfelchen auf einem Leben sein, das bereits wundervoll ist.

Übung zur Heilung einer Beziehung

Wenn Sie mit einer Beziehung in Ihrem Leben große Schwierigkeiten haben, ob nun zu Ihrer Partnerin oder Ihrem Partner, Ihrer Mutter oder Ihrem Vater, zu Ihrem Kind oder zu einer Freundin oder einem Freund, ist es sehr hilfreich, in einem Brief darzulegen, wie es Ihnen in der Beziehung ergeht, was Sie sich wünschen und was Sie brauchen. Damit Sie offen und rückhaltlos alles äußern können, empfehle ich Ihnen, zunächst einen Entwurf zu verfassen, den Sie der Person nicht zu lesen geben werden. Hinterher erstellen Sie dann eine neue, klarere Fassung, in der Sie weniger aus einem Abwehr- oder Schuldzuweisungsmodus heraus schreiben und mehr Verantwortung für die Situation übernehmen.

Ich empfehle Ihnen, in Ihrem Brief oder Ihren Briefen nichtaggressive Wendungen wie die folgenden zu verwenden:

- Ich fühle mich ... (gekränkt, abgelehnt, missachtet, benutzt, geliebt, respektiert, wertgeschätzt usw.)
- Ich brauche ... (Raum für mich selbst, Klarheit in der Kommunikation, Respekt, Ehrlichkeit, Leidenschaft etc.)
- Ich will ... (Dinge tun, die mir Freude machen, Spaß haben, emotionalen Austausch erfahren, reisen etc.)
- Ich bin verletzt, wütend, enttäuscht oder fühle mich nicht ernst genommen, wenn ...
- Ich finde es wunderbar, weiß es zu schätzen, wenn du ...
- Ich bin in dieser Beziehung nicht glücklich, weil ...
- Ich brauche das Gefühl, dass ich geborgen bin, dass ich dir vertrauen kann, dass ich dir wichtig bin etc.
- Ich will mit dir nach ... gehen, ... tun, ... aufbauen, ... erleben etc.
- Ich will, dass wir ernst nehmen und respektieren, was dem anderen wichtig ist ...
- Ich wäre gern fähig, zu ...
- Mir ist wichtig, dass ...
- »Zeit für mich« ist etwas, das ich wirklich schätze/brauche.

An jede Situation in unserem Leben knüpfen sich für uns wichtige Gefühle, Bedürfnisse und Wünsche, die Aufmerksamkeit und Würdigung erfahren müssen, damit wir (1) eine gesunde Beziehung zu uns selbst pflegen, (2) gesunde Beziehungen zu anderen haben und (3) Frieden, Glück und Erfüllung finden können. Indem wir wahrnehmen lernen, was wir im gegenwärtigen Augenblick fühlen, brauchen und ersehnen, schaffen wir die Voraussetzungen dafür, dass wir uns in einer Haltung der Klarheit, der Liebe und des Verantwortungsbewusstseins zeigen können, wie wir wirklich sind.

Zur Heilung der Beziehung zu einem Menschen, dem Sie sich nahe fühlen, kann auch viel beitragen, dass Sie ihn einfach fragen, was er fühlt, was er sich wünscht und was er braucht. Oft wissen wir selbst nicht recht, was wir fühlen, ersehnen oder brauchen, weil wir nicht gelernt haben, uns selbst oder die Personen um uns herum derart bewusst und klar wahrzunehmen. Wenn Sie den Menschen in Ihrem Leben dabei helfen können, ein tieferes Verständnis für sich selbst zu entwickeln, gibt es nichts, was sich nicht zum Nutzen aller Beteiligten überbrücken, überwinden oder heilen lässt.

Auch in den Briefen, die Sie schreiben, können Sie, nachdem Sie Ihre eigene Position dargelegt haben, die jeweilige Person fragen, was sie fühlt, was sie sich wünscht und was sie braucht. Dadurch erschließt sich ein Raum, in dem Sie und der andere weiter in Richtung Frieden, Respekt und gegenseitiges Verständnis vorangehen können.

26 Eine gesunde Beziehung zu sich selbst und zu anderen pflegen

Setze dein Leben in Brand. Suche diejenigen,
die deine Flamme belüften.[58]

Dschalaluddin Rumi

Loslassen und sich selbst spüren

Bitte atmen Sie, wo immer Sie gerade sind, ein paarmal langsam und tief in Ihren Bauch, ein und aus. Spüren Sie Ihren ganzen Körper, von den Füßen bis ganz hinauf zum Scheitel und dann wieder hinunter bis in die Fingerspitzen. Bitte lassen Sie alle Anspannung los, die Sie spüren, und lassen Sie sich selbst so sein, wie Sie sind. Nutzen Sie jedes Einatmen, um den Körper zu öffnen und einen inneren Raum entstehen zu lassen, und jedes Ausatmen, um noch entspannter zu werden. Heißen Sie alles willkommen, was Sie hier und jetzt denken, fühlen und erleben. Nehmen Sie dabei Ihren Körper und Ihren Atem aufmerksam wahr.

Wir können uns auf Bindungen an andere Menschen nur dann wirklich einlassen und sie intakt erhalten, wenn wir zuvor den festen Entschluss gefasst haben, uns selbst vollkommen treu zu sein. Solange wir uns nicht selbst treu sind und uns nicht zusichern, dass unsere eigenen Gefühle, Wertvorstellungen, Bedürfnisse und Hoffnungen hier und jetzt wichtig sind, werden die persönlichen und beruflichen Beziehungen, insbesondere unsere Liebesbeziehungen stets in Stress, Verwirrung, Kummer und Konflikte münden. Falls es Ihnen derzeit schwerfällt, sich auf eine Liebesbeziehung einzulassen, sollten Sie bei Ihren nächsten Schritten darauf achten, dass Sie sich selbst mit gütigem Blick betrachten. Es gibt gute Gründe dafür, dass es Ihnen so geht. Niemand will sich in einer Partnerbeziehung unsicher, ängstlich, dominiert, gegängelt oder eingeengt fühlen. Ebenso wichtig ist aber, dass Sie sich darüber klar werden, wo solche Befürchtungen bei Ihnen herrühren. Wenn wir uns mit Bindungen schwertun – ob wir nun am Anfang einer neuen Beziehung stehen oder an einer bestehenden Beziehung zweifeln –, ist es hilfreich zu wissen, dass dies in erster Linie daran liegt, dass wir uns nicht voll und ganz für uns selbst entschieden und noch nicht gelernt haben, uns selbst in allen unseren Interaktionen wertzuschätzen und uns selbst treu zu bleiben. Dies ist für uns alle eine große Herausforderung, aber nur so werden wir zu innerem Frieden, Glück und Freiheit finden – ob wir nun nach einer dauerhaften Liebesbeziehung streben oder nicht.

Eine Beziehung kann nicht gesund und belastbar sein, wenn wir kein gesundes und wirklich aufrichtiges Verhältnis zu uns selbst pflegen. Solange wir uns nicht bewusst dafür entschieden haben, Tag für Tag zu uns zu stehen, werden wir uns in einer Beziehung nicht wirklich heimisch und verwurzelt fühlen. Und wenn wir nicht gelernt haben, für unsere eigene Zufriedenheit zu sorgen, folgen wir der Gewohnheit, dass wir andere zufriedenzustellen versuchen, in der Hoffnung, dass sie uns den Gefallen erwidern. Daraus werden sich zwangsläufig schmerzliche Lernerfahrungen ergeben. Solange wir nicht gelernt haben, gern mit uns allein zu sein, und somit unsere eigene innere Sphäre noch nicht zu schätzen wissen, werden wir diesen Raum, einfach weil wir Angst vorm Alleinsein haben, mit Menschen zu füllen versuchen, durch die wir uns eingeengt fühlen. Daraus ergibt sich stets ein Teufelskreis: Wir fühlen uns in der Beziehung eingesperrt, sind entsprechend verbittert und machen den Partner dann für das verantwortlich, was in uns selbst unbearbeitet geblieben ist.

Wenn wir also spüren, dass es uns an der nötigen Erfahrung oder an Strategien dafür fehlt, wie wir unseren wahren Bedürfnissen, Gefühlen und Wünschen folgen und sie anderen gegenüber zum Ausdruck bringen können, werden wir entweder jede Form von Bindung meiden oder immer wieder in Situationen geraten, auf die wir uns nicht voll und ganz einlassen können. In beiden Fällen haben wir Angst davor, uns in einer Beziehung zu verlieren, was uns entweder davon abschreckt, überhaupt eine Bindung einzugehen, oder das Verlangen weckt, uns aus einer bestehenden zu befreien. Wenn wir der Gewohnheit folgen, es anderen zu unserem eigenen Nachteil recht zu machen, um Nähe, Zuneigung, Liebe, Aufmerksamkeit und Unterstützung zu bekommen, leben wir verständlicherweise mit der Angst davor, dass wir uns entweder selbst wehtun oder es zulassen, dass uns Leid zugefügt wird.

Wenn uns schon einmal das Herz gebrochen wurde oder wir jemandem das Herz gebrochen haben, kann es uns Angst machen, uns einem anderen Menschen ganz zu öffnen oder zu erleben, wie er sich uns öffnet. Beide Dynamiken konfrontieren uns mit der Aufgabe, über unsere Gefühle, Ängste, Bedürfnisse, Vorbehalte und Hoffnungen zu sprechen, damit beide Seiten das Gefühl haben, dass die Karten offen auf dem Tisch liegen. Wenn beide in der Lage sind, sich selbst in dieser Weise ernst zu nehmen und zu achten, ist das ein Zeichen dafür, dass sie ein gesundes Verhältnis zu sich selbst aufgebaut haben, und so können bloße Vermutungen der Wahrheit weichen, was für alle Beteiligten weniger Leid und mehr Klarheit bedeutet.

Indem wir in einer Beziehung, ob sie noch in den Anfängen steckt oder schon länger existiert, die eigenen inneren Regungen ernst nehmen, auch wenn vieles unklar sein mag, verraten wir unsere wahren Empfindungen nicht länger und verhindern damit, dass wir uns erneut in Situationen hineinmanövrieren, in denen wir von anderen verraten werden. Wenn wir auf unsere intuitiven Gefühlsreaktionen hören, anstatt sie beiseitezuwischen, lassen wir umgekehrt auch keine Situationen entstehen, in denen die anderen sich von uns verraten fühlen. Einfach ausgedrückt: Wenn wir Ja sagen, obwohl uns nach Nein zumute ist, oder Nein sagen, wenn wir eigentlich lieber Ja sagen würden, führt das zu Enttäuschungen, Verletzungen und Unzufriedenheit. Versprechen zu geben, bei denen uns nicht ganz wohl ist, oder von jemandem Verbindlichkeit zu fordern, obwohl wir spüren, dass er noch gar nicht bereit dafür ist, sind beides Formen von Selbstbetrug. Es sind Gewohnheiten, die in Unsicherheit gründen und mit denen wir uns zu Opfern dessen machen, was wir fürchten.

Wenn wir mehr Übung darin bekommen, unser Sprechen und Handeln an unseren wahren Empfindungen auszurichten, wächst unsere Bereitschaft, uns auf eine enge Bindung ganz einzulassen – sofern dies auch tatsächlich das ist, was wir wollen und was uns guttut. Sobald wir so weit sind, dass wir Vertrauen in uns selbst haben, können wir uns bewusst dafür entscheiden, uns an einen anderen Menschen zu binden, denn wir sind uns dann sicher, dass wir uns ihm zuliebe nicht aufgeben oder verlieren und uns dabei auch nicht selbst Schaden zufügen werden. Im Idealfall sind wir glücklich, ohne einen anderen Menschen zu brauchen, und haben auch nicht das Gefühl, dass uns etwas fehlt. Wenn wir uns dann im Kontakt mit einem anderen Menschen bereichert, beflügelt und inspiriert fühlen, verspüren wir den natürlichen Impuls, Zeit mit ihm zu verbringen, ganz gleich, wohin das führen mag. Ganz ähnlich ist es, wenn wir in diesem Zustand einen Menschen kennenlernen, der ebenso über eine klare Selbstwahrnehmung verfügt und in sich selbst ruht. Er wird auf uns nicht angewiesen sein, aber vielleicht sein Leben mit uns teilen wollen. Dies kann sich jedoch irgendwann auch ändern, weil sich die Gefühle eines oder beider Partner ändern. Dann werden wir, falls wir uns selbst wirklich wertschätzen und uns selbst treu bleiben, wissen und darauf vertrauen, dass alles so ist, wie es sein soll. Anstatt uns verunsichern zu lassen und uns mit Gedanken zu quälen, dass mit uns etwas nicht stimmt, oder ein schlechtes Gewissen zu bekommen, weil der Impuls zur Veränderung von uns ausgeht, akzeptieren wir unsere Gefühle und die des Gegenübers und vertrauen darauf, dass wir beide gut klarkommen werden. Früher oder später werden wir beide, falls wir uns das wünschen, wieder einen Menschen finden, mit dem wir unser Leben teilen möchten.

Im Alltag erstarren Paarbeziehungen oft in leerer Routine. Viele Menschen halten an ihnen fest, weil sie sich an überkommenen gesellschaftlichen Konventionen orientieren, die von einengenden Vorstellungen gestützt werden. Mit diesen überdecken wir unsere Ängste, unsere Unsicherheiten und die Blockade unserer unerschlossenen

Fähigkeit, uns so zu zeigen, wie wir sind. Dies ist der Grund dafür, warum so viele Menschen ihre Versprechen brechen oder am Ende die Flucht aus einer Paarbeziehung antreten. Sie haben sich zu etwas verpflichtet, für das sie nicht bereit waren, weil sie noch nicht verstanden hatten, wer sie sind oder wie sie sich selbst lieben können. Eine Bindung, auf die wir uns mit ganzem Herzen einlassen, gründet auf einer Tag für Tag neu getroffenen Entscheidung, wir selbst zu sein und zuerst mit uns selbst und dann mit dem Gegenüber wahrhaftig und respektvoll umzugehen. Wenn wir irgendeinen Teil unserer selbst ablehnen oder verbergen, wird die Beziehung uns zurückspiegeln, wo und wie wir unser wahres Selbst verraten. Die Beziehung führt uns dann vorübergehend weg von dem Frieden, der Freude und der Liebe, die wir suchen und die hier und heute bereits in uns präsent sind, verborgen hinter all den Ängsten, Wunden und Stimmen in unserem Kopf. Es ist paradox und hat doch durchaus seinen Sinn, dass wir manchmal vor uns selbst zu fliehen versuchen, indem wir uns in impulsive oder exzessive Beziehungen hineinbegeben. Diese zwingen uns schließlich, zu uns selbst zurückzukehren und die Beziehung zu uns selbst zu vertiefen.

Die meisten Menschen haben durch leidvolle Erfahrungen gelernt, dass wahre Liebe nur in Freiheit existieren kann. Zugleich möchten wir aber den ungeheuren Reichtum an Liebe, den wir in unserem Herzen tragen, mit Menschen teilen, die uns schätzen und respektieren. Deshalb ist es essenziell, dass wir uns aufrichtig dafür entscheiden, die gesunde Vertrautheit und Ehrlichkeit uns selbst gegenüber zu kultivieren, die notwendig sind, um zu bereichernden und authentischen Formen der Vertrautheit und Intimität mit anderen finden zu können. Sobald wir diesen Schritt getan haben, wird unser Herz uns den Weg durch Verwirrung, Angst und Kummer hin zu Beziehungen weisen, in denen wir uns gegenseitig Rückhalt geben und die voller Lebendigkeit und Freude sind.

27 Alle Liebe wurzelt in Selbstliebe

Ein menschliches Wesen ist ein Teil des Ganzen, das wir »Universum« nennen, ein zeitlich und räumlich begrenzter Teil. Er erfährt sich selbst und seine Gedanken und Gefühle als etwas vom Übrigen Getrenntes – in einer Art optischer Täuschung seines Bewusstseins. Das Streben danach, sich von dieser Täuschung zu befreien, ist das eine große Thema wahrer Religion. Die Täuschung nicht zu nähren, sondern sich um ihre Überwindung zu bemühen ist der Weg, um zum erreichbaren Maß an innerem Frieden zu gelangen.

Albert Einstein

♡ Loslassen und sich selbst spüren

Bitte atmen Sie, wo immer Sie gerade sind, ein paarmal langsam und tief in Ihren Bauch, ein und aus. Spüren Sie Ihren ganzen Körper, von den Füßen bis ganz hinauf zum Scheitel und dann wieder hinunter bis in die Fingerspitzen. Bitte lassen Sie alle Anspannung los, die Sie spüren, und lassen Sie sich selbst so sein, wie Sie sind. Nutzen Sie jedes Einatmen, um den Körper zu öffnen und einen inneren Raum entstehen zu lassen, und jedes Ausatmen, um noch entspannter zu werden. Heißen Sie alles willkommen, was Sie hier und jetzt denken, fühlen und erleben. Nehmen Sie dabei Ihren Körper und Ihren Atem aufmerksam wahr.

Zunächst mag es widersprüchlich klingen, doch es ist tatsächlich so, dass wir, wenn wir uns selbst lieben und uns selbst helfen, zugleich auch anderen Liebe und Hilfe zuteilwerden lassen, weil die Menschheit ein lebendiges Geflecht aus wechselseitigen Verbindungen und Abhängigkeiten ist. Dieselbe Dynamik entfaltet sich auch, wenn wir andere Menschen lieben oder sie unterstützen: Wenn wir dies tun, lieben und unterstützen wir uns dadurch auch selbst, denn zwischen uns und anderen Menschen oder irgendetwas anderem, das existiert, gibt es keine Trennung. Wenn wir aber lernen, uns selbst bedingungsfrei zu lieben, wird die Liebe zu jemandem oder zu etwas »außerhalb« von uns selbst zu einem *bewussten Prozess*, in dem der Horizont der Liebe zu uns selbst sich weitet. Hier ist folgende Unterscheidung wichtig: Dadurch, dass wir uns selbst bedingungsfrei lieben, *werden wir fähig, andere bewusst und bedingungsfrei zu lieben*, wohingegen ein unbewusstes »Geben« von Liebe darauf beruht, dass wir uns unsicher, unzulänglich oder nicht liebenswert fühlen oder dass wir eine Gegenleistung brauchen oder erwarten.

Selbst nach all dieser Zeit sagt die Sonne nie zur Erde: »Du stehst in meiner Schuld.« Schau, was eine solche Liebe bewirkt – sie erleuchtet den ganzen Himmel.[59]

Daniel Ladinsky

Aus der weitesten Perspektive, die wir einnehmen können, lässt sich das Universum als ein einziger Körper oder als ein Selbst betrachten. In diesem universellen Körper wären wir alle dann einzelne Zellen. Vor diesem Hintergrund ist Liebe immer Selbstliebe, denn das universale Selbst schließt alle und alles in sich ein. Statt Universum könnten wir auch Gott sagen. So, wie wir alle Teil des universalen Selbst sind, so sind wir auch alle Teil von Gottes Selbst. Unsere Seele, die wir als unser individuelles Selbst wahrnehmen, ist demnach sowohl eins mit Gott als auch eine einzigartige Ausdrucksform Gottes oder des universalen Selbst. Wir sind, so könnten wir sagen, ein einzelner Tropfen eines Ozeans und von diesem Ozean nicht zu trennen.

Das Universum lässt sich auch als ein System begreifen, das nur durch Liebe zu sich selbst funktioniert. Die Lichtenergie der Sonne, aus der sich das Leben auf unserem Planeten speist, ist ein perfektes Beispiel. Auf der Erde würde alles Leben zu existieren aufhören, wenn die Sonne ihr nicht stetig und bedingungsfrei ihre Liebe zukommen ließe. Es würden keine Bäume, keine anderen Pflanzen, kein Obst, kein Gemüse und kein Getreide wachsen. Menschen und Tiere hätten keine Nahrung. Das Wasser bliebe gefroren und wäre nicht trinkbar. Die Pflanzen könnten wegen des fehlenden Sonnenlichts kein Kohlendioxid in Sauerstoff umwandeln, auf den wir angewiesen sind. Auf diesem Planeten gäbe es einfach kein Leben, wäre da nicht die bedingungsfreie Liebe der Sonne zu dem Aspekt ihrer selbst, der aus der Erde und allem Leben auf ihr besteht. Wir können uns, so sehr wir uns auch als getrennt von der Welt um uns herum wahrnehmen mögen, nie wirklich von anderen oder von irgendetwas, das existiert, abtrennen oder loslösen, so sehr wir uns auch bemühen mögen.

Hast du dich selbst lieb, so hast du alle Menschen lieb wie dich selbst. Solange du einen einzigen Menschen weniger lieb hast als dich selbst, so hast du dich selbst nie wahrhaft liebgewonnen – wenn du nicht alle Menschen so lieb hast wie dich selbst, in einem Menschen alle Menschen: und dieser Mensch ist Gott und Mensch. So steht es recht mit einem solchen Menschen, der sich selbst lieb hat und alle Menschen so lieb wie sich selbst, und mit dem ist es gar recht bestellt.[60]

Meister Eckhart

Ein weiteres großartiges Beispiel für die Selbstliebe im Universum bietet die Beziehung zwischen Mutter und Kind. Die meisten Mütter lieben ihr Kind eigentlich weit mehr als sich selbst. Sie geben ihm ihre Liebe, ohne irgendwelche Bedingungen zu stellen, selbst wenn das zu ihrem Nachteil ist. Sie tun das, weil sie das Wissen in sich tragen, dass das Leben ihres Kindes von dem ihrigen nicht getrennt gesehen werden kann. In ihrem Herzen spüren sie, ob ihnen das nun bewusst ist oder nicht: Sobald sie ein Kind auf die Welt bringen, besteht ein großer Teil ihrer Bestimmung darin, dieses neue Leben bedingungsfrei zu umsorgen und zu lieben.

Die elterliche Liebe zum Kind ist eines der eindrucksvollsten Beispiele bedingungsfreier Liebe, die in der Natur zu finden sind. Der Fortpflanzungstrieb in Männern wie Frauen ist ein evolutionärer Impuls, in dem eine bedingungsfreie Liebe des Universums zu sich selbst zum Ausdruck kommt. Einer der Hauptgründe dafür, dass wir Kinder haben, ist der, dass wir durch sie bedingungsfreie Selbstliebe lernen können. In der Beziehung zu ihnen bringen wir Aspekte unserer selbst ans Licht, die wir bislang nicht zu lieben gelernt haben. Unsere Kinder spiegeln uns immer die Anteile unserer selbst zurück, die wir in unserem Leben noch nicht geheilt, geliebt, respektiert, umsorgt, integriert, akzeptiert, verziehen oder zum Ausdruck gebracht haben. Wenn wir als Eltern lernen, ein Kind zu lieben, zu respektieren, zu akzeptieren, zu schätzen, zu umsorgen und ihm zu vergeben, können wir dadurch auch lernen, uns selbst in der gleichen Weise zu lieben und zu heilen.

Im Lauf ihrer Entwicklung beginnen Kinder auch zu lernen, sich selbst zu lieben, zu akzeptieren, wertzuschätzen und sich treu zu sein, vor allem in der Beziehung zu ihren Eltern. Wenn Sie Kinder haben, lehren Sie sie entweder, sich selbst zu lieben, indem Sie ihnen bedingungsfreie Selbstliebe vorleben, oder Sie stellen sie unbewusst vor große Herausforderungen und stärken die Selbstliebe Ihrer Kinder, indem Sie Ihre Liebe zu ihnen an Bedingungen knüpfen. In beiden Fällen werden sie mittels dieser lebenslang wirksamen eng vertrauten Beziehung schließlich lernen, wie wichtig es ist, sich selbst wertzuschätzen.

... überall in allem sich wiedererkennend durchstrahlt er die ganze Welt mit liebevollem Gemüte, mit weitem, tiefem, unbeschränktem, von Grimm und Groll geklärtem.[61]

Buddha

Unsere Eltern sind oft die Menschen, die den größten Einfluss darauf ausüben, wie wir unser Leben über die Zeit hinweg gestalten. Wie viel Liebe wir uns hier und heute entgegenbringen, hängt deshalb eng damit zusammen, wie viel Liebe wir für unsere Eltern empfinden. Uns selbst zu akzeptieren und zu lieben ist schwierig, wenn wir nicht lernen, unsere Eltern zu akzeptieren und zu lieben, weil es zwischen ihnen und uns letztlich kein Getrenntsein gibt. Dies ist aus verschiedenen Gründen eine der schwierigsten Aufgaben im Leben. Ihre Bewältigung ist sowohl für die Evolution des menschlichen Bewusstseins notwendig als auch dafür, dass wir zu bedingungsfreier Selbstliebe fähig werden. Indem wir lernen, unsere Eltern zu lieben, zu akzeptieren, zu verstehen und ihnen zu verzeihen, vollziehen wir die Schritte, die Voraussetzung dafür sind, uns selbst und andere Menschen lieben zu können. In diesem Prozess ist die evolutionäre Kraft wirksam, die sich in unserer wachsenden Liebesfähigkeit entfaltet. So entwickeln wir Menschen unsere Spezies weiter.

Das Universum bringt sich mit jeder neuen Generation, die geboren wird, in umfassenderer Weise zum Ausdruck. Gott bedient sich außerdem der Gene, die in Familien weitergegeben werden, um zusätzliche einzigartige Aspekte seiner selbst zu manifestieren. Dies ist eine weitere Form der Liebe des Universums zu sich selbst, die in jedem von uns wirksam ist. Indem es einfach es selbst ist, bringt das universale Selbst in allen Lebewesen und in allen Dingen, die ins Sein treten, auf kreative und immer umfassendere Weise seine wundersame Intelligenz zum Ausdruck. Das Göttliche entfaltet im Leben eines jeden Menschen sein gewaltiges kreatives Potenzial. So gesehen sind wir selbst das Universum, das sich in der Form eines menschlichen Wesens selbst erfährt. Indem wir lernen, uns selbst bedingungsfrei zu lieben, erschaffen wir ein Leben, in dem sich die Liebe des Universums zu sich selbst in einzigartiger Weise artikuliert.

28 Der verborgene Schlüssel zur Dankbarkeit

»Du machst nur einen einfachen kleinen Fehler – du glaubst, du hast genügend Zeit. […] Nun, wenn du es nicht glaubst, daß dein Leben ewig währt, worauf wartest du dann? Warum zögerst du, dich zu ändern? […] Du hast keine Zeit für solche Späße, du Narr […]. Was immer du gerade tust, es kann deine letzte Tat auf Erden sein. Es kann sehr wohl deine letzte Schlacht sein. Keine Macht der Welt kann dir garantieren, daß du noch eine Minute länger leben wirst.«[62]

Carlos Castaneda

♡ Loslassen und sich selbst spüren

Bitte atmen Sie, wo immer Sie gerade sind, ein paarmal langsam und tief in Ihren Bauch, ein und aus. Spüren Sie Ihren ganzen Körper, von den Füßen bis ganz hinauf zum Scheitel und dann wieder hinunter bis in die Fingerspitzen. Bitte lassen Sie alle Anspannung los, die Sie spüren, und lassen Sie sich selbst so sein, wie Sie sind. Nutzen Sie jedes Einatmen, um den Körper zu öffnen und einen inneren Raum entstehen zu lassen, und jedes Ausatmen, um noch entspannter zu werden. Heißen Sie alles willkommen, was Sie hier und jetzt denken, fühlen und erleben. Nehmen Sie dabei Ihren Körper und Ihren Atem aufmerksam wahr.

Das Leben ist ein Wunder, und sobald wir fähig sind, uns selbst hinreichend wertzuschätzen, um allen Ängsten zum Trotz so zu leben, wie es uns wirklich entspricht, gewinnt unsere Seinserfahrung eine Qualität, in der alles hier Gesagte keine bloße Idee bleibt, sondern greifbar wird. Es erfüllt uns mit Staunen, wie wir dadurch, dass das Herz schlägt, die Lungen Sauerstoff aufnehmen, die Augen diese Worte hier lesen und die Zellen eine Symphonie von Funktionen ausführen, in der Lage sind, in einem Körper Liebe, Traurigkeit, Freude und Vergnügen zu verspüren. Wir nehmen dieses Leben nur so lange als selbstverständlich gegeben hin, wie wir uns von unseren Ängsten und dem daraus entstehenden Leid in die Enge treiben lassen. Wir lassen uns, ohne es zu wollen, das Leben von negativen Gedanken vergällen oder streben ständig danach, mehr zu sein, mehr zu tun oder mehr zu haben, und so zieht das wahre Leben an uns vorbei. In der rastlosen, getriebenen Welt von heute sind die meisten Menschen derart abgelenkt und gestresst, dass sie sich nie den nötigen Freiraum schaffen oder die Zeit dafür nehmen, einfach nur zu sein und sich an den einfachen Dingen zu freuen, die das Leben wirklich lebenswert machen.

Ich habe für mich herausgefunden, dass es einen Hauptweg gibt, auf dem wir zu wahrer Dankbarkeit gegenüber unserem Leben finden können. Mir scheint, dass er in vielen Überlegungen dazu, wie wir jeden unserer Tage wirklich würdigen können, keine Beachtung findet, was meiner Meinung nach daran liegt, dass dieser Aspekt besonders schwierig zu thematisieren ist. Es ist zweifellos von unschätzbarem Wert, wenn wir uns darin üben und uns angewöhnen, all die positiven Dinge in unserem Leben zu würdigen. Und es ist wichtig, unseren Geist darin zu schulen, dass wir all die Lichtblicke, die es gibt, nicht übersehen, auch wenn wir ansonsten schwer zu kämpfen haben. Wenn wir uns aber selbst daran hindern, unser Sprechen und Handeln in jeder Situation an unseren wahren Empfindungen auszurichten, verhindern unsere Ängste und die aus ihnen entstehende Selbstablehnung, dass sich in uns ganz von selbst eine große Dankbarkeit dafür einstellt, dass wir am Leben sind. Mit anderen Worten, wenn wir sowohl im Privat- als auch im Berufsleben nicht unserem Herzen folgen, mit unseren wahren Empfindungen hinterm Berg halten und nicht so leben, wie es uns wirklich entspricht, verwehren wir uns damit eine Lebensfreude, von der wir wissen, dass sie sehr wohl möglich wäre.

Nach meiner Erfahrung weist tiefe Dankbarkeit viele Ähnlichkeiten mit inniger Liebe auf. Sie lässt sich nicht erzwingen oder künstlich herbeiführen. Vielmehr muss sie aus unserem tiefsten Inneren heraus entstehen. Ja, wir können durchaus auch im Lauf der Zeit lernen, jemanden zu schätzen und zu lieben, und ebenso können wir uns angewöhnen, uns jeden Morgen, jeden Abend oder den ganzen Tag über die Dinge vor Augen zu halten, für die wir dankbar sein können. Es gibt aber eine stärkere und reinere Form von Dankbarkeit, nach der wir uns sehnen und von deren Existenz wir, so glaube ich, alle wissen. Sie stellt sich nur dann ein, wenn wir uns innerlich frei fühlen, unser Herz öffnen und ganz im Hier und Jetzt sind. In dieser Art der Dankbarkeit zeigt sich, dass wir das Leben lieben, auch wenn es für uns oft auch eine Last sein mag.

Wahre Dankbarkeit werden wir nur empfinden, wenn wir uns selbst wertschätzen, gut für uns sorgen, uns selbst treu sind und unseren Tag so gestalten, dass wir uns wohl und lebendig fühlen. Wenn wir uns in unserem Denken, Sprechen und Handeln von Schuldgefühlen, Ängsten oder dem Gefühl des Verpflichtetseins bestimmen lassen, wird sich das Leben natürlich nicht gut genug anfühlen, um ein Gefühl der Dankbarkeit entstehen zu lassen. Es wird sich vielmehr weiterhin problembeladen und wie ein schwerer Kampf anfühlen, weil wir uns, um des lieben Friedens oder unserer Bequemlichkeit willen, ständig selbst unterstellen, mit unseren wahren Gefühlen, Bedürfnissen und Wünschen stimme etwas nicht. Wenn wir in unseren Beziehungen in der Familie und im Arbeitsleben ständig missachten, was wir wirklich empfinden, bleibt das Leben unerfreulich und mühsam. Und wenn in unserem Körper unaufgearbeitete Emotionen abgespeichert sind, die an schwierige Lebensphasen erinnern, werden wir an unserem jetzigen Leben wenig Freude finden.

Dankbarkeit für das, was ist, ist eines der machtvollsten Werkzeuge, um zu erschaffen, was noch nicht ist. Was bedeutet Dankbarkeit? Dankbarkeit bedeutet, anzuerkennen, was ist. Du beachtest, du würdigst, du ehrst, was auch immer hier und in diesem Moment ist.

Eckhart Tolle

Während wir lernen, uns treu zu sein und Gewohnheiten aufzubauen, die dazu beitragen, dass wir uns wohl und lebendig fühlen, ist es hilfreich, jeden Tag ganz bewusst nach positiven Aspekten unseres Erlebens Ausschau zu halten. Dadurch werden wir offen für Möglichkeiten und Chancen, die wir, falls wir in einer negativen oder eingeengten inneren Haltung verharren, unbewusst von uns weisen. Doch selbst wenn unser Blick auf die Welt nicht negativ oder verengt ist, passiert es leicht, dass wir uns nur noch in eingefahrenen Gleisen bewegen und uns nur selten die Zeit nehmen, darüber zu reflektieren, was uns denn tatsächlich weiterbringt. So schneiden wir uns von bereichernden Erfahrungen ab, die zu Erfüllung und tiefem innerem Frieden hinführen. Hier möchte ich jedoch noch einmal betonen, dass es zwar gut ist, jeden Tag konsequent auf die Dinge zu achten, für die wir dankbar sein können. Doch wenn wir uns selbst nicht treu sind und so zum Opfer unserer Ängste werden, finden wir niemals zu der reinen Form der Dankbarkeit, die sich nur dann einstellt, wenn wir uns nicht mit weniger zufriedengeben als dem, was uns möglich ist.

Unsere Gesundheit, unser Zuhause, unsere Nahrung, sauberes Wasser, die Wärme der Sonnenstrahlen, das Maß an finanzieller Unterstützung oder Sicherheit, das wir haben, unsere Lehrerinnen und Lehrer, unser Bildungsweg, die Möglichkeiten der Mobilität, die uns offenstehen, unsere Arbeitsstelle, unsere Familie, unsere Eltern, unsere Kinder, unser Partner oder unsere Partnerin, unser Freundeskreis, unsere Haustiere, die Intelligenz unseres Körpers – es ist hilfreich, alle diese guten Dinge Tag um Tag mehr zu würdigen, sodass sich in uns ein immer positiveres Lebensgefühl entwickelt. Wenn Sie jetzt, wo auch immer Sie gerade sind, innehalten, ein paarmal langsam und tief in Ihren Bauch einatmen und wieder aus, in Ihren Körper hineinspüren und in das Leben, das Sie sind, und dann in einer Haltung der Offenheit um sich schauen, ist für Sie dann zumindest ein klein wenig von der Schönheit, der Magie und dem Reichtum dieser Welt erkennbar? Stellt sich in Ihnen, wenn Sie die Bäume, die Vögel, den Himmel oder die Menschen um Sie herum in aller Ruhe anschauen, das Empfinden ein, dass das Leben ein Wunder ist?

Wenn wir glücklich sein wollen, müssen wir uns darin üben, nach dem Sinn in unserem Leid zu suchen, der stets vorhanden ist und – wenn wir ihn erfassen – stets Dankbarkeit für die Aufgabe auslöst, die uns gestellt wurde. Wenn wir uns selbst etwas vormachen, uns untreu sind oder ständig versuchen, andere zufriedenzustellen, wird sich weiterhin jeder Tag wie ein mühseliger Kampf anfühlen, und es wird uns weiterhin sehr schwerfallen, Dankbarkeit für unser Leben zu empfinden. Irgendwann werden wir vollkommene Klarheit darüber gewinnen, dass der einzig wahre Weg zur Dankbarkeit darin besteht, uns hier und jetzt trotz aller Ängste und Zweifel treu zu sein. Solange wir gegen unsere wahren Gefühle, Bedürfnisse und Wünsche ankämpfen, wird es uns verständlicherweise sehr schwerfallen, dankbar für unser Leben zu sein.

Ein großer Teil des Chaos in der Welt rührt daher, daß Menschen sich selbst nicht wertschätzen.[63]

Chögyam Trungpa Rinpoche

Wenn wir lernen, unsere Gefühle, Bedürfnisse und Wünsche wertzuschätzen, entwickelt sich in uns eine spontane Dankbarkeit gegenüber unserem Leben, das Tag für Tag intensiver und sinnerfüllter wird. Sobald wir es nicht mehr von bestimmten Voraussetzungen abhängig machen, ob wir unsere Empfindungen akzeptieren, versuchen wir nicht länger, anders zu sein, als dies unserem wahren Selbst entspricht. Wenn wir es also nicht mehr an künftige Bedingungen knüpfen, ob wir uns in der Zukunft selbst lieben, uns treu sein oder glücklich sein dürfen, werden wir offener für die Wahrnehmung der vielen Dinge, an denen wir uns schon jetzt freuen können. So wie wir lernen, uns unabhängig von äußeren Umständen selbst zu mögen, so lernen wir auch, jeden Augenblick zu akzeptieren und wertzuschätzen, weil er uns Lernerfahrungen eröffnet. Das bedeutet auch, dass wir präsenter sind und intensiver und in einer bewussten Verletzlichkeit leben, anstatt in Gedanken immer nur auf die Zukunft fixiert zu sein. Wenn wir lernen, uns in jeder Situation selbst treu zu sein, rücken wir von ganz allein von der Vorstellung ab, wir müssten mehr sein, mehr tun oder mehr haben, um glücklich zu sein. Wir werden offener dafür, uns am gegenwärtigen Augenblick zu freuen, und nur so können wir an unseren Erfahrungen wachsen. Solange wir aber verzweifelt versuchen, dem Hier und Jetzt zu entkommen und unseren wahren Empfindungen auszuweichen, werden wir uns weiterhin im Kreis drehen und unzufrieden sein.

Zum Beispiel werden Sie, wenn Sie sich selbst genau beobachten, überrascht sein, wie oft Sie das, was Sie essen oder trinken, eigentlich gar nicht richtig schmecken, riechen und genießen, einfach weil Sie an etwas denken, das Sie erledigen müssen, oder an etwas, das in der Zukunft geschehen könnte. Ich bin sicher, Sie merken dann, dass Sie von einer inneren Unruhe erfüllt sind und fortwährend an die nächste anstehende Aufgabe denken oder an etwas, das Sie kurzzeitig ablenkt. Sie sind in einem destruktiven, nicht endenden Kreislauf gefangen, in dem Sie sich emotional und körperlich aufreiben. Glücklicherweise ist alles, was wir tun müssen, dass wir jeden Tag ehrlich mit uns selbst sind und uns auf Dinge fokussieren, durch die wir uns wohl- und lebendig fühlen. Denn das aktiviert unsere Sinne, sodass wir einfache Aktivitäten intensiv genießen können: essen, atmen, gehen, duschen, eine Blume oder den Sternenhimmel betrachten, einen geliebten Menschen küssen, ein vertrautes Gespräch mit einem wundersamen menschlichen Wesen führen. Wenn wir tun, was uns am Herzen liegt, und uns im Einklang mit dem Leben fühlen, sind wir den ganzen Tag über von purer, spontaner Dankbarkeit erfüllt. Anstatt unser Leben oder die Menschen, die wir lieben, einfach nur als selbstverständlich gegeben hinzunehmen, können wir unserem Herzen folgen, innerlich zur Ruhe kommen und uns selbst, auch wenn das anstrengend sein mag, treu bleiben. Dann wird das Leben nicht einfach an uns vorbeiziehen, ohne dass wir seine Wunder zu würdigen wissen.

Erkundungsfragen

- Wenn Sie zu hundert Prozent ehrlich mit sich selbst und frei von jeder Angst wären, welchen Gefühlen, Bedürfnissen und Wünschen würden Sie dann heute in Ihrem Handeln folgen, sodass sich in Ihnen spontane Dankbarkeit regen würde?
- Wenn Sie sich heute vollkommen treu wären, was würden Sie sagen und was würden Sie tun?
- Für wen und für was in Ihrem Leben sind Sie jetzt gerade dankbar?
- Welche kleinen Dinge in Ihrem Leben sind Anlass für Dankbarkeit? (*Sich diese kleinen beglückenden Dinge jeden Morgen vor dem Aufstehen und jeden Abend vor dem Einschlafen vor Augen zu halten, ist sehr hilfreich.*)
- Für wen und für was in Ihrer Vergangenheit sind Sie dankbar?
- Für welche Lernerfahrungen sind Sie dankbar?

Schlüsselsätze

- Danke für mein Leben. Ich schätze mich glücklich.
- Danke für meinen Körper, meinen Verstand, mein Herz.
- So zu tun, als sei ich glücklich, ist nicht gesund.
- Mich zu belügen, um mich der Wahrheit nicht stellen zu müssen, mündet immer in Enttäuschungen.
- Danke für meine gesunden Organe, Knochen und Zellen.
- Danke für meine Familie und meine Freundinnen und Freunde.
- Danke für meinen Vater und meine Mutter.
- Danke für meinen Partner / meine Partnerin.
- Danke für meinen persönlichen Rückzugsraum und die Zeit für mich selbst.
- Danke für meine Kinder.
- Danke für das Dach über meinem Kopf.
- Danke für mein Bett.
- Danke für meine Arbeitsstelle.
- Danke für stärkende Nahrung und sauberes Wasser.
- Danke für das Sonnenlicht.
- Dank an die Erde.
- Danke für die großartigen Jahre, die noch kommen.
- Danke für das Heute. Danke für den Augenblick.

29 Den Fokus darauf richten, sich wohl- und lebendig zu fühlen

Die Dinge gelangen, in Erwiderung auf deine Schwingung, in deine Erfahrungswelt. Deine Schwingung wird aufgrund der Gedanken, die du denkst, dargeboten, und anhand der Art und Weise, wie du dich fühlst, kannst du sagen, welche Art Gedanken du gerade denkst. Suche sich gut anfühlende Gedanken auf, und sich gut anfühlende Manifestationen werden ihnen auf dem Fuße folgen. Triff eine Entscheidung, bei allem, dem du Beachtung schenken musst, auf die sich am besten anfühlenden Aspekte zu schauen, und schau ansonsten nur auf Dinge, die sich gut anfühlen, um ihnen deine Beachtung zu schenken. So wird dein Leben von Aspekten bestimmt sein, die sich zunehmend gut anfühlen.[64]

Esther Hicks und Jerry Hicks

Loslassen und sich selbst spüren

Bitte atmen Sie, wo immer Sie gerade sind, ein paarmal langsam und tief in Ihren Bauch, ein und aus. Spüren Sie Ihren ganzen Körper, von den Füßen bis ganz hinauf zum Scheitel und dann wieder hinunter bis in die Fingerspitzen. Bitte lassen Sie alle Anspannung los, die Sie spüren, und lassen Sie sich selbst so sein, wie Sie sind. Nutzen Sie jedes Einatmen, um den Körper zu öffnen und einen inneren Raum entstehen zu lassen, und jedes Ausatmen, um noch entspannter zu werden. Heißen Sie alles willkommen, was Sie hier und jetzt denken, fühlen und erleben. Nehmen Sie dabei Ihren Körper und Ihren Atem aufmerksam wahr.

Im Privat- wie im Berufsleben stehen wir jeden Tag vor Entscheidungen, die Einfluss auf den weiteren Verlauf unseres Lebens und auf unsere Gesundheit, unser Glück und unsere Beziehungen nehmen werden. Wenn wir Freude am Leben haben, gesund sein und Respekt vor uns selbst haben wollen, müssen wir dahin kommen, Entscheidungen so zu treffen, dass sie im Einklang damit stehen, wer wir wirklich sind, warum wir wirklich hier sind und was wir wirklich fühlen. Eine einfache, aber wirkungsvolle Strategie besteht darin, jede Situation im Leben als eine Gabelung oder Kreuzung auf dem Pfad zu sehen, der Sie in ein Leben voller Freude führt, das Ihrem wahren Selbst entspricht. Zumindest eine der Richtungen, die Sie einschlagen können, steht für eine Entscheidung, die sich in Ihrem Herzen oder in Ihrem Körper nicht gut anfühlt, und bei mindestens einer anderen Richtungsoption wird sich früher oder später zeigen, dass die Entscheidung dafür sich zweifellos gut oder unerlässlich anfühlt.

Oft ist zunächst schwer zu sehen, welcher Pfad der beste oder gesündeste für uns ist. Sehr häufig ist für uns nicht ganz klar, welche Entscheidung sich gut anfühlt und welche nicht. Vom Verstand her können wir vielleicht gut begründen, warum eine der Optionen wohl vorzuziehen ist. In Situationen wie diesen ist es am besten, abzuwarten oder zumindest wichtigere Entscheidungen aufzuschieben, bis aus unserem Inneren heraus Klarheit entsteht. Das ist es, was der gesunde Menschenverstand nahelegt, doch viele Menschen tun sich tagtäglich schwer damit, zu erkennen, was sich für sie ideal anfühlt, und entsprechend zu handeln. Der Hauptgrund dafür ist, dass Denken und Gefühl oft im Widerstreit liegen, weil unser Verstand sehr geschickt in seinem Bemühen ist, unser Herz vor emotionalem Leid zu schützen. Aufgrund dieser Dynamik kommt es uns vor, als wollten Verstand und Gefühl uns in entgegengesetzte Richtungen führen, während sie uns in Wirklichkeit einfach den Weg nach Hause zeigen – zu unserer inneren Wahrheit, im Hier und Jetzt. Wir sind eben sehr gut darin, uns gegen Kritik, Ablehnung und Geringschätzung abzuschirmen.

Weil viele Menschen von den instinktiven Regungen ihres Körpers derart abgeschnitten sind, sind sie in ihrem Verstand gefangen und drehen sich im Grübeln über wichtige Entscheidungen ständig im Kreis. Oft sind Angst und Selbstzweifel die treibenden Kräfte, die sie davon abhalten, sich in ihrem Handeln von der Intuition leiten zu lassen. Paradoxerweise ist diese geistige Verwirrung nur ein Symptom, das uns näher zu dem hinführen will, was wir gerade *fühlen*, damit wir am Ende fähig werden, die unterdrückten Emotionen zu heilen, die unser Herz und unseren Geist davon abhalten, im Einklang miteinander zu sein. Ein weiterer sehr wichtiger Aspekt ist, dass uns an einer Kreuzung oder Gabelung erst dann klar werden kann, was die beste Richtung oder der nächste Schritt ist, wenn wir die Lernaufgabe, vor die die gegenwärtige Situation uns stellt, gemeistert haben. Oft verharren wir in einem Zustand, der sich nicht gut oder gesund anfühlt, bis wir gelernt haben, uns selbst so weit wertzuschätzen, dass wir uns nur noch auf Situationen und Beziehungen einlassen, in denen wir uns wohl- und frei fühlen können. Anders gesagt, wir halten unbewusst an Situationen fest, die sich nicht gut anfühlen, bis wir lernen, unsere Gefühle und Bedürfnisse offen zum Ausdruck zu bringen, und Klarheit darüber gewinnen, was wir wirklich wollen.

Nach meiner Erfahrung wird sich immer ein Weg zeigen, der gut für uns ist, vorausgesetzt, wir scheuen nicht vor möglichen Herausforderungen zurück, sondern sind wirklich bereit, den nächsten Schritt zu tun. Sobald wir alle mit der Situation verknüpften Emotionen und

Lernaufgaben verarbeitet und bewältigt haben, werden positive Gefühle und klare Gedanken ein Licht auf den vorzuziehenden Weg werfen, das uns unmissverständlich aufzeigt, welche Richtung das Leben uns nun zu erkunden einlädt. Dann können wir, falls der Zeitpunkt der richtige ist, ausgehend von unseren wahren Empfindungen eine Entscheidung treffen. Dies ist ein ganz anderer Prozess, als wenn wir uns in unserem Sprechen und Handeln von Angst oder dem Ausblenden der Wahrheit leiten lassen.

Während wir darauf warten, dass sich klar abzeichnet, welche Richtung wir am besten einschlagen, können wir uns nicht nur fragen, was wir gerade fühlen, sondern unsere Zeit und Energie auch darauf konzentrieren, kleine konstruktive Dinge zu tun, durch die wir uns wohl- und lebendig fühlen. Indem wir also die Aufmerksamkeit darauf fokussieren, was uns hier und jetzt guttut – ob wir nun spazieren gehen, schreiben, lesen, ein Bad nehmen, uns ein warmes Getränk zubereiten, Sport machen, Musik hören, malen oder uns mit jemandem unterhalten –, können wir uns am gegenwärtigen Augenblick freuen. Dabei können wir zugleich auch registrieren, wo und mit wem wir uns derzeit nicht wohlfühlen und in welchen Situationen und Begegnungen wir uns selbst nicht rückhaltlos wertschätzen.

Welche kleinen oder großen Aktivitäten bewirken, dass Sie sich wohl- und lebendig fühlen?

Welche Aktivitäten machen Sie froh und zufrieden?

Bei welchen Menschen und in welchen Umgebungen oder Situationen geht es Ihnen prächtig, einfach weil Sie Sie selbst sein oder sich besser kennenlernen können oder weil Sie tun können, was sich für Sie gesund und echt anfühlt?

Indem Sie sich jeden Tag so weit wie möglich auf Aktivitäten und Beziehungen fokussieren, die Ihnen guttun, wächst der Anteil der Stunden, in denen Sie sich wohl- und lebendig fühlen. Wenn Sie konsequent diesen Kurs verfolgen, wird das wesentlich mehr Klarheit in Ihren Entscheidungen, Zielvorstellungen, Plänen und Interaktionen mit anderen zur Folge haben, denn je mehr Sie Ihre Energie darauf ausrichten, dass Sie sich einfach wohlfühlen, desto feiner wird Ihr Gespür dafür, welche Entscheidungen am besten dazu passen, wer Sie wirklich sind, warum Sie wirklich hier sind und wie Sie Ihr Leben gestalten wollen.

Wir sind dazu bestimmt, uns am Leben zu freuen, während wir lernen, was es bedeutet, bedingungsfrei zu lieben. Deshalb ist eine entscheidende Voraussetzung für ein erfülltes Leben, dass wir jeden Tag viele kleine Dinge tun, die unser Wohlbefinden fördern. Die kleinen Entscheidungen, die uns Tag für Tag Kraft geben, die Stimmung heben und der Gesundheit förderlich sind, anstatt uns Energie abzuziehen und uns zu schwächen, sorgen für den Elan, den wir brauchen, um unsere Wünsche, Ziele und Visionen Wirklichkeit werden zu lassen. Ohne die Fokussierung auf die kleinen Dinge, durch die wir uns jeden Tag gut fühlen, finden wir keinen Zugang zu der Energie, die wir brauchen, um voranzugehen und unser Leben so zu gestalten, dass es unserer Bestimmung entspricht und uns glücklich macht. Ob es nun um einen beruflichen Weg geht, den wir anstreben, um eine Liebesbeziehung, die wir ersehnen, oder um einen Lebenstraum, den wir umsetzen wollen – aus all dem wird nie etwas werden, wenn wir nicht Tag für Tag Dinge tun, durch die es uns immer besser geht. So können wir uns auf dem Weg, den wir gehen, in jedem einzelnen Augenblick gegen oder für die Freude am Leben entscheiden. Sind wir auf das fokussiert, was gut für uns ist, werden sich stets Wege auftun, die einzuschlagen sich lohnt. Wenn wir lernen, genau dann zu handeln, wenn wir ein gutes Gefühl haben, und abzuwarten, wenn dieses Gefühl ausbleibt, wird uns unser Herz, selbst wenn wir unsicher, angespannt oder ängstlich sind, stets den Weg hin zu beständiger Liebe, Freude und immerwährendem Frieden weisen, die wir suchen.

30 Innerer Reichtum und finanzielle Freiheit

Lasst uns mehr und mehr Beharrlichkeit dabei zeigen, Unterstützungsmittel der Liebe, der Güte, des Verstehens, des Friedens einzuwerben. Geld wird sich einstellen, wenn wir zuerst nach dem Reich Gottes streben – der Rest wird uns gegeben werden.[65]

Mutter Teresa

♡ **Loslassen und sich selbst spüren**

Bitte atmen Sie, wo immer Sie gerade sind, ein paarmal langsam und tief in Ihren Bauch, ein und aus. Spüren Sie Ihren ganzen Körper, von den Füßen bis ganz hinauf zum Scheitel und dann wieder hinunter bis in die Fingerspitzen. Bitte lassen Sie alle Anspannung los, die Sie spüren, und lassen Sie sich selbst so sein, wie Sie sind. Nutzen Sie jedes Einatmen, um den Körper zu öffnen und einen inneren Raum entstehen zu lassen, und jedes Ausatmen, um noch entspannter zu werden. Heißen Sie alles willkommen, was Sie hier und jetzt denken, fühlen und erleben. Nehmen Sie dabei Ihren Körper und Ihren Atem aufmerksam wahr.

Es gibt verschiedene Vorstellungen davon, was wahrer Reichtum und wahrer Erfolg sind. Doch wer Geld, materiellen Reichtum und weltlichen Erfolg zu seinen höchsten Prioritäten erhoben und dann erlebt hat, dass das auf Kosten seiner Gesundheit, seiner zwischenmenschlichen Beziehungen, seines inneren Friedens und seines Glücks geht, der hat unmissverständlich erfahren müssen, dass wahrer Reichtum und wahrer Erfolg sich nicht daran messen lassen, wie viel Geld wir auf der Bank oder wie viel materiellen Besitz wir haben. Heutzutage verstehen die meisten Menschen unter Erfolg vor allem, dass jemand zu finanziellem Wohlstand gelangt ist und im materiellen Überfluss lebt. Diese Art von Erfolg ist aber bedeutungslos, wenn wir uns selbst, unser Leben und die Menschen in unserem Leben nicht lieben. Wenn wir mit uns selbst, unseren Beziehungen und unserem Berufsleben nicht im Reinen und zufrieden sind, was nützen uns dann Ansehen und großes Vermögen und wie wohlhabend und erfolgreich sind wir dann in Wahrheit eigentlich?

Wir alle werden irgendwann zu der Einsicht kommen, dass wahrer Wohlstand uns nur dann zufließt, wenn in unserem Herzen, in unseren Beziehungen und bei unserer Arbeit Liebe das Leitmotiv ist. Wenn wir schließlich mit uns im Reinen, gesund und zufrieden sind und ein erfülltes Leben führen, dann haben wir eine Art von innerem Erfolg kultiviert, den uns niemand und nichts jemals wegnehmen kann – eine Form von lebendigem innerem Reichtum, an den nichts heranreicht. Wir alle tragen den Wunsch in uns, jeden Tag zu spüren, dass unser Leben Ausdruck unserer innersten Wahrheiten und Werte ist, weil wir wissen, dass dies der einzige Weg ist, der zur Selbstachtung führt. Wir alle wollen jeden Morgen mit einer klaren Vorstellung davon erwachen, wer wir sind, und mit einer Leidenschaft für das, wofür wir hier sind, denn wir wissen, dass die Suche nach diesem inneren Reichtum eine Art von Mut, Selbstvertrauen und Integrität freisetzt, die für Geld nicht zu haben ist.

Was hülfe es dem Menschen, wenn er die ganze Welt gewönne und nähme doch Schaden an seiner Seele? [66]

Matthäus 16,26

Wer sich daran abmüht, finanzielle Freiheit zu erreichen, der sollte sich klarmachen, dass es vom Maß unseres inneren Reichtums und Erfolgs abhängt, inwieweit wir in der Außenwelt ein nachhaltiges und erfüllendes Verhältnis zu Wohlstand und Reichtum aufbauen können. Man hat uns zwar allen etwas anderes vorgegaukelt, doch wenn wir materiellen Reichtum anhäufen und uns finanziell absichern, ohne dabei auf unseren inneren Frieden, unsere Zufriedenheit und unsere Lebensbestimmung zu achten, kann das nur in Enttäuschung enden. Wir neigen zwar dazu, Geld und weltlichen Erfolg für die zentralen Voraussetzungen eines zufriedenen Lebens zu halten, doch in einer tieferen Schicht unseres Wesens wissen wir alle, dass diese Dinge nie unseren Hunger nach Klarheit über unsere Bestimmung, nach tiefer Verbundenheit mit anderen und nach wahrer Selbstachtung stillen werden. Es mag seltsam klingen, doch wenn wir lernen, uns selbst zu lieben und wertzuschätzen, ist das nicht nur der Schlüssel zur Transformation unseres Leids und zur Erfüllung unserer Bestimmung, sondern auch eine sehr wirkungsvolle Strategie, um zu dauerhafter finanzieller Freiheit zu gelangen.

Falls Sie solche finanzielle Freiheit bereits erreicht haben, nun aber auf der Suche nach wahrer Liebe, Frieden, Gesundheit, Zufriedenheit oder Sinnerfüllung sind, finden Sie in den vorangehenden Kapiteln dieses Buchs Hinweise dazu, wie Sie sich eine Art von innerem Reichtum erschließen können, der mit Geld oder weltlichem Erfolg nichts zu tun hat. Die folgenden Fragen könnten für Sie hilfreich sein: *Warum sind Sie zu Wohlstand gekommen? Was hat Sie motiviert? Haben Ihre Familie und die Gesellschaft Sie darauf konditioniert, aufs Geldverdienen aus zu sein? Ging es Ihnen darum, Liebe, Anerkennung, Aufmerksamkeit oder Lob zu bekommen? Hatten Sie Angst um Ihre eigene Existenz oder die Ihrer Familie? Haben Sie materiellen Reichtum angehäuft, weil Sie das für überlebensnotwendig hielten? Dachten Sie, dass Geld und materieller Reichtum Sie liebenswerter, attraktiver, selbstsicherer oder zufriedener machen würden? Ging es Ihnen darum, durch Geld Macht, Einfluss und Kontrolle zu erlangen?*

Wenn Sie schon einmal mit Geldproblemen zu kämpfen hatten, bei anderen einen ungesunden Umgang mit Geld erlebt haben oder Geld als etwas Böses betrachten, mag Ihnen der Gedanke naheliegend erscheinen, dass Sie, um Frieden, Glück und Erfüllung finden zu können, mit Geld am besten überhaupt nichts mehr zu tun haben oder materiellem Besitz entsagen sollten. Wenn wir uns aber vor Augen halten, dass zweifellos alles im Universum ein Teil Gottes ist, wird uns klar, dass zwischen unseren Vorstellungen davon, was »spirituell« und was »materiell« ist, letztlich keine scharfe Trennung möglich ist. Falls wir uns aus irgendeinem Grund von der materiellen Welt abwenden, klammern wir damit einen sehr großen Teil unserer physischen Erfahrung aus, die wir aber früher oder später als zu uns gehörig anerkennen müssen. Geld und materieller Besitz können nie bewirken, dass wir liebenswerter, wertvoller, glücklicher, enger mit anderen verbunden oder selbstsicherer sind. Wenn wir uns aber wirklich von unserem Leid befreien wollen, müssen wir irgendwann dahin kommen, sowohl die inneren als auch die äußeren Aspekte unseres Lebens zu akzeptieren. Viele Menschen wollen auf der emotionalen und auf der Verstandesebene mit Geldverdienen und dem Schaffen von materiellem Wohlstand nichts zu tun haben, doch ist Geld für sich genommen keineswegs etwas Schlechtes. *Es ist vielmehr unsere Beziehung zu Geld, die entweder gesund oder ungesund ist.* Geld ist nur eine weitere Form von elementarer Energie oder Liebe. Falls wir unser Glück und unser Selbstwertgefühl darauf gründen, wie viel Geld oder materielle Güter wir besitzen, dann ist unsere Beziehung zu Geld sowohl ungesund als auch einengend. Falls wir uns aber im Klaren darüber sind, dass sich Glück oder Liebe nicht kaufen lässt und dass für uns oberste Priorität haben muss, uns selbst treu zu sein und unserer Bestimmung zu folgen, ist ein gesundes Verhältnis zum Geld möglich, das befreiend wirken kann.

Ähnliches gilt auch für die »Welt der materiellen Dinge«. Die Dinge an sich sind nicht schlecht. Es ist nichts Falsches oder Sündiges daran, sich an schönen materiellen Objekten zu freuen. Wie beim Geld ist es unser Verhältnis zu den materiellen Objekten (oder dazu, dass wir sie entbehren), das entweder gesund oder ungesund ist. Wenn wir glauben, dass materieller Besitz uns liebenswerter, wertvoller oder glücklicher machen oder uns Sicherheit geben wird, dann ist unser Verhältnis zu den Dingen, die wir entweder besitzen oder begehren, definitiv ungesund. Und wenn wir uns über unseren Besitz definieren und glauben, anderen durch ihn in irgendeiner Weise überlegen oder unterlegen zu sein, wird unser Verhältnis zu ihm stets eine Quelle von Leid sein.

Wenn wir lernen, unserem inneren Reichtum – Gelassenheit, Gesundheit, Zufriedenheit und Liebe zu uns selbst – den Vorrang zu geben, können wir uns an der materiellen Welt freuen, ohne uns von irgendetwas in ihr abhängig zu machen. Sofern wir uns im Klaren darüber sind, dass wir über materielle Dinge niemals zu Zufriedenheit, Sinn oder wahrer Liebe finden werden, können wir materiellen Reichtum in all seinen Formen schaffen und genießen, ohne uns darin zu verlieren oder der Illusion zu erliegen, wir könnten das, wonach wir wirklich suchen, außerhalb von uns selbst finden.

Zufrieden sein, ohne alles zu haben. Elegant sein, aber ohne teuren Luxus, Geschmack zeigen statt die neueste Mode tragen. Würdig sein statt angesehen und wohlhabend statt reich. Auf Sterne und Vögel und Babys achten und auf weise Menschen mit einem offenen Herzen hören. Intensiv lernen, im Stillen nachdenken, ehrlich handeln, freundlich reden und geduldig sein. Niemals hetzen. In anderen Worten: den tieferen Sinn, das Unerwartete und Unbeeinflussbare im Alltag zulassen. Das ist meine Symphonie.[67]

William Henry Channing

Bitte seien Sie, ob Sie nun mehr finanzielle Freiheit erreichen möchten oder einfach nach einem befriedigenderen Zugang zum Thema Geldverdienen suchen, offen dafür, in einer neuen Weise über Geld und insbesondere über seine direkte Verbindung zur Liebe nachzudenken.

Für mich selbst waren der enge Zusammenhang zwischen folgenden Aspekten ausschlaggebend: (1) wie groß unsere Liebe zu uns selbst ist, (2) wie viel Liebe wir den anderen geben, (3) wie offen und verletzlich wir in unserem Herzen sein können, (4) wie wohlhabend und erfolgreich wir in der Welt sind. Wenn wir es in der sich rasant entwickelnden Welt von heute wirklich zu etwas bringen wollen, müssen wir die innige Dynamik begreifen, die sich fortwährend zwischen Geld, Liebe und der Energie unseres Universums entfaltet.

Wir können Liebe und Geld einfach als unterschiedliche Manifestationen derselben elementaren Energie auffassen, aus der alles besteht, was existiert. Jenseits der offenkundigen Unterschiede zwischen unserem Körper, unseren Gedanken, Geld, materiellen Objekten und dem Seinszustand, den wir Liebe nennen, existiert im Hintergrund eine grundlegende einende Kraft – das Universum mit seiner Intelligenz, seiner Logik, seiner Bewusstheit und seiner Energie.

Diese Einsichten sind wichtig, weil es zwar viele Methoden gibt, wie wir innerhalb kurzer Zeit viel Geld verdienen und materiellen Wohlstand erreichen können, *aber nur eine Möglichkeit, zu nachhaltiger finanzieller Freiheit zu gelangen und ein erfülltes Leben zu leben, das im Einklang mit dem Universum, unserer Lebensbestimmung und unserer Leidenschaft steht und damit, wer wir wirklich sind.* Diese eine Möglichkeit besteht darin, dass wir stets unserem Herzen folgen und eine bewusste Verletzlichkeit und Offenheit kultivieren. Vielleicht sind Sie hier zunächst etwas skeptisch, doch die Wahrheit ist, dass wir uns nur, indem wir die Fähigkeit unseres Herzens, Liebe zu geben und zu empfangen, beständig erweitern, dem grenzenlosen Strom der universellen Energie von Fülle und Liebe, die uns jederzeit verfügbar ist, zu öffnen vermögen.

Wir gestalten unser Leben mittels der subtilen Energien unserer Überzeugungen, Gedanken, Emotionen, Handlungen und Worte. Wenn wir uns diesen Gestaltungsprozess auf einer tieferen Ebene anschauen, erkennen wir, dass unser Handeln und Sprechen letztlich von unseren Überzeugungen, Gedanken und Emotionen angetrieben wird. Je konsequenter also unsere Überzeugungen, Gedanken und Emotionen einer Haltung der Güte, Akzeptanz und Aufrichtigkeit entspringen – mit anderen Worten: einer Haltung der bedingungsfreien Liebe und der Leidenschaft für das Leben –, desto mehr wird auch unser Handeln und Sprechen von einer Energie der Liebe und der Leidenschaft getragen sein. Und je mehr unsere Überzeugungen, Gedanken, Emotionen, Handlungen und Worte in einer liebevollen und zielgerichteten Energie gründen, desto mehr spiegelt sich diese innere Gesundheit, Güte und Zuversicht in unserem Leben dort draußen in der Welt.

Wenn wir uns selbst wirklich wertschätzen und respektieren und dem Geld nicht nur aus Angst, Unsicherheit und dem Gefühl der Unzulänglichkeit nachjagen, lassen wir dadurch in der privaten wie in der beruflichen Sphäre positive Situationen entstehen. Sie sind ein natürliches Nebenprodukt einer gesunden Beziehung zu uns selbst, in der wir den Fokus Tag für Tag auf das richten, was uns am Herzen liegt. Indem wir uns selbst treu sind, wächst unsere Zufriedenheit mit der Arbeit, die wir tun, und mit dem Leben, das wir führen. Wenn wir uns selbst die Erlaubnis geben, unserer Bestimmung zu folgen, um die Art von Arbeit zu finden, die uns wirklich entspricht, und darin Meisterschaft zu erlangen, gewinnen die Energie und die Liebe, mit denen wir an jede Situation herangehen, eine ungeheure Intensität und Tiefe. Deshalb wirken Menschen, die wahrhaft glücklich, inspiriert und ganz sie selbst sind, stets wie ein Magnet für ganz besondere Menschen und Möglichkeiten. Es kommt nicht darauf an, in welcher Form wir mit anderen in Beziehung treten und uns begeistert für etwas einsetzen, sondern nur darauf, eine Arbeit oder eine Lebensform zu finden, die für uns persönlich Sinn ergibt und uns Freude macht. Wenn wir auf unsere Gesundheit achten und jeden Tag Dinge tun, die wir gern tun, fließt die dafür aufgewendete Energie stets in den Formen zu uns zurück, die wir an einem bestimmten Punkt in unserem Leben am dringendsten brauchen. Ob es nun Geld ist, Essen, Obdach, Arbeit, emotionaler Rückhalt oder Gemeinschaft – wir bekommen, was wir wirklich brauchen, solange wir entschlossen sind, wir selbst zu sein und zu tun, was wir für unsere Zufriedenheit tun können, anstatt in Angst zu leben, uns an unseren Stolz zu klammern und uns zu verbiegen, um negativen Urteilen über uns zu entgehen. Wenn wir uns jeden Morgen beim Aufwachen sagen, dass wir uns mit ganzem Herzen dem widmen, was wir tun, werden wir in unserem Leben immer haben, was wir brauchen. Denn je mehr wir uns selbst lieben, desto mehr sind wir in der Lage, andere Menschen und das Leben zu lieben. Und je mehr wir fähig sind, uns selbst, die anderen und unser Leben zu lieben, desto offener und verletzlicher wird unser Herz. Je offener und verletzlicher unser Herz wird, desto besser sind wir in der Lage, Liebe in ihren verschiedenen Formen zu geben und zu empfangen (etwa in Form von Geld, Mitgefühl, Präsenz, Energie oder Inspiration). Es mag verrückt klingen, doch wie viel Geld und Wohlstand wir erwerben und genießen können, hängt direkt damit zusammen, wie offen unser Herz ist und wie viel Liebe wir uns selbst und der Welt zu geben bereit sind. Unser Verhältnis zu Geld und zur Sicherung unserer materiellen Existenz ist oft kompliziert, verwirrend und aufreibend. Wenn wir uns aber darüber klar geworden sind, dass das Maß an Energie und Liebe, das wir vom Leben zurückbekommen, sich daraus ergibt, wie konsequent wir unserer Lebensbestimmung folgen, wird finanzielle Freiheit für uns einfacher zu erreichen sein.

Denn die wahre Liebe verausgabt sich nicht.
Je mehr du gibst, um so mehr verbleibt dir.
Und wenn du dich anschickst, aus dem
wahren Brunnen zu schöpfen, spendet er
um so mehr, je mehr du schöpfst.[68]

Antoine de Saint-Exupéry

Sie bekommen wahrscheinlich nicht oft genug zu hören, dass Sie über alle notwendigen Fähigkeiten verfügen, um sich die finanzielle Freiheit zu erschließen, die Sie sich wünschen. Ob Sie diese Freiheit jedoch erreichen oder nicht, hängt ganz davon ab, inwieweit Sie bereit sind, Verantwortung dafür zu übernehmen, wie viel Liebe, Akzeptanz, Wertschätzung und Respekt Sie für sich selbst und Ihre Lebensbestimmung aufbringen. Unsere Fähigkeiten, zu finanzieller Freiheit zu gelangen – wenn es das ist, was wir ersehnen –, sind unbegrenzt. Die meisten von uns brauchen aber nicht sehr viel Geld, um zufrieden zu sein. Wir brauchen nur so viel, dass wir unseren Pflichten nachkommen können, wenn wir unsere Zeit mit den Menschen verbringen, die wir lieben, und jeden Tag mit so viel Freude wie möglich genießen. Tief in unserem Innern wissen wir alle, dass die wertvollsten Dinge im Leben nicht für Geld zu haben sind. Selbst wenn wir also alles Geld der Welt hätten, könnten wir uns damit nicht die innige Verbundenheit mit anderen, die Selbstachtung, den inneren Frieden, das Glück oder die Liebe kaufen, die wir ersehnen.

Wenn wir unserem Herzen folgen und nach dem streben, was unserer Bestimmung entspricht, wird dabei stets das herauskommen, was wir für unsere Art zu leben und in der Welt zu sein brauchen. Ich habe die Erfahrung gemacht, dass das Universum und Gott uns, wenn wir uns darauf konzentrieren, unserer Seelenbestimmung zu folgen, stets alles zukommen lassen, was wir brauchen, um uns am Leben zu freuen und inneren Frieden zu finden. Es ist letztlich eine Verschwendung von Zeit und Energie, Menschen danach zu beurteilen, wie viel Geld sie verdienen oder was sie besitzen. Wir müssen uns einzig und allein darauf fokussieren, uns selbst treu zu sein. Auf diese Weise lassen wir Wirklichkeit werden, was wir uns wünschen und was uns guttut.

Wir leben in einem unendlichen Universum, in dem wir darauf zählen können, dass der Kreislauf von Energie, Liebe und Geld niemals versiegt. Wenn jemand sehr viel von etwas hat, bedeutet das nicht, dass für uns selbst nicht mehr genügend da ist, um unser eigenes einzigartiges Potenzial zu entfalten und jeden Tag die Fülle des Lebens zu erfahren. Das Leben verlangt von uns nur, dass wir geduldig, beharrlich und gütig gegenüber uns selbst sind, während wir den inneren Reichtum und das Selbstwertgefühl kultivieren, die stets die Voraussetzung für wahrhaft wertvollen äußeren Wohlstand und langfristigen Erfolg bilden. Weil wir nicht nur zu hundert Prozent für das verantwortlich sind, was wir hervorbringen und aufbauen, sondern auch zu hundert Prozent fähig sind, alles so zu gestalten, wie wir es brauchen, liegt es ganz an uns, die inneren Blockaden zu durchbrechen, die uns davon abhalten, unser Herz zu öffnen, das Wunder unseres Lebens zu würdigen und uns die Erlaubnis zu geben, zufrieden und glücklich zu sein. Der innere Reichtum und die Lebendigkeit, die daraus entstehen, dass wir uns selbst treu sind und uns jedem Augenblick mit Intensität und Leidenschaft hingeben, lassen sich letztlich nicht in Worte fassen.

Erkundungsfragen

- Welche Bedeutung haben Wohlstand und Erfolg für Sie?
- Wie wird Ihr Leben aussehen, wenn Sie wohlhabend und erfolgreich sind?
- Wenn Sie jetzt so viel Geld hätten, wie Sie sich das wünschen, was würden Sie tun oder aufbauen, welche Erfahrungen würden Sie suchen?
- Ist tatsächlich bei *allen* diesen Dingen mehr Geld notwendig, um sie tun, aufbauen und erleben zu können?
- Haben Sie das Gefühl, dass Ihr Herz offen für das Leben ist? Haben Sie das Gefühl, dass Sie das Leben und die Menschen mit ganzem Herzen lieben? Wenn nicht, was ist der Grund dafür? Wann werden Sie das Wagnis eingehen, sich Ihrem Leben und Ihrer Bestimmung ganz hinzugeben?
- Lieben Sie Ihre Arbeit?
- Falls nicht, wann werden Sie aufhören, schlechte Kompromisse einzugehen?
- Leben Sie über Ihre Verhältnisse oder gibt es bei Ihnen Phasen mit zwanghaftem Geldausgeben? *Falls ja, können Sie erkennen, dass Sie das tun, weil Sie sich nicht voll und ganz akzeptieren? Können Sie erkennen, wie Sie sich mit Geldausgeben vorübergehend betäuben, um bestimmte Dinge in sich selbst und in Ihrem Leben nicht spüren zu müssen? Können Sie erkennen, dass sich hinter dieser Gewohnheit Aspekte Ihrer selbst, Ihres jetzigen Lebens und Ihrer Vergangenheit verbergen, die Sie noch nicht lieben, akzeptieren, anerkennen oder sich verzeihen können? Können Sie erkennen, dass die Grundursache dafür, dass Sie zu viel Geld ausgeben, mit den Punkten in Ihrem Leben zu tun hat, an denen Sie schlechte Kompromisse schließen, sich aufgeben, sich untreu sind und sich somit*

selbst Schaden zufügen? Können Sie erkennen, dass Ihre Verunsicherung nicht verschwindet, ganz gleich, was Sie kaufen? Können Sie erkennen, dass Sie unbewusst glauben, mehr zu haben oder mehr zu kaufen mache Sie liebenswerter, attraktiver und selbstsicherer? Können Sie erkennen, wie dies damit zusammenhängt, dass Sie von anderen bedingungsfreie Liebe, Wohlwollen und Anerkennung zu bekommen versuchen? Und können Sie schließlich auch erkennen, dass Sie zufriedener mit sich wären, wenn Sie Ihre Zeit und Energie stärker auf sinnerfüllte Projekte und Aktivitäten fokussieren, die Ihrer Lebensbestimmung, Ihrer Leidenschaft und Ihren Neigungen entsprechen?

- Macht Ihnen Geldausgeben Angst? *Falls ja, können Sie dann erkennen, dass Sie sich möglicherweise nicht als wertvoll genug empfinden, als dass sich Investitionen in Sie selbst lohnen würden? Können Sie erkennen, dass Sie Angst haben, Unsicherheit und Minderwertigkeitsgefühle in sich wahrzunehmen, und sie deshalb zu überdecken versuchen, indem Sie Geld oder Besitztümer horten? Sind Sie sich der Ängste bewusst, die sich für Sie mit Lieben und Geliebtwerden verbinden? Können Sie erkennen, dass Sie möglicherweise Angst haben, zurückgewiesen, im Stich gelassen, betrogen, benutzt oder verletzt zu werden, und deshalb dazu neigen, sich und Ihre wahren Bedürfnisse und Sehnsüchte zu sehr unter Kontrolle zu halten? Können Sie erkennen, dass sich hinter Ihrer Angst, »nicht genug zu haben«, die Angst verbirgt, Ihre wahren Gefühle, Wünsche und Bedürfnisse zu akzeptieren und zum Ausdruck zu bringen? Können Sie erkennen, dass Sie kein Vertrauen in das Leben haben, weil Sie sich selbst nicht trauen? Können Sie erkennen, dass Sie vielleicht in jeder Hinsicht freigebiger sein könnten, wenn Sie stärker auf Projekte und Aktivitäten fokussiert wären, die Ihrer Lebensbestimmung, Ihrer Leidenschaft und Ihren Neigungen entsprechen? Und können Sie schließlich auch erkennen, dass Sie, wenn Sie diese großzügige Haltung zum Geld und zum Leben einnähmen, sicherlich ein regelmäßiges Einkommen und all die Dinge hätten, die Sie brauchen, um ein sinnerfülltes, großzügiges und inspiriertes Leben zu führen?*

Schlüsselsätze

- Selbstliebe und Selbstachtung sind mein Weg zu wahrem Reichtum und wahrem Erfolg.
- Wahre Liebe oder Glück bekomme ich nicht durch Geld.
- Ich bin liebenswert. Geld kann mich nicht liebenswerter machen.
- So, wie ich bin, bin ich liebenswert.
- Ich verdiene eine finanzielle Freiheit, die mir ein Leben voller Freude möglich macht.
- Ich habe alles, was ich brauche, um mein Leben so zu gestalten, dass es reich, erfolgreich und erfüllt ist.
- Mich selbst zu lieben, ist der Weg zu finanzieller Sicherheit und Freiheit.
- Je mehr ich mich selbst liebe, desto wohlhabender und erfolgreicher werde ich sein.
- Meine Gesundheit und meine Zufriedenheit sind wertvoller als Geld.
- Um meine Qualitäten und Stärken zu erkennen, muss ich meinen wahren Empfindungen Ausdruck verleihen und meinem Herzen folgen.
- Geld und Liebe sind Energie. Je mehr ich mich selbst liebe, desto mehr Wohlstand werde ich erlangen.
- Wenn ich mir selbst und meiner Bestimmung treu bin, bekomme ich vom Leben alle Unterstützung, die ich brauche.

31 Den Pfad der Verletzlichkeit wählen

Nicht der Kritiker zählt; nicht derjenige, der darauf aufmerksam macht, wie der Starke fällt oder wo der, der anpackt, es besser hätte machen können. Die Anerkennung gebührt dem, der tatsächlich in der Arena steht, dessen Gesicht staubig und verschwitzt und voller Blut ist; der sich wacker bemüht; der sich irrt, der wieder und wieder scheitert, weil es kein Bemühen ohne Fehler und Schwächen gibt; aber der sich tatsächlich bemüht, Taten zu vollbringen; der großartige Begeisterung, großartige Hingabe kennt; der seine Kraft auf eine ehrenwerte Sache verwendet; der im besten Falle am Ende den Triumph einer großen Leistung kennt und der, im schlimmsten Falle, sollte er scheitern, zumindest bei einem kühnen Versuch scheitert, so dass sein Platz nie bei den kalten und furchtsamen Seelen ist, die weder Sieg noch Niederlage kennen.[69]

Theodore Roosevelt

Loslassen und sich selbst spüren

Bitte atmen Sie, wo immer Sie gerade sind, ein paarmal langsam und tief in Ihren Bauch, ein und aus. Spüren Sie Ihren ganzen Körper, von den Füßen bis ganz hinauf zum Scheitel und dann wieder hinunter bis in die Fingerspitzen. Bitte lassen Sie alle Anspannung los, die Sie spüren, und lassen Sie sich selbst so sein, wie Sie sind. Nutzen Sie jedes Einatmen, um den Körper zu öffnen und einen inneren Raum entstehen zu lassen, und jedes Ausatmen, um noch entspannter zu werden. Heißen Sie alles willkommen, was Sie hier und jetzt denken, fühlen und erleben. Nehmen Sie dabei Ihren Körper und Ihren Atem aufmerksam wahr.

Eine der wichtigsten Einsichten, zu denen ich je gelangt bin, ist die, dass das Leben uns erst dann geben kann, was wir am meisten ersehnen, wenn wir den Sprung des Glaubens ins Ungewisse wagen und riskieren, dass alles, was wir bis dahin wussten, seine Gültigkeit verliert. Wenn wir zulassen, so die dahinterstehende Idee, dass wir Opfer unserer Ängste sind – das heißt, dass wir unseren Ängsten vor Fehlschlägen, vor Verurteilung oder Ablehnung durch andere, vor Schmerz oder dem Unbekannten erlauben, uns davon abzuhalten, uns selbst treu zu sein und nach dem zu streben, was uns guttut –, dann bleibt unser Herz verschlossen, und die Dinge, nach denen wir streben oder uns sehnen, bleiben uns weiterhin verwehrt. Es ist, als wären wir in einem Käfig eingesperrt und völlig ausgehungert, doch wenn jemand die Tür aufmacht und uns etwas zu essen anbietet, haben wir Angst, den Käfig zu verlassen, halten uns den Mund zu und weigern uns, eben das anzunehmen, was wir dringend brauchen. Anders ausgedrückt: Unsere Entscheidungen werden von unserer Angst diktiert. Dies ist ein Sinnbild dafür, wie wir *Schritte unterlassen* und *Chancen ungenutzt verstreichen* lassen und uns damit gegen uns selbst und gegen das Leben stellen, das zu leben wir geboren wurden.

Wenn wir uns hingegen trauen, uns mit unseren Ängsten zu konfrontieren, nach der Verwirklichung unserer Träume zu streben und ins

Unbekannte vorzustoßen, öffnet sich unser Herz, und wir werden bereit dafür, das zu empfangen, zu spüren, zu erreichen und zu erfahren, was wir uns ersehnt haben. Die Zeit für das Wagnis, Kompromisslösungen und Ersatzbefriedigungen hinter uns zu lassen, unsere selbstschädigenden Versuche, alles kontrollieren zu wollen, einzustellen und uns dem wunderbaren Leben zu öffnen, das uns dann erwartet, ist gekommen, sobald wir völlig erschöpft davon sind, gegen unsere wahren Empfindungen anzukämpfen und sie von uns zu weisen. Es ist an der Zeit, dass wir uns selbst die Wahrheit eingestehen, sie gütig und im Einklang mit uns selbst zum Ausdruck bringen und darauf vertrauen, dass es unsere Bestimmung und im Interesse aller ist, wenn Dinge dadurch, dass wir ganz wir selbst werden, sterben oder sich wandeln.

Spring, und das Netz wird erscheinen.

John Burroughs

Echter langfristiger Erfolg, ob in der Lebensgestaltung, in der Liebe, im Beruf, bei der Bewältigung gesundheitlicher Schwierigkeiten oder beim Erreichen spiritueller Bewusstheit, ist die unmittelbare Folge unserer festen Entschlossenheit, offen und verletzlich zu bleiben. Nach meiner Erfahrung führen meine Bemühungen – ob das Ziel nun ist, mich selbst bedingungsfrei zu lieben, meine Lebensbestimmung zu erfüllen, eine florierende Firma aufzubauen, einer Frau zu zeigen, dass ich mich zu ihr hingezogen fühle, eine gelingende Paarbeziehung zu gestalten oder inneren Frieden zu finden – letztlich dann zum Erfolg, wenn ich bereit bin, Erfahrungen von Ablehnung und die Angst davor zu überwinden. Mit anderen Worten, ich habe erfahren, dass die Tür zu einem Leben voll wahrer Freude sich öffnet, wenn ich unentwegt bereit bin, den Sprung zu wagen, meine Komfortzone zu verlassen, das Herz auf der Zunge zu tragen, meine wahren Empfindungen zu äußern und mich beständig und unter allen Umständen auf das auszurichten, was sich gut und gesund anfühlt.

Indem wir uns Erfahrungen der Zurückweisung und der Angst davor mutig stellen, lernen wir schließlich, die Angst zu überwinden. Die Selbstachtung und das Selbstvertrauen, die sich einstellen, wenn wir uns selbst treu bleiben und uns nicht selbst lahmlegen, sind mehr wert als falscher Stolz oder ein falsches Gefühl der Sicherheit. Irgendwann wird offenkundig, dass der Schmerz, den wir uns durch Selbstablehnung zufügen, viel stärker und weit destruktiver ist als jeder Schmerz, den wir verspüren, wenn uns andere aus irgendeinem Grund ablehnen oder verurteilen. Sobald wir diese große Wahrheit begreifen, verlieren sowohl die Gefahr, abgelehnt zu werden, als auch die Angst davor ihre Macht über uns. Dies versetzt uns in die Lage, in bewusster Verletzlichkeit zu leben und den Sprung zu wagen, wann immer das Leben uns ruft, ins Neue und Unbekannte aufzubrechen.

Erkundungsfragen

- Wenn Sie wüssten, dass Sie nur noch ein Jahr zu leben hätten, worauf würden Sie Ihre Zeit und Energie dann fokussieren? Was würden Sie noch tun, sehen und erleben wollen? Wen würden Sie anrufen, zu wem würden Sie wieder Kontakt aufnehmen? Wem würden Sie vergeben? Mit wem würden Sie mehr gemeinsame Zeit als bisher verbringen?
- Wie stellen Sie sich Ihr Leben vor, wenn es völlig frei und voller Freude ist? Wie fühlt sich in Ihrer Vorstellung das Leben Ihrer Träume an?
- Welche Schritte sind aus Ihrer Sicht notwendig, um Ihre Vision von einem erfüllten Leben Realität werden zu lassen? Warum tun Sie diese Schritte nicht? Wann werden Sie nicht mehr nach Entschuldigungen suchen und endlich das in Angriff nehmen, woran Sie glauben, was Sie wertschätzen, ersehnen und lieben?
- Wo in Ihrem Leben geben Sie sich mit weniger zufrieden, als dies, wie Sie durchaus wissen, Ihren Fähigkeiten entspricht?
- In welchen Situationen und gegenüber wem machen Sie sich durch Kompromisse klein und verleugnen Ihre Stärken?

- Noch einmal die Frage: Warten Sie darauf, dass Ihre Kinder älter werden, Ihre Eltern sterben oder Ihre Paarbeziehung zerbricht, damit Sie dann endlich so leben können, wie Sie möchten? Falls ja, warum?
- Wann läuft das Fass über, wann ist die Grenze für Sie wirklich erreicht? Wann ist für Sie Schluss damit, dass Sie sich mit schlechten Kompromissen, mit Krankheit, Unglück und mit einem Leben in Angst abfinden?
- Wenn nicht jetzt, wann dann? Wenn nicht heute, wann dann?

Schlüsselsätze

- Ich wurde nicht geboren, um zu leiden. Ich wurde geboren, um mein Leben in seiner ganzen Fülle zu leben.
- Ich habe in jedem Aspekt meines Lebens das Beste verdient.
- Ich bin es wert, glücklich zu sein.
- Es ist nie zu spät für einen Neubeginn. Ich kann meinem Leben eine neue Richtung geben.
- Ich finde immer Unterstützung und Schutz.
- Ich werde mich nicht mit weniger zufriedengeben als mit dem, was ich wert bin, was ich verdient habe und wozu ich imstande bin.
- Ich habe alles in mir, was ich brauche, um mir ein erfülltes Leben zu erschaffen, das ich liebe.

32 Die letzte große Frage

Es gibt nur zwei Fehler, die man auf dem Weg zur Wahrheit machen kann: den Weg nicht bis zu Ende zu gehen oder den Weg gar nicht erst einzuschlagen.

Buddhistische Weisheit

Nachdem ich jahrelang verzweifelt nach Glück, Sinn und wahrer Liebe gesucht hatte, begann ich mich zu fragen: *Wenn die befreiendste Perspektive auf uns selbst die ist, uns als Gott in menschlicher Gestalt zu betrachten – was darauf hinausläuft, dass wir unser ganzes Leben und alle unsere Erfahrungen selbst gewählt und erschaffen haben –, aus welchem Grund sollten wir uns dann jemals dafür entscheiden, zu leiden oder Leid für uns selbst oder andere zu erzeugen? Theologisch lässt sich die Frage so formulieren: Warum hat Gott das Leiden geschaffen? Wenn wir solch intelligente und machtvolle Wesen sind, warum sollten wir je einen Weg einschlagen, auf dem wir uns selbst verletzen, indem wir uns selbst nicht lieben? Warum sollten wir uns je dazu entschließen, zu vergessen, wer wir wirklich sind oder warum wir auf diese Welt gekommen sind? Warum sollten wir uns ein Ego oder ein von seiner Umgebung abgesondertes Selbst erschaffen und dadurch unsere Einheit mit Gott, dem Universum und allem Leben vergessen? Warum sollten wir einen Weg einschlagen, auf dem wir vergessen, dass unser wahres Wesen eine unerschöpfliche Quelle reiner bedingungsfreier Liebe ist und dass wir nicht außerhalb von uns selbst nach Liebe suchen müssen?*

Eine Weile lang stellte ich mir diese Fragen immer wieder, denn sie schienen auf das letzte Puzzleteil zu verweisen, das mir auf meiner Suche nach innerer Freiheit und dauerhaftem Frieden noch fehlte. Da Sie und ich, so dachte ich, eins mit Gott sind, sollte die Logik, der er folgt, für uns doch durchschaubar sein. Schließlich wurde mir gezeigt oder – so könnte man sagen – ich entsann mich, dass wir alle uns dafür entscheiden, uns selbst Leid zuzufügen, damit wir fähig werden, bedingungsfreie Liebe, Güte und Vergebung in die Welt zu tragen. Ebenso entscheiden wir uns dafür, das zu erfahren, was sich nicht gut anfühlt, um einen Kontrast zu dem zu erzeugen, was sich gut anfühlt. Dadurch gewinnen wir einen Bezugspunkt, von dem ausgehend wir unsere Entscheidungen und unser Handeln an dem ausrichten können, was unserem Wohlergehen und Glück förderlich ist.

Das logische Prinzip hinter dieser letztgültigen spirituellen Wahrheit ist: Wenn wir unser Leid als Folge einer zweckvollen Entscheidung betrachten, die wir getroffen haben, damit wir uns irgendwann eben diese Entscheidung verzeihen können, die mit der Auswahl unserer Eltern begann und all die Herausforderungen einschließt, die sich aus ihr ergaben – dann können wir aus dem Innersten unseres Seins und unserer Psyche heraus wirklich die Verantwortung für den Prozess unserer Heilung und für unser Glück übernehmen. Wenn es zutrifft, dass wir eine menschliche Gestalt Gottes sind, dann haben wir diesen Prozess gezielt dafür geschaffen, um unsere Fähigkeit zum Vorschein zu bringen, andere zu akzeptieren und ihnen zu vergeben – was die Essenz der bedingungsfreien Liebe ist. Da wir in der Vergangenheit sowohl uns selbst als auch anderen Schmerz und Leid zugefügt haben, wissen wir, was Leid bedeutet, und können nicht anders, als gütiger, nachsichtiger und mitfühlender zu sein. Wir lernen auch, Dinge nicht zu persönlich zu nehmen, was für sich genommen bereits befreiend ist. Dieses Gewahrwerden ist so wichtig, weil wir, wenn wir wirklich Erfüllung im Leben, in der Arbeit und in unseren Beziehungen suchen, keine Wahl haben, als uns *als verantwortlich für all das zu betrachten, was wir erleben*. Dies heißt, dass wir die Verantwortung nicht unter irgendeinem Vorwand Gott, unseren Eltern, unseren Kindern, unserem Partner, unserer Partnerin oder irgendjemandem sonst zuschieben können, weil wir sonst weiterhin Leid, Depression und Krankheit heraufbeschwören.

Am Beginn meiner eigenen Heilung und meiner spirituellen Reise glaubte ich, Verantwortung und Freiheit könnten nicht nebeneinander bestehen. Später aber erkannte ich, dass ich mich nur von meinem Leid würde befreien und mich wirklich an meinem Leben würde freuen können, wenn ich mich voll und ganz meiner Lebensbestimmung verschrieb und mir selbst stets mit liebender Akzeptanz begegnete. Ich musste die volle Verantwortung für jeden meiner Gedanken, für jede Emotion, jedes Wort, das ich sprach, für jede Handlung und jede meiner Erfahrungen übernehmen. Da ich heute alles daransetze, mich selbst in jeder Situation mit Güte zu betrachten und, selbst wenn ich Angst habe, mir selbst treu zu sein, öffnet mir das Leben fortwährend Türen, die mich hin zu einer sich stetig ausweitenden Freiheit, zu Freude und Frieden führen. Wenn ich Tag für Tag die Herausforderungen meines Lebens annehme, so als seien sie Vereinbarungen, die ich schon vor diesem Leben mit dem Universum und mit Gott getroffen habe, werde ich demütig. So finde ich die Stärke und den Mut, meinen vorbestimmten Weg bis ans Ende zu gehen, im Wissen, dass Aufgeben oder Umkehren keine Alternativen sind, weil sie nur ins Leid zurückführen würden.

33 Aus der Fülle heraus leben, ehe wir sterben

Wer der Masse folgt, wird gewöhnlich
nicht weiter kommen als die Masse.
Wer alleine seinen Weg geht,
gelangt wahrscheinlich an Orte,
wo noch niemand gewesen ist.

Alan Ashley-Pitt

Wenn Sie dieses Buch bis hierher gelesen haben, lässt das erkennen, dass Sie sich dazu aufgerufen fühlen, die selbstschädigenden Gewohnheiten und Vorstellungen zu verändern, die von Ihren Eltern, Ihren Ahnen und der modernen Gesellschaft an Sie weitergegeben wurden. Sie stehen vor der Aufgabe, den Teufelskreis von Selbstschädigung und Selbstablehnung zu durchbrechen. Irgendwo muss er ein Ende finden.

Viele von uns haben miterlebt, wie geliebte Menschen mit einer Sucht, mit Depressionen, Krankheiten, Ängsten oder Beziehungsproblemen kämpften und gleichzeitig Kinder großzogen, für den Lebensunterhalt der Familie sorgten und einfach nur ein wenig Frieden, Glück oder Verbundenheit suchten. Die traurige, aber folgerichtige Wahrheit ist, dass den meisten Menschen nie beigebracht wurde, wie sie sich selbst bedingungsfrei lieben können oder warum es so wichtig ist, dies so früh wie möglich zu lernen. Weder Ihnen noch mir noch irgendjemandem sonst ist wirklich gezeigt worden, wie wir ein gesundes und glückliches Leben führen können. Die Menschen, die in unserer Kindheit Einfluss auf uns nahmen, konnten uns nicht lehren, was sie selbst noch immer zu lernen bemüht waren. Sie konnten uns nicht helfen, eine gesunde emotionale Bewusstheit zu entwickeln, geschweige denn uns dazu anleiten, Depression und Krankheit vorzubeugen, denn sie wussten selbst nicht, wie sie sich selbst wertschätzen und gut für sich sorgen konnten.

Es ist offenkundig, dass die Menschen auf der ganzen Welt seit vielen Generationen darum ringen, in einer Weise zu leben, die ihnen Freude und Zufriedenheit bringt und ihrem wahren Selbst entspricht. Tief aus dem Herzen eines jeden Menschen steigt der Wunsch auf, frei von Leid zu sein. Die Sehnsucht nach Frieden, Sinn, Gesundheit, Glück und wahrer Verbundenheit gewinnt am Ende immer die Oberhand, sobald die Stürme der Angst, des Hasses, der Eitelkeit und der Habsucht sich legen, und führt hin zur lichten Klarheit von bedingungsfreier Liebe, Güte, Aufrichtigkeit und gegenseitigem Respekt.

Wirkliche Weisheit aber erlangt, wer gläubig
mit Siegesrufen Zeus feiert, der Sterblichen den Weg
zur Einsicht wies und festsetzte, daß das Wort
»Durch Leid zur Einsicht« unwiderruflich gilt.
Statt des Schlafes nämlich schleicht Qual ins Herz,
denkt man doch immer an das Leid. Sogar sich
Sträubende fanden schon zur Einsicht.
Das ist wohl Gnade der Götter, die gewaltig
auf erhabenem Steuerdeck sitzen.[70]

Aischylos

Wenn wir, ungeachtet unseres Alters und der Lebensphase, in der wir uns befinden, Rückschau halten und die Prüfungen betrachten, die wir durchlitten und bewältigt haben, ist es schwer, kein Mitgefühl für uns selbst und die uns nahestehenden Menschen zu empfinden. Wenn wir wirklich innehalten, um zu reflektieren, anstatt in den Verteidigungsmodus zu schalten und gekränkt, wütend oder verängstigt zu reagieren, und wenn wir die herausfordernden Lernerfahrungen betrachten, mit denen das Leben uns alle in ähnlicher, aber jeweils einzigartiger Form konfrontiert, fällt es schwer, kein Mitgefühl für unseren Planeten, unsere Vorfahren und die kommenden Generationen aufzubringen. Das Leben verlangt uns allen viel ab, und doch finden wir zahllose Gründe dafür, uns selbst für die Gefühle, die wir haben, für das Leben, das wir uns geschaffen haben, und für die Situationen, in denen wir uns befinden, zu verurteilen. Wenn wir aber schließlich den Mut finden, uns selbst mit Aufrichtigkeit und Güte zu begegnen, ist die Wahrheit für uns leicht zu erkennen: Wir alle tun, soweit unser Wissen reicht, unser Bestes, nur wissen wir manchmal nicht, was es ist, das wir nicht wissen, bis uns, in der Regel aufgrund leidvoller Erfahrungen, nichts übrigbleibt, als es zu lernen.

Am Ende, so glaube ich, entsinnen wir uns alle, dass Liebe das Prisma ist, durch dessen Lichtbrechungen jedes Bedürfnis des Menschen Erfüllung findet. Ich bin überzeugt, dass wir alle, seit dem Uranfang dieses Universums bis hin zum Beginn unserer jetzigen Lebenszeit, aus der Energie der Liebe heraus erschaffen werden und immer wieder neue Gestalt annehmen. Deshalb ist es, ob wir uns dessen nun bewusst sind oder nicht, seit jeher unsere Bestimmung, nach Hause zur Quelle der Liebe zurückzukehren, aus der wir gekommen sind, nur um zu erkennen, dass wir eigentlich nie fort waren. Der innere Friede, zu dem wir finden, reicht umso tiefer, (1) je klarer wir die Wahrheit unserer Existenz zu erkennen vermögen und (2) je stärker wir die wahre Liebe spüren, die unserer Existenz Sinn verleiht.

Wir werden alle mit dem Wissen geboren, dass wir in diese Welt gekommen sind, um uns an unserem Leben und unserem Körper zu erfreuen und so umfassend wie möglich Liebe zu erfahren. Wir wissen, dass wir nicht hierhergekommen sind, um blockiert, wie betäubt, unglücklich oder krank zu sein. Manche glauben, wir müssten sterben oder wiedergeboren werden, um frei zu sein, doch in Wahrheit ist der körperliche Tod nicht der wahre Weg zur Erlösung. Unsere wahre Befreiung wartet im Hier und Jetzt auf uns: in diesem Leben und in diesem Körper. Wir müssen nur den Mut finden, unseren wahren Empfindungen Ausdruck zu verleihen und unserem Herzen zu folgen, ganz gleich, was geschieht.

Als ich danach zu suchen begann, wie ich mich von meinem Leiden befreien konnte, schenkte mir jemand einen Anstecker mit der Aufschrift: »Die tausend Meilen lange Reise beginnt mit einem ersten Schritt.« So ist es auch mit der Reise nach Hause zu unserem wahren Selbst, zu der wir aufbrechen, nachdem wir jahrelang herumgeirrt sind und in der Familie, in einer Paarbeziehung oder im Beruf versucht haben, andere zufriedenzustellen, oder in einer Sucht, in einem falschen Selbstbild oder in der Jagd nach materiellem Besitz gefangen waren. Wenn wir schließlich dahin kommen, dass wir uns endlich aufrichtig unseren Nöten stellen, können wir uns glücklicherweise rascher von ihnen freimachen, als wir gedacht hätten, und wenden so weiteres Leid von uns ab.

Wie bereits berichtet, habe ich bei meiner Suche nach Glück und innerem Frieden entdeckt, dass sich hinter meinen Gedanken und wechselnden Gefühlszuständen ein grenzenloser Raum in mir auftut, eine einigende ursprüngliche Stille, die so voller Liebe und Klarheit ist, dass Worte ihr nie gerecht werden können. Ich habe keinerlei Zweifel daran, dass dieser Raum auch in Ihnen und in jedem anderen Menschen existiert. Dieser Ort, den ich meine, ist so voll von Potenzialen, schöpferischer Intelligenz und vitaler Energie, dass es keine Begriffe gibt, mit denen er sich hinreichend beschreiben ließe. Der treffendste Wegweiser in diese Richtung, der mir je untergekommen ist, ist die folgende Botschaft, die ich in einem chinesischen Glückskeks fand:

Eine Wolke ist hinreichend,
die ganze Sonne zu verdunkeln.[71]

Baltasar Gracián y Morales

Dieser Satz bringt in überwältigender Klarheit ans Licht, wie sehr wir unter einem einzigen einengenden Gedanken, einer Befürchtung, einer unangenehmen Gefühlsregung, einer schmerzlichen Entscheidung oder einem traumatisierenden Erlebnis zu leiden haben.

Jeder Tag erinnert mich mit neuer Eindringlichkeit daran, wie zerbrechlich und kostbar das Leben ist. Weil unser Bewusstsein oder unsere Lebensenergie unsterblich und zeitlos ist, sind wir, ohne dass uns das bewusst wäre, von dem Gefühl beseelt, dass wir unbesiegbar sind oder noch damit warten können, unser eigentliches Leben zu beginnen. Wir gehen unbewusst davon aus, dass wir ja später oder in der fernen Zukunft noch Zeit haben, unserem Herzen zu folgen, unsere Träume umzusetzen, besser für uns selbst zu sorgen oder uns ganz und gar treu zu sein. Doch so stark wir auch sein und so viele Hindernisse wir auch überwunden haben mögen, um da zu sein, wo wir heute sind: Wann unsere letzte Stunde schlägt, können wir nicht wissen. Wir haben keine Garantie, in diesem Körper eine bestimmte Anzahl von Jahren verweilen zu können. Die Frage ist also: *Wie können wir aus der Fülle heraus leben, ehe der Tod kommt? Wie können wir von ganzem Herzen lieben, ehe es zu spät dafür ist?*

Wenn wir an Lebenslügen festhalten, uns von Ängsten bestimmen lassen, die Verantwortung immer anderen zuschieben oder nicht von unserer Wut lassen können, dann wird unser Leben ungenutzt verfließen, und wir werden voller Reue und gepeinigt von geistigem, emotionalem oder körperlichem Leid sterben. Wir können aber auch hier und heute unseren wahren Empfindungen folgen, ihnen Ausdruck verleihen und dabei am Leben und an den Menschen, die wir lieben, so viel Freude haben, wie uns das nur möglich ist. Die Aufgabe besteht darin, nicht auf eine Zukunft zu warten, die vielleicht niemals eintrifft, sondern uns nicht länger selbst Leid zuzufügen und uns im Hier und Jetzt die Erlaubnis zu geben, aufrichtig, zufrieden und gesund zu sein.

Wir sollten in jeder Situation voller Respekt auf das Flüstern unseres Herzens achten, denn es eröffnet uns den Weg hin zu einem Körper, in dem zu sein sich gut anfühlt und der somit unserer liebevollen Fürsorge würdig ist. So können wir, anstatt in einem von Stress, beständigem Grübeln, Hektik und Frustration beherrschten Leben gefangen zu sein, zur Ruhe kommen und jeden Tag genießen – jeden Atemzug, jede Mahlzeit, jedes Vogelzwitschern, jeden warmen Sonnenstrahl, jeden Regentropfen, jede Blume, jede Freundin und jeden Freund, jeden Kuss, jede Umarmung und all die vielen schönen Dinge des Lebens. Wenn wir unser Herz öffnen und den gegenwärtigen Augenblick bewusst wahrnehmen, können wir frei entscheiden, wie wir unsere Zeit und Energie Stunde für Stunde, Tag für Tag so fokussieren wollen, dass wir unsere Zeit auf dieser Welt wirklich auskosten. Auf diese Weise wird unsere Existenz immer kostbarer für uns.

Indem ich meinen wahren Empfindungen Ausdruck verleihe, mich auf die Arbeit fokussiere, für die ich mich begeistere, und mir selbst jeden Tag Raum dafür lasse, das zu tun, was sich für mein Herz und meinen Körper gut anfühlt, hat sich bei mir schließlich das Gefühl eingestellt, dass ich so, wie ich bin, »genug« bin. Der Weg hierhin war für mich manchmal sehr verwirrend, doch heute vertraue ich darauf, dass ich gut genug bin, dass ich hart genug arbeite und es wert bin, geliebt, respektiert und wertgeschätzt zu werden und glücklich zu sein. Ich habe aufgehört, mir weiteres Leid zuzufügen, und muss nicht mehr denken, dass ich mehr sein, mehr tun oder mehr haben muss. Auf diese Weise habe ich auch zu einer liebevollen Wertschätzung der Wunder gefunden, die zu erleben, wir alle bestimmt sind. Sehr hilfreich war für mich, mir vor Augen zu führen, dass all die unbewältigten Dinge der Vergangenheit, ob sie nun einen Tag, einen Monat oder fünf Jahre zurückliegen, uns davon abhalten, vollkommen offen für die Menschen und Dinge zu sein, die uns heute begegnen. Meine Hoffnung ist, dass es auch Ihnen gelingt, sich nicht länger selbst abzulehnen und zu betrügen, und dass Sie die Vorstellung hinter sich lassen, mit Ihren Gefühlen, Bedürfnissen und Wünschen stimme etwas nicht. Sie sind nicht auf die Welt gekommen, um still zu leiden oder um es anderen Menschen recht zu machen. Ganz gleich, was andere denken oder sagen – es ist Ihr gutes Recht, so zu empfinden, wie Sie empfinden, und es zum Ausdruck zu bringen, Ihrem wahren Selbst zu folgen und jeden Tag so zu leben, dass Sie sich gut dabei fühlen und Respekt vor sich selbst haben.

Mögen Sie auf Ihrem Weg Mut, Stärke und Liebe zu sich selbst finden, damit Sie in jeder Situation wahrhaftig und gütig leben, sprechen und handeln können. Mögen Sie Frieden im Herzen tragen und gesund, glücklich und erfüllt sein. Mögen Sie heute und alle Tage frei von Leid und seinen Ursachen sein.

Aufrichtig und herzlich

Blake D. Bauer

Dank

Dem Team des Verlages Watkins bin ich sehr dankbar dafür, dass es mir ermöglicht hat, mit diesem Buch eine größere Zahl von Menschen zu erreichen, die wirklich Hilfe suchen. Ich danke Michael Menschen Mann, Jo Lal und Etan Ilfeld für das Vertrauen, das sie in meine Arbeit gesetzt haben. Ich möchte auch Nick Fawcett danken, der mir half, am Text zu feilen, Slav Todorov, der diese Neuausgabe koordiniert hat, und Francesca Corsini, die die neue Titelseite gestaltet hat. Ihr Einsatz wird dazu beitragen, dass dieses Buch weltweit eine noch größere Leserschaft finden wird.

Meiner Agentin Susan Mears danke ich für ihr Engagement, ihre Beharrlichkeit und ihren Rat. Ich möchte auch meiner Presseagentin Gail Torr danken, die mir hilft, meine Arbeit bekannt zu machen und die Menschen zu erreichen, die Nutzen aus ihr ziehen könnten.

Robert Mueller hat den Umschlag für die vorherige Ausgabe des Buchs entworfen. Sein beeindruckendes Geschick hat dazu beigetragen, dass die Botschaft ankam und unzähligen Menschen deutlich machte, dass sie etwas bewegen können. Ich danke dir sehr herzlich!

Ich danke meiner Mutter Abbe und meinem Vater Marshall für die Unterstützung, die ich über all die Jahre von ihnen erfahren durfte. Ohne euch hätte ich den Weg meiner Bestimmung nicht in der Weise gehen können, wie mir das möglich war. Maxine, ich danke dir, dass du mir Rückhalt gegeben und mich so vieles gelehrt hast. Deine Gegenwart, deine Stärke und deine Freundschaft waren für mich ein Segen, der sich nicht in Worte fassen lässt. Cassandra, meiner wunderbaren Schwester: Ich danke dir für die bedingungsfreie Liebe und die Ermutigung, die ich von dir erfahre. Du bleibst für mich eine Freundin, die mich zum Staunen bringt und mich inspiriert. Danke, dass du mich zum Bruder gewählt hast. Ich möchte nicht ohne dich durch dieses Leben gehen. Jason, meinem verstorbenen Bruder: Ich danke dir dafür, dass du mich all die Jahre gefordert und mir geholfen hast, meinen Geist für Realitäten zu öffnen, von deren Existenz ich nichts wusste. Ich bin dir auf ewig dankbar dafür, dass wir in diesem Leben Brüder waren. Liebe ist Gesetz. Leben ist Liebe. Sophie, meiner verstorbenen Großmutter: Danke für deine bedingungsfreie Liebe, deine Anteilnahme und deine Fürsorge. Wer weiß, wie es heute um unsere ganze Familie bestellt wäre, wenn du nicht Teil unseres Lebens gewesen wärst. Allen anderen, die zu meiner biologischen Familie und meiner Seelenfamilie gehören: Danke, dass ihr in meinem Leben seid und mich so vieles über das lehrt, worauf es wirklich ankommt.

Meinen Vorfahren, sei es auf der biologischen oder der spirituellen Ebene: Danke, dass ihr mir den Weg gebahnt und den Boden dafür bereitet habt, dass ich mich auf das besinnen konnte, was ich vergessen hatte. Meinen Lehrerinnen und Lehrern in all den Jahren: Danke, dass ihr in mein Leben getreten seid. Allen meinen wunderbaren einstigen, jetzigen und künftigen Klientinnen und Klienten: Danke, dass Sie mir die Ehre erwiesen haben oder erweisen, Sie auf dem Weg Ihrer Heilung und Ihres Erwachens begleiten und unterstützen zu dürfen. Ich bin Ihnen für immer dankbar, denn Sie lehren mich Demut und machen mein Leben überaus lebenswert. Ich danke Ihnen aus tiefstem Herzen. Last, but not least danke ich Ihnen, meinen Leserinnen und Lesern, dass Sie mich zu einem Teil Ihrer Reise machen. Ich fühle mich geehrt.

Literaturangaben

1 USA Foundation for Inner Peace (Hg.): Ein Kurs in Wundern, Gutach i. Br. (Greuthof) 1994, Textbuch I, S. 466.

2 Rev. Lutherbibel, Stuttgart (Deutsche Bibelgesellschaft) 2017.

3 Emmet Fox, zit. nach: Hanno Jung: Intime Freundschaften. Die höchste Form der Liebe, Norderstedt (BOD) 2010.

4 Mutter Theresa, zit. nach: https://www.wattpad.com/13 3617 543-alle-criminal-minds-zitate-die-zweite-h%C 3 %A4lfte-der (Zugriff: 02.01.2018).

5 Thomas Bulfinch: Bulfinchs's Mythology. The Age of Fable, o. O. (Seven Treasures Publications) 2009.

6 Ernest Hemingway: In einem andern Land, Reinbek (Rowohlt) 2013, S. 289 f.

7 USA Foundation for Inner Peace (Hg.): Ein Kurs in Wundern, Gutach i. Br. (Greuthof) 1994, Übungsbuch II, S. 134.

8 Carl Gustav Jung: Gesammelte Werke, Olten (Walter) 1972, Bd. 17, S. 219; 1972, Bd. 12, S. 123; 1978, Bd. 13, S. 286.

9 Viktor Frankl: ... trotzdem Ja zum Leben sagen. Ein Psychologe erlebt das Konzentrationslager, München (DTV) 1982, S. 65.

10 Mutter Theresa: Interview mit Edward W. Desmond, TIME Magazine, v. 4. Dezember 1989.

11 USA Foundation for Inner Peace (Hg.): Ein Kurs in Wundern, Gutach i. Br. (Greuthof) 1994, Textbuch I, S. 338.

12 Rev. Lutherbibel, Stuttgart (Deutsche Bibelgesellschaft) 2017.

13 Parker Palmer: Let Your Life Speak. Listening for the Voice of Vocation, San Francisco (John Wiley & Sons) 2000.

14 Jiddu Krishnamurti, zit. nach: Simon Schier: Volkskapitalismus, o. O. (BOD) 2015, E-Book.

15 E. E. Cummings, zit. nach: James Rhodes: Der Klang der Wut. Wie die Musik mich am Leben hielt, München (Nagel & Kimche) 2016, E-Book.

16 Iain S. Thomas: Blogbeitrag, verfügbar unter: http://www.iwrotethisforyou.me (Zugriff: 14.01.2018).

17 Bernard Baruch, zit. nach: Stephen Joseph: Was uns nicht umbringt. Wie es Menschen gelingt, aus Schicksalsschlägen und traumatischen Erfahrungen gestärkt hervorzugehen, Berlin/Heidelberg (Springer) 2011.

18 Dschalaluddin Rumi, zit. nach: http://www.erhoehtesbewusstsein.de/25-lebensverandernde-lektionen-von-rumi/ (Zugriff: 05.01.2018).

55 Shakti Gawain: Reflexionen im Licht. Affirmationen für jeden Tag, Kreuzlingen/München (Hugendubel) 2005.

56 Bell Hooks: All about love – new visions, Kap. 4 (Harper Perennial) 2001.

57 Anthony de Mello: The Way to Love. The Last Meditations of Anthony de Mello, New York/NY (Image books) 1995.

58 Dschalaluddin Rumi, zit. nach: http://www.erhoehtesbewusstsein.de/25-lebens-verandernde-lektionen-von-rumi/ (Zugriff: 12.01.2018).

59 Daniel Ladinsky: The Gift: Poems by Hafiz, London (Penguin Compass) 1999, S. 34.

60 Meister Eckhart, zit. nach: Erich Fromm: Die Kunst des Liebens, Zürich (Manesse) 1993, S. 88.

61 Buddha, zit. nach: http://www.palikanon.com/majjhima/m007n.htm (Zugriff: 18.01.2018).

62 Carlos Castaneda: Reise nach Ixtlan, zit. nach: https://de.scribd.com/document/25 6770223/Castaneda-Reise-Nach-Ixtlan (Zugriff: 15.01.2018).

63 Chögyam Trungpa: Weltliche Erleuchtung. Der essentielle Trungpa, Freiamt im Schwarzwald (Arbor) 2002, S. 26.

64 Esther Hicks/Jerry Hicks: Money and the law of attraction: learning to attract wealth, health and happiness, New York (Hay House) 2008.

65 Mother Teresa: No Greater Love, Novato/Calif. (New World Library) 1989.

66 Rev. Lutherbibel, Stuttgart (Deutsche Bibelgesellschaft) 2017.

67 William Henry Channing: Octavius Brooks Frothingham: Memoir of William Henry Channing, New York/Boston (Houghton, Mifflin and Company) 1886, S. 166.

68 Antoine de Saint-Exupéry: Die Stadt in der Wüste, Stuttgart (Europäischer Buchclub) 1951, S. 303.

69 Theodore Roosevelt: »Citizenship in a Republic«, zit. nach: https://de.wikipedia.org/wiki/Citizenship_in_a_Republic (Zugriff: 17.01.2018).

70 Aischylos: übers. v. Otto u. Eva Schönberger, zit. nach: https://otto-schoenberger.de/meisterdramen/agamemnon.html (Zugriff: 03.01.2018).

71 Baltasar Gracián y Morales: Gracian's Orakel der Weltklugheit, Kap. 3; Übers. v. Arthur Schopenhauer, zit. nach: projekt.gutenberg.de (Zugriff: 08.01.2018).